HR

Human Resources Management
in International Organisations

国际组织
人力资源管理概论

李 楠 ◎主编

人 民 出 版 社

前　言

随着航海、航空、铁路、公路等交通技术的进步与发展,国与国之间、地区与地区之间的文化、经济贸易、政治等往来日益密切频繁,仅从贸易上来看,第二次世界大战以来的贸易总量和结构发生了巨大变化,世界贸易在增长和结构变化的过程中,国与国之间、地区与地区之间,有合作、有冲突,而且合作与冲突也因政治、经济、文化的差异而产生,全球化的历史趋势不可避免。尤其是第一次世界大战以来,深受战争灾难的国家和地区对维护国际和平与发展的需求与日俱增。第二次世界大战后,产生了一大批经济、文化、体育、卫生、教育、环境等各类的国际组织,旨在通过制定一些规则来减少往来的成本和障碍,促进国与国之间、地区与地区之间的政治、经济、文化等方面的交流与合作。国际组织发展到今天,众所周知,其是国际规则的制定者和国际秩序的维护者、人类共同利益的代表者,承担着全球治理的重任,在全球治理中起关键作用。例如,以联合国为中心的政府间国际组织具有世界普遍性、代表性和权威性,是推动多边合作的重要机制和平台,协调不同利益主体的冲突矛盾,在全球治理中发挥着不可替代的重要作用。

1949年新中国成立,改变了整个世界的格局。20世纪70年代末以来,中国实行改革开放,以及随后的东欧剧变,苏联解体,世界格局和形势又发生了重大变化,全球化、地缘冲突、经济危机、恐怖威胁、环境和气候变化等全球性问题也尤为突出。特别是近年来,新兴工业化国家和发展中国家的迅速发展,对世界的格局产生了巨大的影响,尤其是改变了以往的以发达国家为主的利益分配格局。逆全球化思潮暗流涌动,单边主义泛起,贸易保护升级。① 以维护多边主义为旗帜的国际组织面临着比以往任何时候都更为复杂的国际形势。因此,巩固和加强国际组织的力量,是国际组织持续发展的根本。而人力资源是第一资源,尤其是人才资源,国际组织全球治理目标的实现,有赖于高水平的人力资源队伍的建设。从当前和未来全球化的发展来看,全球治理的挑战使得现在比以往任何时候都更需要一批具有国际视野、通晓国际规则、精通国际谈判的高素质国际公务员队伍来加强全球治理,建设好人类命运共同体。

改革开放以来,中国的经济实现了突飞猛进的发展,对全球减贫和经济增长作出了巨大贡献。四十多年的发展,中国在全球货物贸易中位居第一,占全球进出口总量的比重由 1978 年不到 1% 提升到 10% 以上。中国在此过程中,通过多种贸易方式,不断提升技术水平、管理能力和创新能力,也培养了一大批熟悉国际贸易实务的人才,以及熟练的产业技术工人,中国的产业已经深度参与到国际分工中,并成为全球产业链中不可缺少的一环,为全球化的发展作出了巨大的贡献,发达国家及广大发展中国家都从中国快速发展中得到了巨大的好处,中国由此被誉为"世界工厂"。随着中国经济总量的上升及国际地位的提升,中国为国际组织提供的资金支持也不断增长,在 2020 年财政年度常规经费(Regular Budget)预算中,中国占全部常规经费预算的 12%,金额达到 3.7 亿美元,排名第二,仅次于美国。② 但是,与我们提供的资金支持相比,我们在国际组织中任职的中国人太少;与中国的地位和能力相比,我们对国际组织的贡献不匹配,中国应该能够为国际组织的建设与发展提供更多更好的人才支持。

如何突破人才瓶颈,加强国际人才培养,做好人才储备,更好为国际组织提供人才支撑尤为重要。然而,长期以来,由于种种原因,中国也缺乏专门针对国际组织的人才培养专业,近些年,尤其是党的十八大以来,

---

① 李东燕:《联合国》,社会科学文献出版社 2018 年版,第 1 页。
② 在 2020 年财政年度常规经费(Regular Budget)预算中,摊派比例排名前 5 位的国家是:美国:22%,金额 6.78 亿美元;中国:12%,金额 3.7 亿美元;日本:8.564%,金额 2.64 亿美元;德国:6.09%,金额 1.87 亿美元;英国:4.567%,金额 1.4 亿美元。

党和国家对国际组织人才培养越来越重视,国内一些高校设立了专门的项目来培养国际组织人才,但中国高校在进行国际组织人才培养的过程中缺乏相关的教材做指引。所以,顺应国家对国际组织人才的需求,我们对国际组织人力资源管理展开研究,并收集相关的材料,编写了这本教材。

本书介绍了关于国际组织人力资源管理的主要职能,例如人力资源规划、职位分析与胜任力、招聘、绩效考核、薪酬与培训等,使大家对国际组织人力资源管理有系统的认识,了解世界组织人才管理趋势,更好地运用国际组织这个大平台,培养更多优秀人才为全球治理和发展贡献力量。

参加本书编写工作的有刘晓琪、赖碧娜、邱红梅、邱紫丹同学。由于国际组织涉及面广,机构各类复杂多样,加之我们学识有限,在编写和翻译过程中难免会有疏漏和不足之处,恳请读者朋友们批评指正,以便今后不断进行修订完善。

目　　录

第一章 国际组织人力资源管理概述

国家、社会、家庭及个人的财富最终都是来自人的劳动。土地、资金、技术等生产要素虽然也参与生产,但是他们只是配角,唯有人力资源要素是革命性、能动性和创造性的,是发展的主角和最终目的。人力资源是第一资源,任何政府、企业、事业等组织缺少了人力资源,都无法实现可持续发展,也不再是组织,对于国际组织亦是如此。人力资源管理是国际组织一项极其重要的管理活动,也是组织管理中首要的工作,做好人力资源管理,可以帮助国际组织实现人—岗匹配,提高岗位效能,获取所需人才,促进组织和员工的共同发展,更好地实现组织的战略目标。

本章对国际组织人力资源管理的定义进行了界定,明确其研究对象和内容与企业人力资源管理的区别,进一步明确国际组织人力资源管理的特点与主要内容,以及国际组织人力资源管理的产生与发展过程。

第一节 国际组织人力资源管理相关概念界定

从国内外现有文献来看,学者们尚未对"国际组织人力资源管理"这一概念形成统一的认识和明确的概念界定。本书将结合国际组织的特点和人力资源管理的含义与特征,对国际组织人力资源管理进行定义并总结其特征。

一、国际组织的含义

关于国际组织的思想最早可以追溯到 14 世纪思想家但丁(Dante

Alighieri),他倡导成立"人类统一体""联合统一的世界各国"。现代意义上的国际组织思想植根于 18 世纪与 19 世纪一些智者的著作,如圣西门(Henri de Saint Simon)倡导建立"欧洲议会",本森(Jeremy Bentham)倡导建立"国际法庭",康德(Immanuel Kant)倡导建立"和平联盟"等。中国的康有为在其《大同书》中也发挥了中国古代"大同世界"的思想。1907 年,国际协会联盟(Union of International Associations,简称 UIA)在比利时首都布鲁塞尔成立,至今仍为汇集国际组织各类信息的中心。

从国际组织的产生来看,国际组织是为了适应国家间的交往日益频繁,交往的领域和地区不断扩大而产生和发展起来的。19 世纪最早在欧洲出现了如莱茵河、易北河等国际河流委员会。

19 世纪后半期,科学技术和交通工具的进步使国际交往逐步扩大到社会生活的许多领域,在通信、公共卫生和经济贸易等方面,出现了"国际行政联盟"的组织形式,如国际电信联盟(1865 年成立)、万国邮政联盟(1874 年成立)等,这种以专门业务和行政性的国际合作为目的的组织,成为现代国际组织的雏形。

进入 20 世纪后,出现了以政治和国际安全为中心的综合性的国际组织,其中有全球性的组织,如国际联盟和联合国组织等,也有地区性的组织,如阿拉伯国家联盟、非洲国家统一组织等。联合国还成立了各种专门业务性的国际合作机构,如联合国专门机构。

国际组织是近代出现的跨国性组织,对现代国际社会的发展起到重要作用。一般来说,国际组织是指由两个以上的国家或其政府、人民、民间团体基于特定目的,以一定协议形式而建立的各种机构。[①]

关于国际组织,学界主要存在广义与狭义两种不同的界定。广义的国际组织包含政府间国际组织、非政府间国际组织及跨国公司。狭义的国际组织一般指政府间国际组织[②],由两个以上的国家组成的一种国家

---

① 梁西:《现代国际组织》,武汉大学出版社 1984 年版,第 1 页。
② 杨广、尹继武:《国际组织概念分析》,《国际论坛》2003 年第 3 期。

联盟或国家联合,该联盟是由其成员通过符合国际法的协议而成立的,并且具有常设体系或一套机构,其宗旨是依靠成员间的合作来谋求符合共同利益的目标。[①] 政府间国际组织在国际社会中影响大,具有维护社会秩序的作用,其中具有较大影响力的是联合国系统中所设立的各种国际组织。

国际组织是由众多国家组成的国家间的组织,是近代出现的跨国性组织。国家间在政治、经济、社会、文化等领域的交流与合作过程中,出现一些任何单独国家都难以解决的问题,需要有关国家共同研究。为此,他们定期或不定期举办国际会议,由于需要处理日常事务而成立秘书处,逐步转化成为相应的国际组织。[②] 国际组织涉及政治、经济、社会、文化、体育、卫生、教育、环境、安全、贫穷、人口、妇女儿童等众多人类生存和发展相关的领域,对世界格局和人类发展具有举足轻重的作用。

本书所研究分析的国际组织主要是联合国系统下的国际组织,是相对更狭义范围的概念,但也是更加有代表性的。另外,联合国系统(见图1-1)在政府间国际组织中占比较高、组织规模大、发挥的功效覆盖面广、推广力更大、影响范围也更广。

图1-1是联合国系统的组织构成,包括联合国、联合国基金和方案、专门机构和有关组织等实体。图1-1是联合国职能性的组织架构,未包含联合国系统派驻到一些国家和地区的所有办事处各实体。

二、人力资源管理的含义

资源是指形成社会财富的来源。自古至今,人类创造社会财富的资源有两类,一类来自自然界,我们称之为自然资源或物力资源;另一类来自人类自身的知识和体力,叫作人力资源。[③] 康芒斯(John R.Commons)

---

① Union of International Associations, *Yearbook of International Organizations 1993-1994*, Brill Publisher, pp.1690-1692.

② 参见中华人民共和国人力资源和社会保障部发布的国际组织分类。

③ 姜育新:《人力资源是第一资源》,《经济师》2002年第6期。

图1-1 联合国系统

资料来源：联合国全球传播部：《联合国系统》（2019年版），第1页，见https://www.un.org/zh/aboutun/structure/pdf/chart_2019_8_7.pdf。

被认为是第一个使用"人力资源"一词的人,他曾先后于 1919 年和 1921 年在《产业信誉》和《产业政府》这两本著作中使用过。但当时他所指的人力资源的概念与我们现在理解的人力资源的概念相差甚远。①

1954 年,管理大师彼得·德鲁克(Peter F.Drucker)于 1954 年在《管理的实践》中首先提出并界定了人力资源。他认为人力资源拥有当前其他资源所没有的素质,即"协调能力、融合能力、判断力和想象力";它是一种特殊的资源,必须经过有效的激励机制才能开发利用,并给企业带来可见的经济价值。20 世纪 60 年代以后,美国经济学家西奥多·舒尔茨(Theoclore W.Sihultz)和加里·贝克尔(Gary Becker Harbisson)提出了现代人力资本理论。英国经济学家哈比森在《国民财富的人力资源》中指出,"人力资源是国民财富的最终基础。资本和自然资源是被动的生产要素,人是积累资本,开发自然资源,建立社会、经济和政治并推动国家向前发展的主动力量。显而易见,一个国家如果不能发展人们的知识和技能,就不能发展任何新的东西"。②

人力资源是一个国家或地区中具有劳动能力的人口之和。在一定角度,也可以理解为一定时期内组织中的人所拥有的能够被企业所用,且对价值创造起贡献作用的教育、能力、技能、经验、体力等的总称。第二次世界大战以来,从理论到实践,对人力资本研究一直是焦点与热点,人力资本投资也成为政府和家庭投资的主要方向和最终方向。从社会与经济的发展来看,最终的目的是为满足人的各种需要,对物的投资,最终是为满足人的欲望而进行的,比如衣、食、住、行等方面的需要更加健康、舒适、安全等。

事实上,劳动力资源与人力资源是对同一对象的不同称呼,本质上指的都是具有劳动能力的人,但是人力资源更多的是从企业的角度来研究如何开发利用劳动力的能力,也就是说从管理学的角度进行解释,更多的

---

① 董克用主编:《人力资源管理概论》(第四版),中国人民大学出版社 2015 年版,第 3 页。

② 董克用主编:《人力资源管理概论》(第四版),中国人民大学出版社 2015 年版,第 4 页。

是研究人—岗的匹配问题。而"劳动力资源"这一词更多从经济学的角度来研究如何配置劳动力这一生产要素,更多的是从宏观上研究劳动力资源的配置问题。另外,从统计口径上看,人力资源既包括劳动年龄内具有劳动能力的人口,也包括劳动年龄外参加社会劳动的人口。因此,人力资源的口径比劳动力资源的口径要大。

我国在传统的计划经济时期,大多沿用的是苏联的教科书,对劳动力的管理在企业管理中称为劳动人事管理,现在日本的企业劳动管理部门也多称为劳动课,沿用传统的"劳动"这一概念。改革开放以来,"人力资源"这一概念逐渐从国外引进国内。此时的人力资源管理的概念中涵盖了对劳动力的能力开发与综合利用,更广义地讲,"人力资源"这一概念包含了人的一生的能力开发与利用,甚至从胎教就开始了,直至丧失劳动能力,几乎贯穿了一个人的整个生命周期。

随着人力资源管理理论和实践的不断发展,国内外关于人力资源管理的定义出现各种流派。如 R.韦恩·蒙迪(R.Wayne Monday)认为人力资源管理是通过对人力资源的管理来实现组织的目标[1],这是人力资源管理的目的观;加里·德斯勒(Gary Dessler)认为人力资源管理是一个获取、培训、评价员工以及向员工支付薪酬的过程,同时也是一个关注劳资关系、健康和安全以及公平等方面问题的过程。[2] 这是人力资源管理职能观的观点。还有通过揭示人力资源管理的实体来进行定义,认为人力资源管理是对员工的行为、态度以及绩效产生影响的各种政策、管理实践以及制度的总称。[3] 除此之外,还有从人力资源管理的主体以及综合各方面观点的角度来定义的派别。

目前,对于人力资源概念的界定,学者给出了不同的解释,可分为从能力的角度和从人的角度两类,从能力的角度进行界定的人占多数。从

[1] [美]R.韦恩·蒙迪等:《人力资源管理》(第六版),葛新权等译,经济科学出版社 1998 年版,第 4 页。

[2] Gary Dessler,*Human Resource Management*,15 Edition,Pearson Publisher,2013,p.4.

[3] Raymond A., John R., Barry Gerhart, et al., *Human Resource Management：Gaining a Competitive Advantage*(9 Edition),McGraw-Hill Education Publisher,2015,p.3.

这两个角度的定义如表 1-1 所示。

表 1-1　人力资源概念的界定

角度	代表学者	观点
从能力的角度	刘昕	人力资源是一个国家、经济或组织所能够开发和利用的,用来提供产品和服务、创造价值、实现相关目标的,所有以人为载体的脑力和体力的综合①
	朱舟	人力资源是指包含在人体内的一种生产能力,它是表现在劳动者的身上,以劳动者的数量和质量表示的资源,对经济起着生产性的作用,并且是企业经营中最活跃、最积极的生产要素②
	萧鸣政	人力资源是指劳动过程中可以直接投入的体力、智力、心力的总和及其形成的基础素质,包括知识、技能、经验、品性与态度等身心素质③
从人的角度	郭洪林	人力资源是指一定社会区域内所有具备劳动能力的适龄劳动人口和超过劳动年龄人口的总和④
	陈远敦、陈全明	人力资源是能够推动社会和经济发展的具有智力和体力劳动能力的人员的总称⑤

资料来源:董克用主编:《人力资源管理概论》(第四版),中国人民大学出版社 2015 年版,第 4—5 页。

从国内外对人力资源管理的界定来看,本书采用董克用在《人力资源管理概论》中对于人力资源管理的定义。他综合了各种派别的观念,将人力资源管理定义为组织通过各种政策、制度和管理实践,以吸引、保留、激励和开发员工,调动员工工作积极性,充分发挥员工潜能,进而促进组织目标实现的管理活动。⑥

三、国际组织人力资源管理

(一)国际组织人力资源管理的含义

本书将国际组织人力资源管理定义为为了达成国际共识,推动国际

---

① 刘昕编著:《现代人力资源管理教程》,中国人事出版社 2009 年版,第 20 页。
② 朱舟编著:《人力资源管理教程》,上海财经大学出版社 2001 年版,第 2 页。
③ 萧鸣政主编:《人力资源管理》,中央广播电视大学出版社 2001 年版,第 2 页。
④ 郭洪林主编:《企业人力资源管理》,清华大学出版社 2005 年版,第 1 页。
⑤ 陈远敦、陈全明主编:《人力资源开发与管理》,中国统计出版社 1995 年版,第 1 页。
⑥ 董克用主编:《人力资源管理概论》(第四版),中国人民大学出版社 2015 年版,第 8 页。

合作,更好处理国际争端,促进人类共同利益与发展,国际组织对国际公务员运用先进理念和科学方法进行招聘、培训、职业生涯规划、考核、激励、员工关系管理等的一系列管理活动的总称。这一定义结合了国际组织的特点对其人力资源管理活动进行界定,并区分与其他类型组织的人力资源管理活动的差异。

(二)国际组织人力资源管理的研究对象

"国际公务员"这一概念大约产生于 20 世纪初,在国际社会上常称之为国际组织职员或雇员。从国际公务员的产生来看,国际公务员是指为了国际社会共同利益,实现所在组织宗旨,就职于通过国际条约建立的国际组织的公务员[1],其中既包括政府间国际组织的职员,也包括国际非政府组织的职员。狭义的国际公务员指的是在联合国系统下的国际组织(联合国及其下属机构或专门机构)工作的职员。[2]

本书研究的是狭义的国际公务员,指那些在联合国系统下的国际组织中任职的职员。国际公务员类似国家公务员,但又有所不同。国际公务员与国家公务员的相同点主要表现在都必须忠诚,并从事公务活动、适用于特定的制度,另外由于待遇好,面向全球招聘,竞争较激烈。但二者在效忠组织、服务对象、工作中处理的关系、职员管理制度及福利待遇水平等具体方面又有所不同,如表 1-2 所示。

表 1-2 国际公务员与国家公务员的比较

不同点	国际公务员	国家公务员
效忠组织	忠诚于国际组织,不得接受第三方指令	效忠于祖国
服务对象	从事国际公务,为国际组织的所有成员服务,为各国民众服务,为世界人民服务	站在国家立场,从事国家公务,为本国人民利益服务

---

① 赵源:《国际公务员胜任素质研究——以联合国业务人员和司级人员为例》,《中国行政管理》2018 年第 2 期。

② 赵劲松:《联合国与国际公务员法律制度的发展》,《外交评论(外交学院学报)》2006年第 4 期。

续表

不同点	国际公务员	国家公务员
工作中处理的关系	处理国际组织与世界各国的关系	处理国家行政机关与人民群众的关系
职员管理制度	适用于国际组织制定的国际公务员制度、内部司法系统的规章程序	国家公务员适用于国家制定的国家公务员法
福利待遇水平	高于发展中国家的国家公务员的平均薪酬水平,向发达国家公务员薪酬水平靠齐	高于当地职工的平均薪酬水平

资料来源:参照国际公务员制度委员会网站、《中华人民共和国公务员法》以及相关文献自行整理。

　　国际组织人力资源管理的研究对象也是人力资源,不过是国际组织中工作的这部分雇员或职员,研究的目的与任务是如何进行招聘、考核、培训、员工关系管理、激励、福利待遇等一系列的有效管理,选好合适的职员,匹配到合适的岗位上,发挥好人力资源与岗位的效能,实现国际组织的任务与目标。

(三)国际组织人力资源管理与企业人力资源管理的区别

　　不同类型、不同性质、不同目标、不同发展阶段中的企业,体现在人力资源管理方面,各环节或各项人力资源管理的侧重点不同。与企业人力资源管理相比,国际组织人力资源管理在管理目的、管理理念、管理对象、组织架构、部门性质、经济报酬、培训内容上有所不同。在管理目的上,企业的人力资源管理注重组织和员工共同利益的实现,国际组织则是组织与员工共同追求国际社会的最大利益;在企业人力资源管理活动中,对职员的管理理念上注重竞争性,而国际组织更注重平等性,具体的差别如表1-3所示。

表1-3　国际组织人力资源管理与企业人力资源管理的区别

类别	企业人力资源管理	国际组织人力资源管理
管理目的	组织和员工共同利益的实现	组织与员工共同追求国际社会的最大利益,以履行国际义务为目的
管理理念	注重竞争性	注重平等性

续表

类别	企业人力资源管理	国际组织人力资源管理
管理对象	多样化的员工群体	具有国际性特征的职员群体
组织架构	网络化、扁平化	分权力、执行、办事
部门性质	生产效益性部门	社会服务性部门
经济报酬	与业绩、能力相关度大	与职级、资历相关度大
培训内容	侧重岗位相关的能力	侧重公共管理领域的伦理道德及相关知识

资料来源:企业人力资源管理一栏部分参考:陈国海、马海刚:《人力资源管理学》,清华大学出版社2016年版,第11页。国际组织人力资源管理一栏根据国际组织官方网站、官方文件与相关文献自行总结归纳。

第二节　国际组织人力资源管理的特点

国际组织人力资源管理的特点与国际组织的宗旨、工作的性质、工作要求、目的等紧密相关,主要可以总结为职员具有国际性特征、注重平等性和管理的复杂性三点。首先,职员具有国际性特征,这又体现在文化多样性、身份独立性、流动性强三个方面;其次,在国际组织人力资源管理的过程中,特别注重平等性,注重国家平等、性别平等;最后,管理的复杂性,体现为地域复杂、环境复杂和工作职能复杂。具体如表1-4所示。

表1-4　国际组织人力资源管理的特点

特点	内容
职员具有国际性特征	文化多样性
	身份独立性
	流动性强
注重平等性	国家平等
	性别平等

续表

特点	内容
管理的复杂性	地域复杂
	环境复杂
	工作职能复杂

一、职员具有国际性特征

国际组织职员特征的国际性主要体现为文化多样性、身份独立性两个方面。

（一）文化多样性

文化多样性要求国际组织的工作人员来源于全球,应反映劳动力的多样性,包括招聘多种文化、代际因素、多种语言等。世界是由不同民族语言、文化、习俗和传统组成的多元结构,国际组织作为多国构成的组织,必须在人力资源管理上体现全球多样性特征。正如联合国核心价值观"正直、专业、尊重多样性",接受、包容并主张多样性。职员文化多样性可以在决策中加强国际组织的绩效,也能够更多地考虑不同文化、政治宗教信仰等多方面的国际需求。

（二）身份独立性

国际公务员的独立性是指不应寻求也不应接受本组织外的任何政府、个人或实体的指令。[①] 国际公务员绝不是某个政府或其他实体的代表,也不应是其政府的代言人。从逻辑和现实来看,受到多方政府或当局操控或指示的国际公务员不可能完成全球治理的任务,也不可能代表多数人的意见。因此,国际组织重视国际公务员的独立性,并制定了相关法律文件对国际公务员的独立性提供法律保障,如《联合国宪章》《联合国特权与豁免公约》《联合国专门机构特权与豁免公约》,且在官方文件中强调给予国际公务员在豁免法律程序方面的口头或书面言论及实施的一

---

① 《国际公务员行为标准》,见 http://www.mohrss.gov.cn/SYrlzyhshbzb/rdzt/ gjzzrcfw/ gjzzrszd/ 201701/ t20170123 _265458. html.

切行为以官方身份,以确保国际公务员只对国际组织负责而不必担心组织外任何会员国政府或当局的威胁。[①]

二、注重平等性

国际组织人力资源管理具有平等性,《联合国宪章》中多次提及平等的原则,其中多次强调国家平等和性别平等。

(一)国家平等

国家平等性赋予国际公务员将各会员国不同需求纳入联合国组织活动框架的权利,也要求国际公务员对本国同胞和他国国民一视同仁,平等对待。在国际组织人力资源管理的过程中,国家平等性还意味着国际组织在处理国际事务时要尊重大小各国的平等权利。这一原则在决策过程中显得尤为重要,尽管国际公务员有权表达个人观点或信念,但他们在履行职务时不能偏袒,不能歧视,不能介入党派纷争,或就存在争议问题公开表达自己的观点或信念,无论是以个人名义还是以联合国组织的名义,特别是在处理可能引发联合国与会员国冲突的事项上,尤其需要平等、公正、谨慎。遵循国家平等性原则有助于加强国际组织权威及高效运作,偏袒或保持偏见将对国际组织产生严重的分化影响,不利于国际组织开展工作。

(二)性别平等

国际组织将把性别平等作为积极人才招聘和管理的基本要素,保障女性的权益,采取特别措施征聘、留用和提拔合格女性职员,并增加女性候选人中对外地职位的申请人数。

《联合国宪章》第8条规定:“联合国对于男女均得在其主要及辅助机关在平等条件之下,充任任何职务,不得加以限制。”联合国秘书处致力于在其工作人员中实现1:1的性别平衡,并强烈鼓励女性候选人申请中高级管理职位。《国联盟约》第7条明确表明,国联组织的所有职位,包括秘书处在内,应平等地面向具备相应才干的男性、女性候选人开放。秘书长还会定期就联合国秘书处及国际组织的妇女地位改善问题向联合国大会

---

① 公约于 1946 年 2 月 13 日联合国大会通过,1946 年 9 月 17 日生效。

和妇女地位委员会提交报告。该报告在每年大会举行期间通过性别问题和提高妇女地位问题特别顾问向大会提交,并在次年3月作为更新提交至妇女地位委员会。据2018年国际组织人力资源报告数据显示,P类与G类①岗位中,男女比例为1.22∶1。目前在联合国工作的女性,在薪金、福利及退休年龄等方面,都与男性没有差别。

三、管理的复杂性

相比于一般企业人力资源管理,即使是跨国性的企业,国际组织人力资源管理更具有复杂性,主要表现为地域复杂、环境复杂、工作职能复杂三个方面。

(一)地域复杂

国际组织充当着"世界政府"的角色,为更好地管理国际事务,其人力资源管理的地域不可避免地需覆盖全球。

以联合国为例,其工作涉及全球的每一个角落,甚至在南极与北极气候极端地区,直接和间接地扩展到193个会员国,有130多个外地办事处,其中包括维持和平和政治特派团以及人道主义外派行动。自1946年以来,联合国已逐渐转变为一个全球秘书处,联合国有60%的工作人员离开总部前往世界各地工作。

(二)环境复杂

国际组织人力资源管理的管理环境变化莫测。就组织外部环境而言,政治环境、经济环境在不断地变化,使得职员的工作地点的流动、工作环境的变化更为复杂,这也给了人力资源规划、招聘、绩效、薪酬、职业生涯规划等管理过程带来了许多难题。例如,在国际形势比较严峻时,如何保障国际公务员的人身安全以及履行职务的合法性与公正性;当经济环境发生变化时,如何快速进行全面审查作出薪酬调整,如何鼓励职员向艰

---

① 两性平等问题和提高妇女地位特别顾问办公室(Office of the Special Adviser on Gender Issues and Advancement of Women,简称OSAGI)网站包含历年所有秘书处就联合国系统妇女地位改善问题的报告及新闻公告,见 http://www.un.org/womenwatch/osagi 或 https://www.unwomen.org/en。

苦条件工作地点流动,如何保障在危险工作地点职员的安全与情感需求等。从组织的内部环境上看,国际组织正直、专业、尊重多样性的价值观决定了招聘选拔标准的特殊性,带来了如何平衡职员民族性和忠诚性的问题,流动文化使得在高流动性下对职员进行科学有效的管理是有难度的。

(三)工作职能复杂

国际组织充当了国际社会共同事务管理者的角色,这给人力资源管理带来了许多挑战。如同一国政府是本国内外事务的管理者,国际组织承担了全球性或区域性管理规则的制定、管理机构的建立与运作、世界问题的解决等责任。而国际公务员是具体工作任务的执行者,其工作具有公共服务的性质,这一特点也为人力资源规划、招聘、绩效等方面制度的制定增添了难度。例如,为更好地完成人力资源规划、人力资源招聘中职员应该具备怎样的胜任力素质、如何去评估国际职员的工作绩效等。另外,对于危险或其他特殊工作的职员应给予怎样的福利,如何解决国际征聘中职员与家人分离的问题,如何保证职员的国际性、履行职务的合法性等,还有一系列意想不到却纷繁复杂的问题。

第三节　国际组织人力资源管理的内容

国际组织人力资源管理是一项较为复杂的管理活动,具有多个方面的内容,如图 1-2 所示。

国际组织人力资源管理包括胜任素质模型、组织设计与职位分析、人力资源规划、人力资源招聘、职业生涯管理、培训与开发、绩效管理、薪酬管理、劳动关系管理等方面的内容。各个管理内容构成闭环的管理系统,相互联系、相互影响。本书主要介绍与基本职能相关的管理内容,围绕胜任素质模型、组织设计与职位分析、人力资源规划、人力资源招聘、职业生涯管理、培训与开发、绩效管理、薪酬管理几个方面进行展开。

国际公务员胜任模型位于系统的最底层,是进行所有人力资源管理

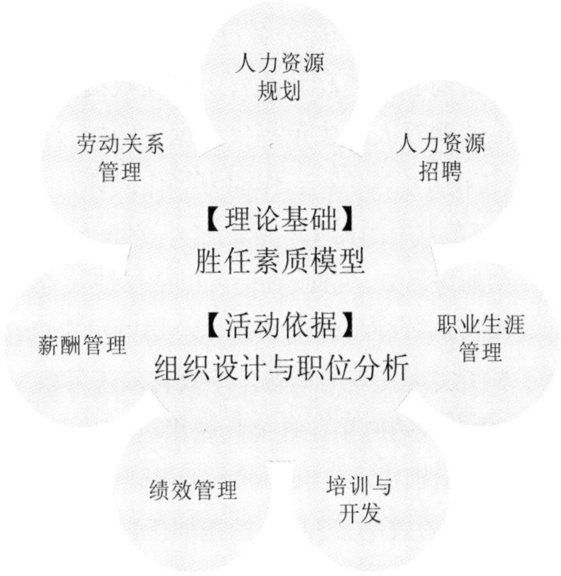

人力资源
规划

劳动关系
管理

人力资源
招聘

【理论基础】
胜任素质模型

【活动依据】
组织设计与职位分析

薪酬管理

职业生涯
管理

绩效管理

培训与
开发

图1-2　国际组织人力资源管理的内容

活动的理论基础,是实现人—职匹配的具体方法,并贯穿于国际组织人力资源管理的各个环节。例如,联合国在人员招聘过程中,招聘职位的职位说明及招聘公告中,除了头衔、所在部门及职责外,均须列出联合国三大核心价值观及该职位特别要求的若干核心能力(3—5项不等)。国际组织的面试是基于胜任素质的面试,面试问题将涵盖列出各项核心能力。如果认为某项核心能力未达要求,应聘人员将被淘汰。在培训与开发的过程中,将国际公务员胜任素质模型作为参照,将员工的现实情况与其进行对比,分析差距,制定培训内容,例如注重国际公务员的道德伦理知识的培训,来保证国际公务员的廉政。

组织设计与职位分析的结果有职位分类和职位说明书,这些是国际组织各项人力资源管理活动实施的依据。人力资源招聘过程,根据职位说明书发布岗位职责和任职要求。另外,员工的绩效考核指标是根据职位分析中得到的职位的工作职责来确定的,而薪酬管理中,员工薪酬的确定以及职位分类根据不同的职位类别,薪酬的制定标准不同,薪酬水平也有所不同。

　　绩效管理是整个人力资源管理的中间环节,与人力资源管理其他模块相互联系。通过绩效管理,对国际公务员的工作情况进行考核和评价,以便及时作出反馈并帮助职员提高和改善工作绩效提出建议对策,同时也为职工培训、晋升、薪酬等人事决策提供依据。例如,进行人力资源规划时,需要对现有员工的工作业绩、工作能力等作出评价,了解现有的人力资源情况,进而确定人力资源需求。除此之外,绩效管理与人员招聘之间则存在着一种互动的关系,一方面,我们可以依据绩效考核的结果来改进甄选过程的有效性;另一方面,甄选结果也会影响员工的绩效,有效的甄选结果将有助于员工实现良好的绩效。绩效管理还可以为人员的培训和开发提供依据,绩效考核的结果往往能反映出员工某方面能力的欠缺,对此进行分析总结得出培训需求,与此同时,通过培训与开发可以提高职工个人、群体和整个组织的效率,进一步挖掘职工的智力潜能,以增强人力资源绩效的贡献率。

　　人力资源管理各项管理内容之间同样存在着密切的联系。人员招聘的实施要依据人力资源规划,招聘什么样的员工、招聘多少员工,这些都是人力资源规划的结果,而高效的员工招聘又能为员工的培训与开发、绩效管理、薪酬管理等活动奠定良好的基础,避免因人力资源不匹配而产生的成本。劳动关系管理是国际组织人力资源管理的重要部分,其目的是协调和改善国际组织与员工之间的劳动关系,进行文化建设,营造和谐的劳动关系和良好的工作氛围,保障组织运行活动的正常开展,进而提高员工的组织承诺度,而培训与开发和薪酬管理则是达成这一目标的重要手段。国际组织的职业生涯管理同样注重与其他人力资源管理环节,例如人力资源规划、招聘、学习和培训、业绩管理等方面的结合。例如,工作人员遴选制度强调将能力表现和成绩作为职业进展的根据,并调动成为所有工作人员职业生涯的一部分。制定各种学习和职业支助方案,以确保所有各级人员在专业上不断成长。制定与职业生涯发展相关的业绩考勤制度。各人力资源管理环节之间的紧密结合,为国际公务员职业生涯管理提供了强大的支撑。

第四节 国际组织人力资源管理的产生与发展

国际组织人力资源管理是伴随着国际组织的发展而不断发展的,经历了从无到有的过程。国际组织在产生之初,并未提出人力资源管理有关的理念与执行有关人力资源管理的举措。国际组织人力资源管理的产生和发展是根据国际组织及其人力资源管理制度的产生和发展进行划分的,参考相关文献,本书将国际组织人力资源管理分为三个阶段,即萌芽阶段、快速发展阶段、战略发展阶段。

一、萌芽阶段:1920 年至第二次世界大战结束

萌芽阶段是指第一次世界大战之后到第二次世界大战结束前(1920—1945 年),同时也是国际联盟的发展时期。在此之前,国际事务主要以会议的形式进行解决,并且没有提出对国际公务员进行管理。而在 1920 年到 1945 年的这个阶段里,国际组织的人力资源管理开始发展,主要经历了从国际联盟职员守则到国际公务员基本制度,从无专门的人力资源管理部门到成立专门解决国际公务员问题的委员会的初步发展过程。

国际联盟是人类历史上第一个一般性国际组织,国际联盟秘书处是国际组织人力资源管理的起源,也是国际联盟最高的行政机关,为了对职员行为进行规范,拟定了《国际联盟职员守则》。国际联盟首任秘书长埃里克·德拉蒙德(Eric Drummond)爵士曾担任英国外交大臣,他深受英国文官制度改革中所提到的"公务员应具备高的行政效率、政治中立、能力胜任三个素质"影响。他据此提出了国际公务员制度基本原则的设想,并在 1920—1930 年间陆续发布的三个委员会报告中得到了详细的确定。

在确定的国际公务员管理制度过程中,国际联盟除了重申英国文官制度中所规定的政治独立、道德忠诚原则外,也强调了应给予秘书处工作职员一个较为持久、稳定的工作职位。1921 年诺贝尔梅耶原则明确了国

际公务员的选拔标准、招聘原则、职位的永久性、有国际竞争力的薪酬水平,使得国际公务员这一职位更具吸引力。

与此同时,为了更好地解决不断涌现的国际公务员的雇佣关系问题,成立了专门的委员会。1925 年,一起国际公务员对国际联盟秘书处提起的诉讼同样被认为是国际公务员制度发展史上的关键一步,为此组建了一个司法特别委员会供其咨询。1927 年,大会决定设立第一个行政审理委员会(临时),该委员会后来发展成为一个永久性机构,专门协调、裁定涉及国际公务员雇聘关系等法律问题。

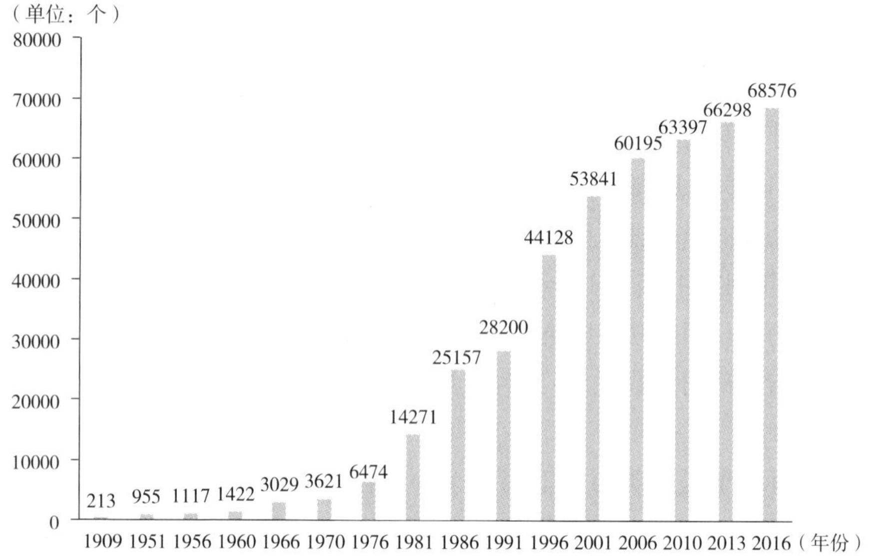

（单位：个）

图 1-3　1909—2016 年国际组织数量

资料来源:Union of International Associations,"Historical Overview of Number of International Organizations by Type 1909-2016",2017,见 http://brill.uia.org/content/4384。

在第二次世界大战以前的国际联盟时期,国际公务员管理萌芽并有所发展,但一些实际存在的问题也不应被忽视——编制预算与国际公务员人数的限制。例如,在秘书处成立的最初几年里,国际公务员的数量不足 200 人,且大多数来自西欧国家,从这一点来看,国际公务员的国际性并未得到充分的体现。令人遗憾的是,在第二次世界大战期间,因为战争的原因,使得国际联盟确立的国际公务员制度停滞不前,并且遭受了部分

（单位：个）

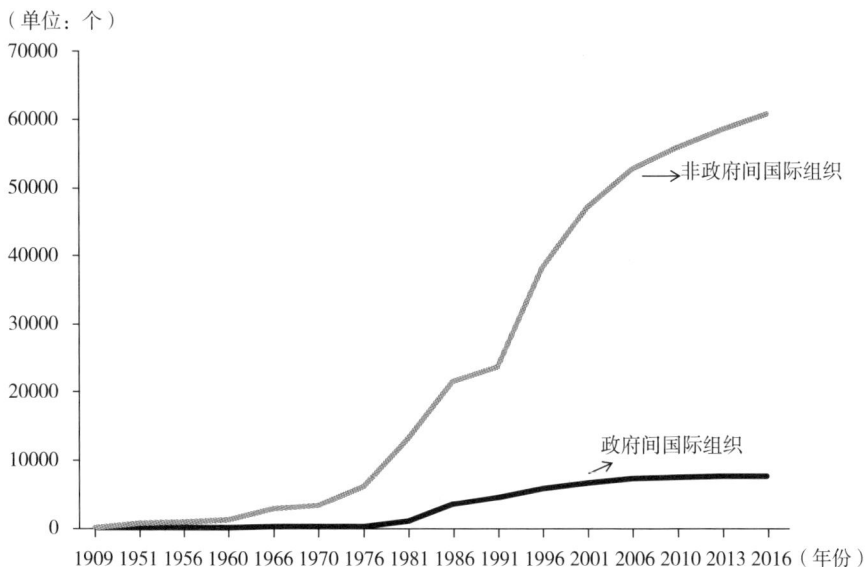

图 1-4　1909—2016 年政府间国际组织和非政府间国际组织数量

资料来源：Union of International Associations，"Historical Overview of Number of International Organizations by Type 1909-2016"，2017，见 http://brill.uia.org/content/4384。

成员的破坏。参见图 1-3 中 1909—2016 年国际组织数量的增长情况和图 1-4 中 1909—2016 年政府间国际组织和非政府间国际组织数量的增长情况，从数据来看，1945 年之前的国际组织数量增长很少。

二、快速发展阶段：第二次世界大战结束至 1996 年

第二次世界大战结束至 1996 年，这一期间为快速发展阶段。据《国际组织年鉴》统计，第二次世界大战后到 20 世纪 50 年代国际组织发展到 1000 余个，20 世纪 70 年代末增至 8200 余个，1990 年约为 2.7 万个，1998 年为 4.8 万余个，参见图 1-3 的 1909—2016 年国际组织数量和图 1-4 的 1909—2016 年政府间国际组织和非政府间国际组织数量的增长情况。第二次世界大战结束后，国际组织逐渐恢复正常的运作，国际组织进入了另一个崭新的时期——联合国时期。联合国的创立，是国际组织发展史上的里程碑，开创了国际组织人力资源管理的新阶段。以联合国为代表的国际组织开始重视国际公务员的管理，成立

专门的部门或委员会对国际公务员的行为规范制度、薪酬进行管理。联合国作为这个时代最具国际性、规模最大的国际组织,对国际组织人力资源管理的发展起到了重要的作用。

第二次世界大战后,联合国面对着来自外界,特别是来自会员国政府的压力和影响,需要采取适当的改革措施,以带领国际社会实现组织的使命。而国际公务员是国际组织运作的重要力量,做好国际公务员的管理对其提高工作效率,实现联合国行动计划目标的整体成功至关重要。在这样的背景下,联合国继承和发展国际联盟的成果的同时,迅速发展、改革,解决了国际公务员人力资源管理的各方面问题,并形成了人力资源管理工作队伍,在发展过程中推出了国际公务员的人力资源管理框架。

起初,联合国国际公务员的管理主要是基于国际联盟的管理模式,在组织结构上,联合国的大会、安理会和秘书处与国联大会、行政院、常设秘书处在形式、职能和性质等方面有不少相似与相同之处。在国际公务员的行为准则方面,沿用了国际联盟国际公务员基本原则,并将其写入了《联合国宪章》,规范对国际公务员的管理。

1949 年,联合国成立国际公务员制度咨询委员会(International Civil Service Advisory Board,简称 ICSAB),国际组织人力资源管理得到了突破性的进展。ICSAB 于 1954 年颁布了《国际公务员行为标准》(Standards of Conduct),初步规定了国际公务员的具体聘用方法和执行标准,成为多半个世纪以来指导国际组织人力资源管理的重要文件。1974 年,ICSAB 更名为"国际公务员制度委员会"(International Civil Service Commission,简称 ICSC),全面负责国际公务员聘用、管理、晋升等人力资源管理问题。

三、战略发展阶段:1997 年至今

1997 年至今为战略发展阶段,在此期间,国际组织人力资源管理提出了战略性人力资源管理的思想,形成了比以往更规范的人力资源管理体系,并根据时代的要求,不断地进行修订和完善。

以联合国为例,在这个过程中,联合国赋予人力资源管理更具战略性的角色,实施组织变革。在 20 世纪末,联合国发起了人力资源管理审查,提出了战略性人力资源管理的思想,组建了人力资源管理工作队伍。① 2000 年,秘书处在 20 世纪末的一系列资源管理改革工作的基础上,推出了新的人力资源管理框架。② 2001 年,ICSC 为适应时代发展的需要,修订了《国际公务员行为标准》,从指导原则、工作关系、利益冲突等 15 个方面详细列举了国际公务员的 50 条行为标准。此后,联合国都会定期进行人力资源管理审查,对人力资源管理内容进行修订,形成了人力资源管理框架。2018 年修订并形成了现行的员工细则与工作条例,2019 年作出了 2019—2021 年人力资源战略规划,并提出了新的人力资源战略。

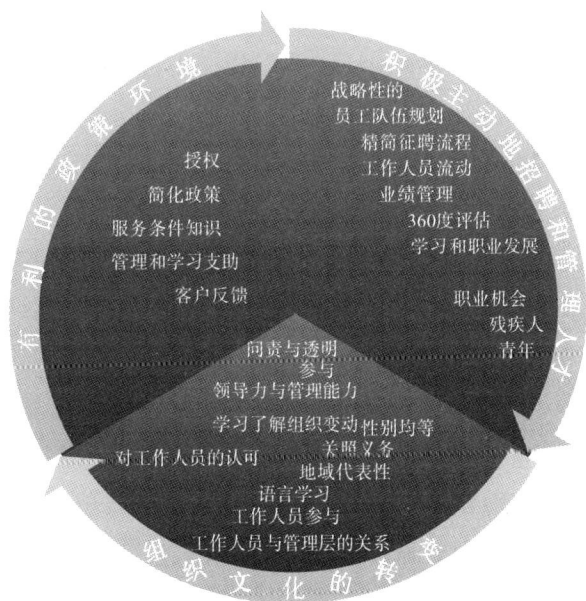

图 1-5　国际组织人力资源战略

① General Assembly of the United Nations, *Renewing the United Nations：A Programme for Reform；Report of the Secretary-general*, 1997.

② General Assembly of the United Nations, *Human Resources Management Reform；Report of the Secretary-general*, 2000.

国际组织人力资源战略由有利的政策环境、积极主动地招聘和管理人才、组织文化的转变三个部分组成,如图 1-5 所示。每个部分有一个总体目标,由内部的几个方面分别作出战略行动。例如,在有利的政策环境方面,总体目标为制定简化、分散、灵活且面向外地的人力资源政策框架,推动战略人力资源管理并支持权力下放。战略行动为:

- 制定精简的人力资源管理权力下放框架;
- 简化和精简与外地需求相一致的人力资源政策;
- 审查服务条件,以吸引和留用最优秀人才,维持一支有能力、多样化、多语种、可流动的员工队伍,并确保履行关照义务;
- 为建立有利的政策环境开展知识管理和学习;
- 创建强化系统,提高对外地挑战的顺应能力。

【案例分析】

国际组织人力资源管理框架

为使联合国共同系统各组织能够有效地进行人力资源管理,国际公务员制度委员会(ICSC)在 2000 年通过了人力资源管理框架(见图 1-6)。它是由国际公务员制度委员会及其秘书处的成员、联合国共同系统各组织的代表和职员代表制定的。组织设计是框架中的首要元素,它源于组织的使命和人力资源战略,是制定和实施计划以实现组织目标的过程,其两个子要素是职位设计和人力资源规划。框架确定了构成共同系统中人力资源管理的各种不同但相互关联的要素,包含了六个重要的组件:道德/行为标准、人力资源信息管理、薪酬和福利、招聘、职业管理和有效管理,其中一些具有许多子组件。该框架为各国际组织提供了一个整体的概念基础,目前已经成为各国际组织有关人力资源政策和程序的基础。

该框架可以解释为在组织的使命、任务和战略的驱动下,充分考虑内部力量、外部力量、技术发展与概念基础的发展等影响因素,制定人力资源管理战略。根据人力资源管理战略,完成职位设计和人力资源规划、制

组织的使命、任务和战略

内部力量
例如组织文化和风格、员工/管理关系、预算程序、法理

外部力量
例如资金、劳动力市场、文化、媒体等

技术发展

概念基础的发展
人力资源管理如何影响运作效率

人力资源管理战略

道德/行为标准
国际公务员

人力资源信息管理
支持框架

组织设计，包括职位设计和人力资源规划

薪酬和福利

薪酬/福利系统

招聘

招募、配置和保留
合同管理
员工幸福

职业管理

职业生涯管理、员工发展和培训
流动
绩效管理

有效管理

管理风格
员工代表的角色
司法行政

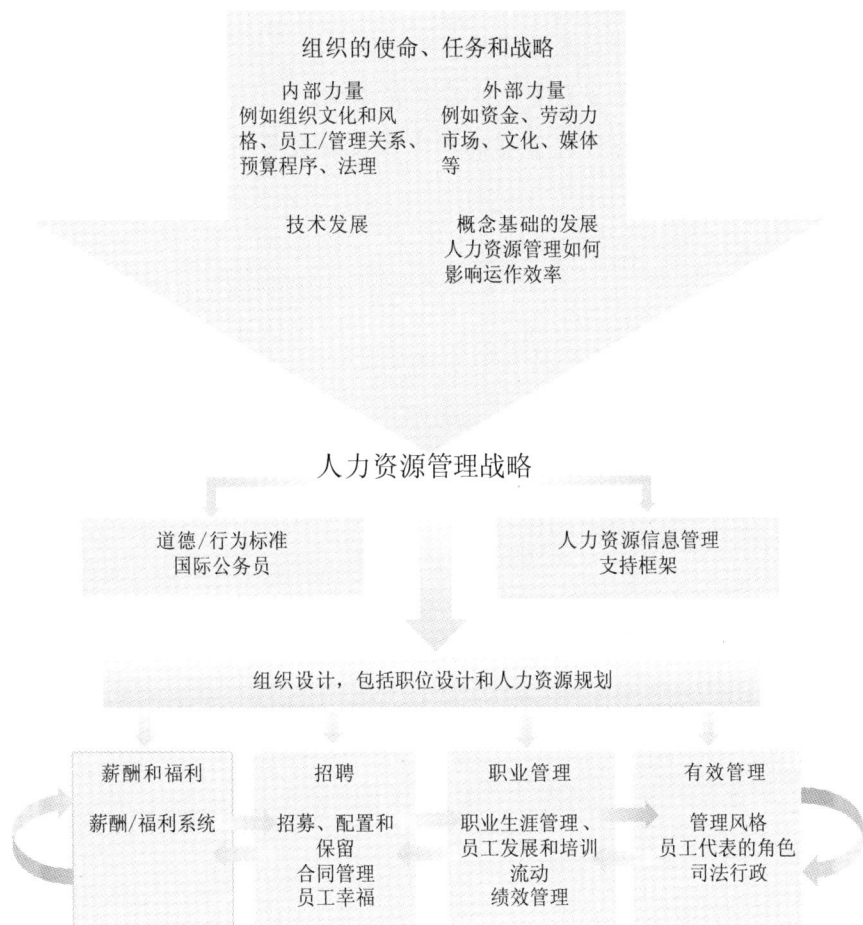

图 1-6　国际公务员制度委员会制定的人力资源管理框架

资料来源：ICSC 网站 https://commonsystem.org/hrframework/。

定国际公务员的道德/行为标准。根据职位设计和人力资源规划，进行招聘与培训、绩效管理、职业管理、薪酬福利和有效管理等活动，从而达到良好的治理与领导和提供舒适的工作环境的目的。

【讨论】

国际组织与一般企业的组织框架有什么不同？

【思考题】

    1. 国际公务员与国家公务员有什么区别？

    2. 国际组织人力资源管理的特点有哪些？

    3. 国际组织人力资源管理的产生和发展经历了几个阶段？分别是

什么？

第二章　国际组织人力资源管理的理论

管理的本质就是通过有序化的过程使稀缺资源获得最大的效用,以及寻找系统的方法实现预期效率和目标的过程。管理职能是管理系统所具有的职责和功能。最早把管理职能上升为理论的是法国管理学家亨利·法约尔(Henri Fayol)。他于1916年在《工业管理与一般管理》一书中提出,管理就是实行计划、组织、指挥、控制和协调一系列过程。1937年,美国管理学家卢瑟·古利克(Luther Halsey Gulick)在上述五项职能的基础上,提出了包括计划、组织、人事、指标、协调、报告、预算在内的管理七项职能理论。随着实践发展的需要,人力资源管理的理论也较多,主要可分为人力资本理论、人性假设理论、学习型组织理论、激励理论等,这些理论是国际组织进行人力资源管理的依据与基础,本章将对这些主要理论的观点进行进一步的介绍。

第一节　人力资本理论

人力资源管理的最终目的是为了实现组织的整体战略和目标,而这一目的的达成需要以每个员工的个人绩效的实现为基本前提和保证。员工的个人绩效与员工的知识和技能,即与人力资本息息相关。本节将对人力资本的含义、人力资本思想的提出以及舒尔茨人力资本理论的主要内容进行介绍。

一、人力资本的含义

从生产过程中的投入来讲,资本是能够带来更多财富增值的投入。

人力资本(Human Capital)是对人力资源进行开发性投资所形成的可以带来财富增值的资本形式。陈远敦认为,它是指人们以某种代价获得并能在劳动力市场上具有一种价格的能力或技能。人力资本投资是为提高人的能力而投入的一种资本,也是西方教育经济学中的一个基本概念。最早提出"人力资本"这一概念的创始人是美国芝加哥大学教授,1979 年诺贝尔经济学奖获得者西奥多·舒尔茨(Theodore W.Schultz),他指出人力资本是指劳动者受到教育、培训、实践经验、迁移、保健等方面的投资而获得的知识和技能的积累。

关于人力资本概念的代表性观点是舒尔茨于 1960 年提出的,他认为,人力资本就是劳动者身上的无形资本。舒尔茨认为,人力资本是劳动者身上所具备的两种能力:一种能力是通过先天遗传获得的,是由个人与生俱来的基因决定的;另一种能力是后天获得的,由个人经过努力学习而形成,而读写能力是任何民族人口的人力资本质量的关键成分。①

经济合作与发展组织(Organization for Economic Co-operation and Development,简称 OECD)对人力资本的定义,认为人力资本是"个人拥有的能够创造个人、社会和经济福祉的知识、技能、能力和素质"。

关于人力资本的形成动因,现有文献认为人力资本形成主要是通过教育、"干中学"以及在就业迁移过程中逐步完成的。人力资本最初通过教育实现初始积累,然后在工作实践中通过"干中学"以及在职培训得到进一步提升。而随着各地区经济增长的差异以及人力资本的水平差异,可能发生人力资本从落后产业往新兴产业、从工资水平较低的落后地区往工资水平较高的发达地区的迁移与流动。就业迁移不仅有利于人力资本的不断增值,也使得人们对人力资本投资越来越重视,从而进一步提升人力资本水平。②

人力资本体现在具有劳动能力(现实或潜在)的人身上,以劳动者的数量和质量来表示,劳动者的质量又体现在知识、技能、经验、体质和健

---

① [美]西奥多·W.舒尔茨:《人力资本的特殊属性和作用》,见陆红军主编:《人力资源发展跨文化学通论》,百家出版社 1991 年版,第 8、291 页。
② 戴军:《环境规制、绿色技术进步与人力资本》,浙江工商大学 2020 年博士学位论文。

康。人力资本是需要通过投资才能获得的,人力资本的投资主要有三种形式:教育和培训、迁移、医疗保健。[①]

二、人力资本思想的提出

事实上,最早的人力资本思想可以追溯到古希腊思想家柏拉图(Plato)的著作。他在著名的《理想国》中论述了教育和培训的经济价值。亚里士多德(Aristotle)也认识到教育的经济作用以及一个国家维持教育以确保公共福利的重要性。但在他们看来,教育仍是消费品,其经济作用也是间接的。第一个将人力视为资本的经济学家是经济学鼻祖亚当·斯密(Adam Smith),他在肯定劳动创造价值以及劳动在各种资源中的特殊地位的基础上,明确提出了劳动技巧的熟练程度和判断能力的强弱必然制约人的劳动能力与水平,而劳动技巧的熟练水平要经过教育培训才能提高,教育培训则是需要花费时间和付出学费的,这也是人力资本投资的萌芽思想。

亚当·斯密认为,经济增长主要表现在社会财富或者国民财富的增长上。财富增长的来源取决于两个条件:一是专业分工促使劳动生产率的提高,因为分工越细人们劳动效率越高。二是劳动者数量的增加和质量的提高。美国经济学家西奥多·舒尔茨是现代人力资本理论的创始人,他提出一个著名的观点:经济发展主要取决于人的质量,而不是自然资源的丰瘠或资本存量的多寡。知识和技能都是投资的产物,而这种产物加上其他人力投资便是技术先进国家在生产力上占优势的主要原因。

卡尔·海因里希·马克思(Karl Heinrich Marx)的《资本论》体现着丰富的人力资本思想。虽未明确指出"人力资本"的概念,但他将劳动力视为一种特殊的商品,与人力资本有共通之处。马克思认为,人的劳动能力固化于人的身体之中,存在于活的人格之中,是可以产生使用价

[①] 董克用主编:《人力资源管理概论》(第四版),中国人民大学出版社2015年版,第9页。

值的一种特殊能力,是体力和智力结合的产物。马克思还认为,想要使工人获得适用某一劳动部门的技能,成为熟练工,就必须对其进行教育和培训。在这个过程中需要消耗一定的一般等价物,而由于各个劳动部门的劳动强度和复杂程度不同,所消耗的一般等价物的价值也是不同的。

马克思指出,资本不是物,而是物掩盖下的商品关系;资本是能够带来剩余价值的价值,资本只有在不停的运动中才能增值。资本与资源相比,差异不在于物的本身,而在于资本体现了一种社会关系。马克思虽然没有明确提出"人力资本"这一概念,但是从剩余价值的产生来看,价值以及剩余价值都是来源于劳动。劳动者和创造者的剩余价值再投入到生产、流通等环节,形成了产业资本、流通资本等,这些都是劳动创造的。因此,社会财富的多寡最终取决于劳动者的劳动,取决于劳动生产率,而劳动生产率的高低取决于管理与劳动者的劳动能力,包括劳动能力的高低关键也取决于对劳动者能力的开发。

第二次世界大战后,德国、日本的迅速发展,也进一步证实了自然资源稀缺的国家和地区,短时间内能恢复经济的发展,成为世界经济强国,其主要的原因和发展基础就是他们的人力资本。德国、日本战后保留了一批熟练的产业技术工人和工程师,为两国战后工业的发展提供了关键有力支撑。日本和德国战后的发展经验促使经济学家对传统的经济增长模型进行了修正。他们从中提炼出"人力资本"这一概念来解释传统经济增长模型解释不了的现象,从而提出了人力资本理论。西奥多·舒尔茨及加里·贝克尔(Garys Becker)也因解释了这个经济增长之谜而获得了诺贝尔经济学奖。自此以后,研究人力资本问题也成为理论研究和政策研究的热点,对教育、培训、卫生健康、劳动力流动等的投入也成为促进经济增长的短期与长期政策措施。

三、舒尔茨人力资本理论的主要内容

舒尔茨有关人力资本理论的系统论述主要反映在他1971年出版的《人力资本投资——教育和研究的作用》和1981年出版的《人力投

资——人口质量经济学》这两本专著中。

其一,舒尔茨否定了古典经济学中劳动同质的观点,认为劳动、人力资本具有异质性。舒尔茨指出:"劳动者所具有的生产能力也被看作是大致相等的。这种劳动概念,在古典经济学里就不正确,而现在,其错误就更加明显。"舒尔茨经过深入的研究指出,传统的资本概念不仅不完整,而且没有正视资本所固有的"异质性"问题。因此,舒尔茨建议:"在对提供未来服务的资本分类时,最好是从两分法(即人力资本和非人力资本)入手。这两类资本都不是同质性的;实际上两者都由多种不同的资本形态构成,因而都是非常异质性的。不过,人力资本和非人力资本之间的差别是客观存在的,这正是进行分析的基础。"

其二,舒尔茨认为人力资本包括量与质两个方面:量的方面指一个社会中从事有用工作的人数、百分比及劳动时间,这在一定程度上代表着该社会人力资本的多少;质的方面指人的技艺、知识、熟练程度及其他类似可以影响人从事生产性工作能力的东西。在这些方面,每个劳动者也是不一样的,即同一个劳动者在受到一定教育和培训前后,其劳动质量或工作能力、技艺水平和熟练程度是有差别的。

其三,舒尔茨认为人力资本是投资的产物。他把人力资本投资分为以下五类:(1)医疗和保健;(2)在职人员培训;(3)正式建立起来的初等、中等和高等教育;(4)不是由企业组织的那种为成年人举办的学习项目,包括那种多见之于农业的技术推广项目;(5)个人和家庭适应于变换就业机会的迁移。

其四,舒尔茨认为人力资本的积累是社会经济增长的源泉。舒尔茨认为人力资本与物力资本投资的收益率是有相互关系的,认为人力资本与物力资本相对投资量,主要由收益率决定。收益率高,说明投资量不足,需要追加投资;收益率低,说明投资量过多,需要相对减少投资量。当人力资本与物力资本二者间投资收益率相等时,就是二者之间的最佳投资比例。当二者尚未处于最佳状态时,就必须追加投资量不足的方面。当前相对于物力投资来说,人力资本投资量不足,必须增加人力资本投资。提到人力资本在各个生产要素之间发挥着相互替代和补充作用时,舒尔茨认为现代经济发展已经不能单纯依靠自然资源和人的体力劳动,在生产中必须提高体力劳动者的智力水平,增加脑力劳动者的成分,以此来代替原有的生产要素。因此,由教育形成的人力资本在经济增长中会更多地代替其他生产要素。

其五,舒尔茨认为教育也是使个人收入的社会分配趋于平等的因素。人力资本可以使经济增长,增加个人收入,从而使个人收入社会分配不平等的现象趋于减少。教育可以通过提高人的知识和技能,提高生产的能力,从而增加个人收入,使个人工资和薪金结构发生变化。舒尔茨认为个人收入的增长和个人收入差别缩小的根本原因是人们受教育水平的普遍提高,是人力资本投资的结果。

四、人力资源和人力资本的关系

人力资源和人力资本有着密切的联系。人力资源和人力资本都是以人为基础而产生的概念,研究的对象都是人所具有的脑力和体力。现代人力资源理论大都以人力资本理论为依据,人力资本理论是人力资源理论的重点内容和基础部分。人力资源经济活动及其收益的核算是基于人力资本理论进行的,两者都是在研究人力作为生产要素在经济增长和经济发展中的重要作用时产生的。

但二者之间也有一定的区别[①]:首先,两者在与社会财富和社会价值的关系上是不同的。人力资本是由投资形成的,强调以某种代价获得的能力或技能的价值,投资的代价可以在提高生产力的过程中以更大的收益收回来。因此劳动者将自己拥有的脑力和体力投入到生产过程中参与价值创造,就要据此来获取相应的劳动报酬和经济利益,它与社会价值的关系应该说是由因溯果。人力资源则不同,作为一种资源,劳动者拥有的脑力和体力对价值的创造起了重要的贡献作用。人力资源强调人力作为生产要素在生产过程中的生产、创造能力,它在生产过程中可以创造产品、创造财富、促进经济发展,它与社会价值的关系应该说是由果溯因。

---

① 萧鸣政主编:《人力资源管理》,中央广播电视大学出版社 2001 年版,第 3 页。

其次,两者研究问题的角度和关注的重点也不同。人力资本是通过投资形成的存在于人体中的资本形式,是形成人的脑力和体力的物质资本在人身上的价值凝结,是从成本收益的角度来研究人在经济增长中的作用,它强调投资付出的代价及其收回,考虑投资成本带来多少价值,研究的是价值增值的速度和幅度,关注的重点是收益问题,即投资能否带来收益以及带来多少收益的问题。人力资源则不同,它将人作为财富的来源来看待,是从投入产出的角度来研究人对经济发展的作用,关注的重点是产出问题,即人力资源对经济发展的贡献有多大,对经济发展的推动力有多强。最后,人力资源和人力资本的计量形式不同。"资源"是存量的概念,而"资本"则兼具存量和流量的概念,人力资源和人力资本也同样如此。人力资源是指一定时间、一定空间内人所具有的对价值创造起贡献作用并且能够被组织所利用的体力和脑力的总和。而人力资本,如果从生产活动的角度看,往往是与流量核算相联系的,表现为经验的不断积累、技能的不断增进、产出量的不断变化和体能的不断耗损;如果从投资活动的角度看,又与存量核算相联系,表现为投入教育和培训、迁移、医疗保健等方面的资本在人身上的凝结。

人力资源管理实则是对人力资源的一种开发,指管理者通过对人力资源的管理,譬如通过人力资源规划、培训、评估、薪酬体系等管理活动,吸纳更多有能力的高素质人才进入组织就职。随着职务的变化与组织大环境的改变,为能够更好地为组织贡献自己的力量,则需要定期组织开展专业技能培训与思想教育,这其实就是对员工的一种人力资本投资。

第二节 人性假设理论

从从事经济管理活动的主体来看,人是主体,也是最终的目的。人力资源管理的对象是人,管理者也是人,因此,要基于人性基础来研究对人的管理。关于人性的假设是经济学研究人的经济行为的基础,同时也是管理学研究分析人的管理活动的基础。管理者基于人性假设进行管理,基于人性假设来激励职员,以实现组织的目标。本节将介绍几种主要的人性假设①:经济人假设、社会人假设、自我实现人假设、复杂人假设、决策人假设和文化人假设。②

一、经济人假设与 X 理论

亚当·斯密认为,人的行为动机根源于经济诱因,人都要争取最大的经济利益,工作就是为了取得经济报酬。因此,从这个假设出发,可以用物质来激励员工。经济人假设起源于享乐主义,美国工业心理学家道格拉斯·麦格雷戈(Douglas M.Mc Gregor)称该假设为 X 理论,泰勒则是经济人假设的典型代表。

X 理论认为,经济人(理性人)是指人的行为动机源于经济诱因,在于追求自己的最大利益,工作是为了金钱,在组织操纵和控制下,人是被动的。这与中国所讲的"人之初,性本恶"有类似之处。荀子说:"目好色,耳好声,口好味,心好利,骨体肤理好愉佚。"事实上,无论是西方还是东方,人性的本质是一样的,都是趋利避害。司马迁在《史记·货殖列传》中说:"天下熙熙,皆为利来;天下攘攘,皆为利往。"经济活动的本质就是以少的投入,获得尽可能多的产出。发展经济,就要充分利用好人性、尊重人性,人力资源管理工作更要尊重人性,人性的假设是理解人力资源管理的一把钥匙。

当劳动工作仍是人们谋生的手段时,工作动机中的经济诱因和相应的管理职能是合理的。在生产力水平不发达的状态下,这是对早期资本主义企业管理的理论解释。经济人假设下的管理策略包括:(1)用经济报酬来获得劳务和服从,"胡萝卜加大棒"式管理;(2)注重提高劳动生产率,完成生产任务,而不考虑人的社会、情感需要;(3)工作效率低、情绪低落的解决方法是重新审查奖酬制度。

---

① 陈国海、马海刚编著:《人力资源管理学》,清华大学出版社 2016 年版,第16—28页。
② 关于人性假设的论述与分析,大多数的管理学书籍中都有,限于篇幅及本书研究的重点,在此不进行详细的分析论述。

二、社会人假设与人际关系理论

霍桑实验否定了经济人假设。梅奥(Mayo)提出社会人假设:驱使人们工作的最大动力是社会、心理需要,而非经济需要,人们努力追求的是保持良好的人际关系。人们最重视的是工作中与周围人的友好相处,物质利益是相对次要的因素。

社会人假设下的管理策略包括:(1)重视为完成目标而必须工作的职员的个人需求;(2)关心职员的心理健康和人际关系、归属感和地位感等;(3)重视群体的存在和集体奖励制度;(4)管理者转型为给职员创造条件和方便,富于同情心的支持者和联络者的角色;(5)提倡参与管理,让职员参与管理过程。

三、自我实现人假设与 Y 理论

亚伯拉罕·哈罗德·马斯洛(Abraham Harold Maslow)从心理需求的角度提出了需求层次理论,自我实现是最高层次的需要。"自我实现人"假设是后来的行为科学和人力资源学派的学者们提出来的。这一假设认为,人都期望发挥自己的潜力,表现自己的才能,只要人的潜能充分发挥出来,就会产生最大的满足感。梁启超先生的"尽性主义"与此类似,他认为把各人的天赋才能发挥到十分圆满,人人便可自立。

自我实现人假设下的管理策略包括:(1)管理重点的转变。自我实现人更注重怎样使工作更加具有挑战性和内在意义,并创造一种环境和条件,使职员能够在工作中找到这种意义,感受到挑战的自豪感和自尊感。(2)管理职能的转变。管理者与其说是一位激励者、指导者、控制者,不如说是一位起催化作用的促动者,是创造和提供方便的人。(3)奖励方式的改变。从外在奖励转向内在奖励。(4)管理方式的转变。从科学管理、参与管理转向民主管理。

四、复杂人假设与超 Y 理论

美国管理心理学家埃德加·施恩(Edgar H.Schein)发展了超 Y 理论

（权变理论），提出复杂人假设：一个人在不同年龄阶段、不同时间和地点会有不同表现，其中融入了权变的思想。复杂人假设认为人是复杂的、多变的，不能用以往的人性假设，如经济人、社会人等，将所有的人归为一类。这与中国古代学者告子的"流水人性"学说类似。告子说："性犹湍水也，决诸东方则东流，决诸西方则西流。人性之无分于善不善也，犹水之无分于东西也。"

复杂人假设下的管理策略包括：（1）权变管理，以现实的情景为基础，作出可变的、灵活的行为；（2）管理措施要因人、时、事、地而异，不能千篇一律；（3）把工作、组织和人密切配合，特定的工作由适合的组织与人员来完成。

五、人性假设的新发展

（一）决策人假设

西蒙（Herbert A.Simon）在一系列有关决策理论的论文和著作中，构造了决策人假设。该假设认为，决策贯穿于管理的全过程，"管理就是决策""人人都是决策者"。决策人假设把被管理者提高了一个层次，使之成为与管理者一样能够进行决策的人。一般认为，作为决策的主体是充满理智的，既不会感情用事，也不会盲从，而是精于判断和计算，其行为是理性的；但同时，由于环境约束和人类自身能力的限制，决策人对未来行动具有不确定性，因此也存在非理性人决策的可能。

（二）文化人假设

审视人类管理理论的发展历史，根据人类管理实践的发展要求，今天已经到了以"文化人"来标识劳动者的阶段。文化人假设破除了"职员是企业的依附"和由"契约"关系所构成的雇佣观念，它认为调动人的生产和工作积极性，提高生产效率，实际需要的正是一种真正的、全面的、人与人之间的信任与平等的合作关系。文化人假设既是管理思想发展内在逻辑的必然要求，也是人性本质特征的科学反映，同时还是时代实践对现代企业家成长的必然要求。文化人假设的提出，并不是对以往人性假设的否定，而是辩证的扬弃。

事实上,人的需求不是唯一的,人性的需求随着物质基础的变化而变化。不同的时点,人性的表现和需求是不同的。经济学家和管理学家为更好地说明问题,对人性作出了一些假设,这些假设离不开当时的环境。经济人假设、社会人假设、复杂人假设、文化人假设等都是人性的不同方面。人性的表现是多元、多维的,而不是非善即恶或非恶即善的。因此,在管理中,只有辩证地认识到人的多元化需求,才能更好地利用好人力资源,实现组织的目标。

第三节 学习型组织理论

在管理研究中曾相继出现了"经济人""社会人""自我实现的人""复杂人""文化人""学习人"等多种关于人性假设的理论。而学习型组织理论正是在学习人性假设理论背景下提出的,管理大师彼得·圣吉(Peter Senge)认为在知识经济时代,人最大的本质在于学习,学习对于组织而言,事关其生死存亡。知识经济带来的新要求,使管理科学重新审视传统组织管理形式,寻找新的符合人性的组织模型。

一、学习型组织的含义

学习型组织是美国学者彼得·圣吉在《第五项修炼》中提出的一种新型组织形态,同时也是一种发展状态,具有自我超越性。彼得·圣吉说,学习型组织的基本含义就是持续开发创造未来的能力的组织。在学习型组织中,无论阶层,任何人都要参与发现并且解决组织中存在的问题,这样才能使组织进行不断的尝试,才能改善和提高组织应对外部环境的能力。

二、学习型组织五项修炼模型

学习型组织作为一个富有生命力的新的组织形式,同时也是一种走在时代前沿的管理思想。"五项修炼"被管理界称为建立学习型组织的"圣吉模型"(见图2-1)。

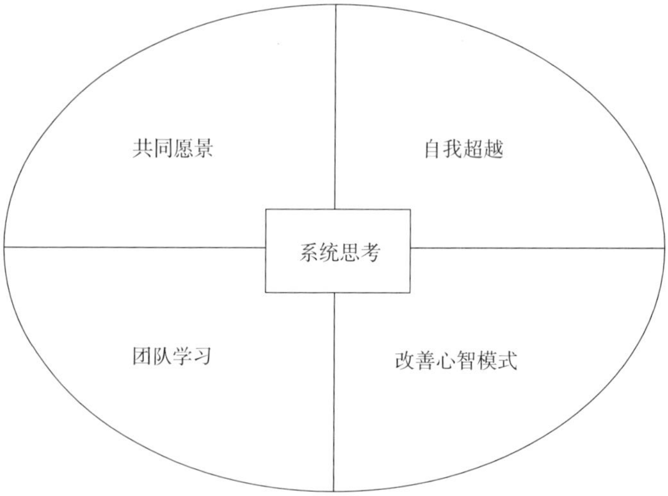

图 2-1　学习型组织五项修炼模型

　　建立学习型组织的关键是汇聚五项修炼或技能,这五项修炼分别是:建立共同愿景、善于进行团队学习、改善心智模式、勇于自我超越以及用系统思考代替机械思考。

(一)自我超越(Personal Mastery)

　　自我超越是指能突破极限的自我实现或技巧的精熟。自我超越以磨炼个人才能为基础,却又超乎此项目标;以精神的成长为发展方向,却又超乎精神层面。自我超越的意义在于以创造的现实来面对自己的生活与生命,并在此创造的基础上,将自己融入整个世界。个人学习是组织学习的基础,员工的创造力是组织生命力的不竭之源,自我超越的精要在于学习如何在生命中产生和延续创造力。通过建立个人"愿景"(Vision)、保持创造力、诚实地面对真相和运用潜意识,便可实现自我超越。自我超越是五项修炼的基础。

(二)改善心智模式(Improving Mental Models)

　　心智模式是指存在于个人和群体中的描述、分析和处理问题的观点、方法和进行决策的依据和准则。它不仅决定着人们如何认知周遭世界,而且影响人们如何采取行动。不良的心智模式会妨碍组织学习,而健全的心智模式则会帮助组织学习。心智模式不易察觉，也就难以检视，因此它不一定总能反映事情的真相。另外，心智模式是在一定的事实基础上形成的，它具有一定的稳定性。而事物是不断变化的，这导致了心智模式与事实常常不一致。改善心智模式就是要发掘人们内心的图像，使这些图像浮上表面，并严加审视，即时修正，使其能反映事物的真相。改善心智模式的结果是，使企业组织形成一个不断被检视、能反映客观现实的集体的心智模式。

（三）建立共同愿景（Building Shared Vision）

共同愿景是指组织成员与组织拥有共同的目标。共同愿景为组织学习提供了焦点和能量。在缺少愿景的情况下，组织最多只会产生适应性学习，只有当人们致力实现他们深深关切的事情时，才会产生创造性学习。根据柯林斯（Collins）等人的研究，组织的愿景是由指导哲学和可触知的景象（Tangible Image）组成。建立共同愿景的修炼就是建立一个为组织成员衷心拥护、全力追求的愿望景象，产生一个具有强大凝聚和驱动力的伟大"梦想"。

（四）团队学习（Team Learning）

团队学习是建立学习型组织的关键。彼得·圣吉认为，未能整体搭配的团队，其成员个人的力量会被抵消浪费掉。在这些团队中，个人可能格外努力，但是他们的努力未能有效转化为团队的力量。当一个团队能够整体搭配时，就会汇聚出共同的方向，调和个别力量，使力量的抵消或浪费减至最小。整个团队就像凝聚成的激光束，形成强大的合力。当然，强调团队的整体搭配，并不是指个人要为团队愿景牺牲自己的利益，而是将共同愿景变成个人愿景的延伸。事实上，要不断激发个人的能量，促进团队成员的学习和个人发展，首先必须要做到整体搭配。在团队中，如果个人能量不断增强，而整体搭配情形不良，就会造成混乱并使团队缺乏共同目标和实现目标的力量。

（五）系统思考（Systems Thinking）

系统思考是一种分析综合系统内外反馈信息、非线性特征和时滞影响的整体动态思考方法。它可以帮助组织以整体的、动态的而不是局部的、静止的观点看问题,因而为建立学习型组织提供了指导思想、原则和技巧。系统思考将前四项修炼融合为一个理论与实践的统一体。

彼得·圣吉之所以提出学习型组织理论,其宗旨是揭示组织在当今时代复杂环境中健康发展的规律,寻求组织主动应对各种挑战的方法与发展策略,其最终目标是建设可持续发展的社会。在当今的经济形势下,组织不能拘泥于原有的管理模式,应当在发展中寻求变化。学习型组织建设就是一种提高组织效能的管理策略。要想组织在未来具有真正的竞争力,就必须构建学习型的组织文化,让每一位成员都具有不断学习的能力。

学习是知识型组织的当务之急。国际组织职员若想能够应对各种不断发展的新挑战,国际组织必须创造一种学习文化,使职员不仅有机会弥补能力的缺口,也有机会在各自的领域出类拔萃,具备实现组织目标所需要的知识和技能。

第四节　激励理论

激励理论可分为两种类型:内容型激励理论与过程型激励理论。由于个体间的差异,不同的人有不同的需求,因此有效的激励应该是因人而异的。对经济敏感的员工,采取物质激励手段方式较为有效;对精神和名誉敏感的人,采取精神激励的方法可能更有效。人力资源的激励管理要因人而异,这样才能用好组织资源,发挥人力资源的作用,提高工作的效率。

对激励理论的学习有助于更好地理解国际组织人力资源管理的各种策略是如何激励国际公务员更高效地完成其工作的。

一、激励的基本过程

激励(Motivation)就是激发人内在的行为动机并使之朝着既定目标前进的整个过程。激励是与人们的行为联系在一起的,行为的形成过程如图 2-2 所示。

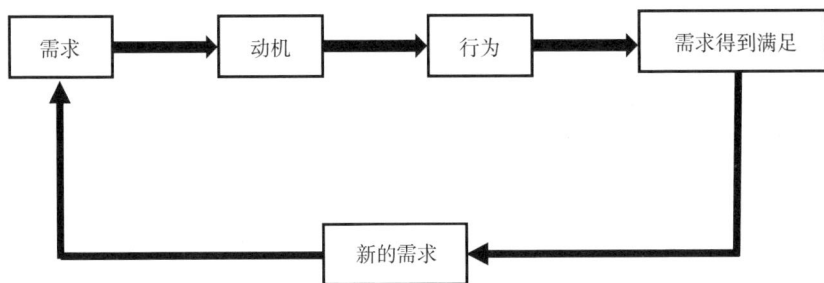

图 2-2 行为的形成过程

资料来源:董克用主编:《人力资源管理概论》(第四版),中国人民大学出版社 2015 年版,第 48 页。

大量心理学研究表明,人们的行为都是由动机决定和支配的,而动机则是在需求的基础上产生的。当人们产生了某种需求而这种需求又没有得到满足时,就会在内心出现一种紧张和不安的状态。为了消除这种紧张和不安,人们就会去寻找满足需求的对象,从而产生进行活动的动机。在动机的支配下,人们就会为了满足需求而表现出相应的行为。当人们的需求得到满足时,紧张和不安的心理状态就会消除,然后就会产生新的需求,形成新的动机,引发新的行为。[①]

二、内容型激励理论

内容型激励理论,旨在找出促使职员努力工作的具体因素。由于该类理论主要研究人的需要以及如何满足需要的问题,故而又被称为需要理论。主要包括亚伯拉罕·马斯洛(Abraham H. Maslow)的需求层次理论、弗里德里克·赫茨伯格(Frederick Herzberg)的激励—保健理论、克雷顿·阿尔德佛(Clayton Alderfer)的 ERG 理论和大卫·麦克莱兰(David G. M. Clelland)的后天需要理论。[②]

(一)马斯洛的需求层次理论

马斯洛的需求层次理论(Hierarchy of Needs Theory)是由美国心理学

[①] 董克用主编:《人力资源管理概论》(第四版),中国人民大学出版社 2015 年版,第 48 页。

[②] 郭惠容:《激励理论综述》,《企业经济》2001 年第 6 期。

家亚伯拉罕·马斯洛于 20 世纪 50 年代提出的(见图 2-3)。马斯洛认为人的需要可以划分为五个层次,从低到高依次为:

- 生理需要:维持生存的基本需要,包括空气、食物、水、性等;
- 安全需要:保护自己免受生理和心理伤害的需要;
- 社交需要:包括爱、规避、接纳和友谊等;
- 尊重需要:自尊、受尊重、被关注、认可、地位和成就等;
- 自我实现需要:在人的基础需要得以满足后通过各种手段最大限度挖掘个人能力来实现个人的理想和志向,达到自身期望值,进而获得自我实现的境界。

自我实现需要
(Self-actualization)

尊重需要
(Esteem)

社交需要
(Love and Belonging)

安全需要
(Safety Needs)

生理需要
(Physiological Needs)

图 2-3　马斯洛需求层次理论

这五个层次的顺序,对每个人都是相同的。虽然每个人都具有这五个方面的需要,但在某一时刻只有一种需要是引发动机和行为的主导需要。只有当较低层次的需要获得了基本满足后,下一个较高层次的需要才能成为主导需要。当一个人到达了自我实现的最高层次时,对于行为的激励就是无限的了。因为在马斯洛看来,任何人都不可能完全地自我实现。按照这一理论,如果想要激励某个人,就应设法知道他现在处于需求层次的哪个水平上,然后试图去满足该层次及更高层次的需要。

马斯洛的理论由于其直观性和简易性而极具吸引力,得到了实际管理工作者们的认可。然而该理论始终缺乏实证资料的支持,一些学者也相继对该理论提出了质疑:阿尔德佛曾指出"人们也可能同时由一个以上层次的需要激励着,并且如果生活环境发生了变化,也可能转向较低层次的需要"。弗朗西斯科(A-M-Franceso)则认为"在国际化的背景下,特定文化的环境因素和价值观,都会影响各种类型需要的重要性及其排序。因此,需求层次理论并不具有普遍适用性"。

(二)赫茨伯格的双因素理论

美国心理学家弗里德里克·赫茨伯格的激励—保健理论是在马斯洛理论的基础上于20世纪50—60年代发展起来的,该理论也被称为双因素理论(见图2-4)。其理论前提为满意与不满意是两种尺度而非一个尺度上两个相反的极点。以此假设为出发点,赫茨伯格对美国的部分工程师和会计人员进行了调查询问,以确定是哪些工作因素使他们感到满意或不满意。然后,通过对调查结果的综合分析,赫茨伯格发现:引起人们不满意的因素往往是一些工作的外在因素,大多同他们的工作条件和环境有关;能给人带来满意的因素,通常都是工作内在的,是由工作本身决定的。赫茨伯格认为最终得到的两类因素——激励因素和保健因素,在激励行为中起着截然不同的作用。

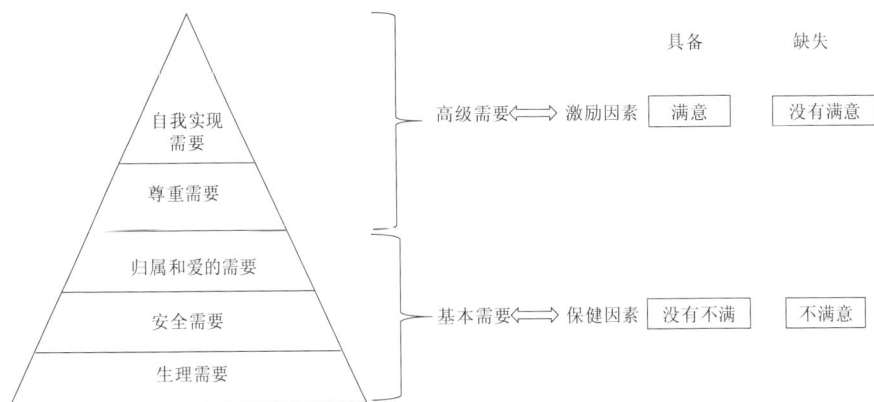

图 2-4 双因素理论分析

保健因素，又称非本质因素或情境因素，是指除工作本身之外的影响职员的因素，包括公司政策、管理、监督、与上下级和同事的关系、工作条件、薪酬、地位和安全保障等。这类因素与不满意相联系，如果缺少了这些因素，职员就会感到不满，但是即使这类因素的状态水平较为理想，也不会使职员产生满意感。

激励因素，又称本质因素或内容因素，是指工作本身的各个方面，包括成就、认可、工作的挑战性、责任、进步和成长等。这类因素的存在能够使职员感到满意，并能激励职员的行为。将该理论付诸运用，赫茨伯格建议要努力实现工作的丰富化。

赫茨伯格双因素理论的重要意义在于它强调了来自保健因素的外在奖励和来自激励因素的内在奖励的重要区别；管理者要调动员工的积极性，必须在做好外在奖励的同时，还要重视内在奖励。尽管赫茨伯格的理论曾广为流传，但亦有不少学者对该理论提出了不同程度的质疑。如：赫茨伯格的研究方法受到方法论的限制、赫茨伯格的提问方式有可能误导被提问者、该研究没有对满意度进行整体的测量、该理论忽视了环境变量的作用等。

（三）阿尔德佛的 ERG 理论

耶鲁大学的克雷顿·阿尔德佛提出的 ERG 理论某种程度上是对马斯洛的需求层次理论和赫茨伯格的激励—保健理论的一种延伸和扩展，但是他对于人类需要的研究成果与实际情况更为接近。与马斯洛和赫茨伯格一样，阿尔德佛也认为对人的需要进行分类是有价值的，同时低层次的需要与高层次的需要之间是有着根本性区别的。阿尔德佛将人的核心需要划分为三类：生存需要（Existence）、交往需要（Relatedness）和成长需要（Growth）。

生存需要是指生理方面生存的需要，类似于马斯洛理论中第一、二层次的需要；交往需要是进行人际沟通和社会交往方面的需要，类似于马斯洛理论中第三、四层次的需要；成长需要是指个人自我发展方面内在本能的一种欲望，类似于马斯洛理论中第五层次的需要。但是，阿尔德佛同时也认为这三个层次之间的界限并不十分清晰。在阿尔德佛看来，需要更应被视为一个连续的整体而非严格的等级层次。并且,他也不认为只有当低层次的需要获得满足后,高层次的需要才能激励行为,需要的产生也并非只是由于缺乏。

尽管也有学者对阿尔德佛的理论提出了异议,但与马斯洛和赫茨伯格的理论相比,大多数学者更加认同 ERG 理论。因为它吸收了前两者的精华,同时局限性较小。特别是在解释工作行为中的激励问题方面,ERG理论更具有说服力。

(四)麦克莱兰的后天需要理论

美国心理学家大卫·麦克莱兰提出:有三种主要的需要影响着人们的行为,并且这些需要并非像马斯洛理论所指出的为先天的本能欲求,而是通过后天的学习获得的。这些有助于解释个体间激励差异性的后天需要,分别是成就需要、权力需要和归属需要。

成就需要是追求卓越、实现目标和争取成功的一种需要。具有高度成就需要的个体总是力求把事情做得更好,他们希望对工作承担责任,喜欢适度的风险,希望获得有关其工作绩效的迅速且具体的反馈。过于简单或过于复杂的工作对他们都不具备吸引力,因为他们对于结果所承担的责任较少。权力需要是指对名誉、责任、影响力和控制他人能力的关注。具有高度权力需要的人喜欢承担责任,喜欢处于竞争性环境和令人重视的地位,偏好领导职位,同时也通常被他人视为有效领导者。权力需要常常表现为"双刃剑",当这种需要表现为对他人恶意的控制和利用,对组织来说就是一种不利的"个人化权力"。如果权力需要可以导致组织和社会的建设性改进,那么它就是一种积极的"社会化权力"。归属需要是建立友好和亲密的人际关系的欲望。具有高度归属需要的人喜欢与他人建立密切友好的关系,并且更喜欢合作而非竞争的环境。

麦克莱兰的后天需要理论的重要性在于,它表明了使员工与其工作相匹配的重要性。与具有高度成就需要的员工不同,高归属需要的员工则喜欢安定、保险系数高和可预见的工作场所。

如上所述,所有的内容型激励理论都试图确定与激励密切相关的具体需要及其层次结构。通过聚焦于激励的内容,每种理论都将其对激励的解释限定在一系列特定的因素上,并试图阐明如何利用这些具体因素来激励人。该类理论的贡献在于找出了有助于更好地理解激励问题的重要概念。然而,由于不同文化中的价值观念往往有所差异,因而很难找到一套适用于所有人的激励需要层次。

三、过程型激励理论

过程型激励理论关注的是,动机的产生以及从动机产生到采取具体行为的心理过程。主要包括强化理论、目标设置理论、期望理论和公平理论。

(一)强化理论

强化理论(Reinforcement Theory)是由美国心理学家斯金纳(Skinner)、桑代克(Thorndike)等人提出的。该理论认为人的行为是由外界环境决定的,外界的强化因素可以塑造行为。人们的行为是对其以往所带来的后果进行学习的结果。如果一个人因为他的某种行为而受到了奖励(正强化),那么他很可能重复这一行为;如果没有人认可这一行为,那么这种行为便不太可能再发生。当人们因为某种行为而招致负面后果(负强化或惩罚)时,他们通常会立刻停止这种行为,但是惩罚并不能保证不受欢迎的行为彻底消失。

正强化(Positive Reinforcement)指的是符合期望的行为得到令人愉快的刺激或奖励,可以引导人们继续作出同样的行为。正强化在工作场所中的常见应用是根据绩效确定的薪酬,比如绩效工资和奖金。

负强化(Negative Reinforcement)指在人们作出符合期望的行为后,去除令人不愉快的因素,从而使人们更加频繁地作出这样的行为。例如,员工可以接受有权威的领导的严密监督和指挥。但是,一旦员工表现出他能够正确无误地完成任务,领导可能就会去除这些负面的因素。

惩罚(Punishment)指不符合期望的行为带来令人不愉快的后果,这会使人们减少这样的行为。但是,通过惩罚不符合期望的行为并不意味着人们就会作出符合期望的行为。例如,员工由于迟到被领导严厉斥责,这也许会导致员工在工作期间失去积极性和主动性,甚至对领导心生怨恨。

　　消退(Extinction)指作出符合期望的行为后,积极的结果反而减少。最终,由于以前总能得到奖励的行为现在开始得不到强化,这种行为出现的频率会逐渐减少,直至完全消失。例如,员工过去是根据工作数量得到报酬,但是现在组织的侧重点转移到质量上来,员工出于习惯,在一段时间内仍然把精力集中在产品的数量上。以数量最大化为目标的做法可能是以牺牲质量为代价的,当员工意识到这种行为不再被奖励时,这种行为便很快消失。

　　强化理论认为,在塑造组织行为的过程中,应当将重点放在积极的强化,而不是简单的惩罚上。惩罚往往会对员工的心理产生不良的副作用。创造性地运用强化手段对于管理者是十分必要的。

　　强化理论确实为分析控制行为的因素提供了有力的工具,但是该理论忽视了人的内部状态以及情感、态度、期望和其他已知的会对人的行为产生影响的认知变量。

(二)目标设置理论

　　20 世纪 60 年代末,爱德温·洛克(Edwin Locke)提出了目标设置理论(Goal-Setting Theory),指向一个目标的工作意向,是工作效率的主要源泉。目标告诉职员需要做什么以及需要付出多大努力,明确的目标能够提高工作绩效,设置一个有难度的但却可以实现的目标通常会比设置一个容易的目标得到更好的绩效。设置目标时必须谨慎行事。在大多数岗位上,成功的绩效取决于　些无形任务的完成,这些任务无法被量化,也不能被转化为一套清晰的目标。评价和奖励制度必须具有充分的灵活性,以防止员工只关注可衡量的绩效目标,而忽略了工作的其他关键部分。

　　反馈较没有反馈更能提高绩效。虽然人们总是倾向于对自己参与设定的目标付出更多努力,但目标究竟是由个人参与设定的还是由他人制定的,对于最终绩效的影响并不明显。同时洛克等人,通过研究还发现自我效能感(Self-efficacy)和文化等因素,均会对目标的作用效果产生影响。

虽然在适当的情况下，目标可能带来更高的绩效，但是没有证据证实这种目标和工作满意感的提高有关。

（三）期望理论

维克多·佛隆姆（Victor Vroom）在其期望理论（Expectency Theory）中，将一个人如何决策在一项工作中应投入多大努力的心理过程，划分为如下几个环节：首先，个体会考虑尝试和付出努力是否能带来好的绩效。如果一个人认为尝试或努力能够带来成功，那么他就更有可能在特定的工作中付出较多的努力。其次，个体会思考良好的绩效带来组织奖励的可能性有多大。如果好的绩效一定有奖励，那么职员愿意付出的努力就越多。绩效与奖励间的联系越不密切，职员付出努力的积极性就越低。最后，个体要衡量特定奖励的效价，即该奖励对于被奖励者而言的价值。如果某种奖励对于某一个体具有很高的价值，这一个体也非常渴望得到这种奖励，那么，他无疑会提高自己的努力程度。如果奖励并不是个体想要的，那么他将不大可能尽力而为。

期望理论的主要贡献，在于它阐明了个人目标以及努力与工作绩效、绩效与奖励、奖励与个人目标满足之间的关系。作为一个权变模型，该理论意识到不存在一种普遍的原则能够解释所有人的个体行为，同时该理论也为我们进行奖励实践并评估组织的奖励政策提供了基础。当然，也有部分学者对于期望理论提出了不同程度的疑问：有些学者认为期望模型看似正确但却难以检验；另外一些学者则怀疑个人是否有能力像该理论所描述的那样有意识地作出各种理性的选择。

（四）公平理论

美国心理学家约翰·亚当斯（John Adams）于1963年提出了其著名的公平理论（Equity Theory）。该理论认为个体不仅注重自己的绝对报酬数量，更重视自己的投入和所得与其他人的投入和所得相比较的结果。这里的投入包括个人的努力、以往的工作经验、教育背景、时间、能力等；而所得包括薪酬、奖励、认可、晋升、培训、工作条件等。亚当斯认为个人公平感的产生，依赖于个人对所观察到的自己的所得与投入之比和所观察到的可比他人的所得与投入之比进行实际比较的过程。

自身所得/自身投入＝可比他人的所得/可比他人的投入

（等式：亚当斯的公平等式）

当个人的该比值（等式的左端）与可比他人的同一比值（等式的右端）几乎相等时，就达到了公平，从而无法产生激励作用。如果两个比值不相等，会产生一种叫作认知失调的心理现象，使人觉得不满意，个体由此产生一种紧张不安的感觉。这种不安感会激励个体采取下述6种行为之一：(1)改变自己的投入；(2)改变自己的产出；(3)改变自我认知；(4)改变对他人投入和所得的看法；(5)选择另一个不同的参照对象；(6)离开工作场所。

公平理论表明，对大多数员工而言，个人对公平性的感知不仅受到绝对报酬的影响，还受到相对报酬的影响。这为我们认识员工的激励问题提供了另一思路。需要说明的是，在大多数工作环境中，报酬过高带来的不公平对行为的影响并不显著。很显然，和低报酬带来的不公平相比，人们更能容忍甚至喜欢报酬过高带来的不公平。另外，并不是所有人都对公平敏感。

过程型激励理论，试图发现用于解释激励行为的普遍过程。由于这类理论聚焦于过程而非具体的激励内容，因此较之内容型激励理论而言，具有更广泛的适用性。

【案例分析】

世界知识产权组织中人力资源管理理论的运用

世界知识产权组织（以下简称"知识产权组织"）在其管理中，充分利用人力资源管理理论对职员队伍进行管理，推动组织履行国际使命。知识产权组织将职员视为最重要的资产，其人力资源管理战略举措体现了对"人"的重视。

一、为职员构建和谐的工作环境

梅奥提出社会人假设，指出社会、心理需求和良好的人际关系对人的重要性。知识产权组织通过建设和谐包容的工作环境为职员良好关系的建立和社交需求的满足搭建平台。为此,知识产权组织建立了相互尊重、和谐的工作环境指南,并于 2019 年 5 月推出了一项关于"共同和谐工作"的在线必修课程,通过培训以建设全体职员共同培养相互尊重的和谐工作环境的能力。组织环境中平等的文化,包括男女平等、地域平等、残疾人包容等理念,也帮助女性、残疾人这些弱势人群感受到尊严上的满足。此外,知识产权组织也积极让职员参与管理和决策的过程,重视单个职员的反馈,强调和职员代表的对话,这一系列举措使职员感到他们的意见受到充分的重视,也满足了其被尊重的需求,从而促进职员对组织的情感承诺。

二、建设学习型组织满足职员发展需求

学习型组织的建设对于个人和组织的发展都具有重要意义。为了促进职员的整体学习,知识产权组织通过企业学习管理系统(ELM)提供一个自由和灵活学习的平台,内含各种课堂课程和自定进度的学习活动,如阅读材料、视频和电子学习课程。针对职员个人的发展需求,知识产权组织为其量身定制学习计划,以满足个人的学习需求。

三、重视职员福利和健康

职员的安全和保障以及职业健康是职员能够安心工作的基础,也是一种基本的身心需要。知识产权组织将其作为一个优先事项,并在人力资源管理实践中予以重视。为保障职员的安全,产权组织聘请了一名高级医务顾问担任医疗顾问。高级医务顾问就医疗问题,包括职员的健康状况和职业健康问题,向组织的管理层提供咨询和服务。在 2016 年 7 月至 2017 年 6 月间,知识产权组织为职员提供身心健康类活动达 162 次。2017 年 9 月,知识产权组织重建了医疗和社会福利办公场所和设施,其中包括一间专门的哺乳室、一间为有信仰的职员提供空间的默思室和一间急诊室。

四、认可职员的奉献

人有被认可的需要,组织对职员的肯定可以提升职员的满意度和工作积极性。知识产权组织实行奖励与表彰计划(RRP)以表彰其职员在个人和集体层面的贡献。RRP 计划从 2013 年开始延续至今,其财政拨

款以及奖项数量和获奖职员的数量都有所增加。这种文化是对职员努力工作的认可,也正向强化了职员的积极工作行为。

知识产权组织职员一直保持较高的绩效水平,如 2017 年大多数职员(75.4%)被其主管评为"卓有成效",有五分之一(20.8%)的职员被评为"优秀",极少数职员被评为"表现欠佳"(低至 0.1%)。组织内部开展的调查也显示,其中绝大多数职员(84%)对自己的工作表示满意。这一系列数据表明,知识产权组织将职员视为人力资本进行投资,在人力资源管理实践中重视"人"的需要,不仅促进了职员自身的发展和满意度,也为组织工作的更好开展提供了动力源泉。

资料来源:世界知识产权组织协调委员会:《第七十五届会议(第 49 次例会)人力资源年度报告》,2018 年 7 月 23 日;世界知识产权组织协调委员会:《第七十六届会议(第 50 次例会)人力资源年度报告》,2019 年 7 月 5 日。

【讨论】

知识产权组织的人力资源管理实践主要体现了哪些人性假设理论?

【思考题】

1. 人性假设理论有哪几种?

2. 激励理论分为哪两种类型?

3. 激励理论对丁人力资源管理实践有什么启示?

第三章　国际组织胜任素质模型

　　胜任素质模型是国际组织人力资源管理活动进行的理论基础,研究国际公务员的胜任素质模型有助于国际组织更加高效率地进行人力资源管理工作。国际组织根据职员的工作性质、工作内容、工作环境等因素进行充分的分析,构建了国际公务员的胜任素质模型,指导国际组织职位分析、招聘、薪酬管理、绩效管理等人力资源管理活动的进行。

　　本章将从国际组织人力资源管理的实践出发,对国际组织胜任素质模型进行探究,阐述国际组织的胜任素质模型的概述和作用,以及介绍国际组织胜任素质模型的主要内容。

第一节　国际组织胜任素质模型概述

一、胜任素质模型的含义

　　胜任素质①模型是指为完成某项工作、达成某一目标所需要的一系列不同胜任素质的组合,包括动机表现、个性与品质要求、自我形象与社会角色特征以及知识与技能水平。②

　　美国心理学家麦克莱兰在 1973 年提出,胜任素质模型是指为胜任某一特定的任务角色或达到某一绩效目标所要求的个体胜任力总和,具体包括"冰山以上"的容易观察和测量的外在部分,如知识和技能,以及"冰

---

　　①　"Competency"在国内有多种译法,包括素质、胜任力、胜任素质、胜任特征等。本书采用"胜任素质"这一译法。

　　②　董克用主编:《人力资源管理概论》(第三版),中国人民大学出版社 2011 年版,第147 页。

山以下"的不易察觉和难以测量的潜能部分,如社会角色、自我认知、个性特质和动机等。

- 知识:某一特定领域的有用信息;
- 技能:从事某一活动的熟练程度;
- 社会角色:希望在他人面前表现出来的形象;
- 自我认知:对自己的身份、个性和价值的认识和看法;
- 个性特质:个体行为方面相对持久、稳定的特征;
- 动机:那些决定外显行为的自然而稳定的思想。

二、国际组织胜任素质模型的含义

联合国秘书处指出:"本组织的最大力量(也是我们成功的关键)是我们工作人员和管理人员的素质。"要利用这一优势,联合国需要营造一种使员工能够发挥最大潜力的组织文化和环境。其他组织的经验表明,在寻求创建新文化并为未来培养人力资源能力时,重要的是制定组织的核心胜任素质,即对全体员工至关重要的技能、特征和行为的结合,以及所有管理人员都需要的额外管理能力。一旦确定了组织的核心胜任素质,就可以将其用作建立和加强其他人力资源管理模块(如招聘和配置、培训和绩效评估等)的基础。

本书将根据此报告中对于胜任素质的描述,将国际组织胜任素质模型定义为与国际公务员完成工作任务直接相关的技能、特质和行为的总和。① 胜任素质模型描述了员工和管理人员建立新的组织文化并应对未来挑战所需的技能和属性。

第二节 国际组织胜任素质模型的作用

国际组织胜任素质模型的制定,主要是国际组织为了加强队伍建设,

---

① United Nations, *Competencies for the Future*, 2012, 见 https://www.careers.un.org/lbw/attachments/competencies-booklet-en.pdf。

为在招聘新人、管理表现、开发能力、制定岗位职责等方面有统一的标准和要求,使得这些工作有章可循。①

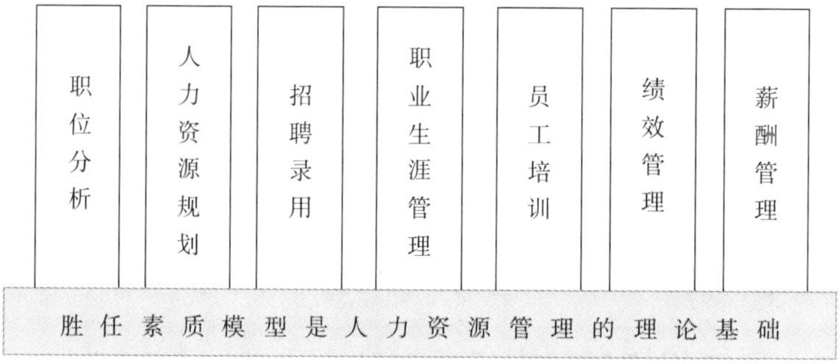

图 3-1　国际组织胜任素质模型的作用

国际组织胜任素质模型(见图 3-1)在国际组织人力资源管理活动中起着基础性、决定性的作用。国际组织胜任素质分别为国际组织的职位分析、人力资源规划、招聘录用、职业生涯管理、员工培训、绩效管理以及薪酬管理等提供了强有力的依据,它是国际组织人力资源管理的理论基础。

传统的职位分析较为注重职位的组成要素,而基于胜任素质的职位分析,侧重研究工作绩效优异的员工,突出与优异表现相关联的特征及行为,结合这些员工的特征和行为定义这一工作岗位的职责内容,它具有更强的工作绩效预测性,能够更有效地为选拔、培训员工以及为员工的职业生涯管理、奖励、薪酬管理提供参考标准。

国际组织胜任素质模型为国际组织的人员招聘录用提供了明确的标准。传统的人员招聘一般比较重视考察人员的知识、技能等外显特征,而没有针对难以测量的核心的动机和特质来挑选员工。相反,基于胜任素质的招聘正是帮助组织找到具有核心的动机和特质的员工,既避免了由于人员挑选失误所带来的不良影响,也减少了组织的培训成本。国际组织所有职位的招聘都以胜任素质为标准,胜任素质模型的制定是为了确保每个当选的候选人都拥有所要求的技能、素质和表现,而且是当选该职

① 宋允孚主编:《国际公务员素质建设与求职指南》,浙江大学出版社 2019 年版,第142 页。

位的最佳人选。①

国际组织胜任素质模型为职员的职业生涯规划提供了关键的依据。基于胜任素质模型对职员进行评价,能够帮助员工设计更加符合个人特征的职业发展规划,并在实施发展规划的过程中为员工提供针对性的支持和辅导。国际组织在帮助职员进行职业生涯规划时,注重不断培养职员的胜任素质,例如开展基于职员能力的研讨会,提升使职员努力开发提高组织绩效的关键技能和行为。

国际组织胜任素质模型为职员培训开发提供了明确的依据。学习和培训的目的与要求就是帮助员工弥补不足,从而达到岗位的要求。而培训所遵循的原则就是投入最小化、收益最大化。基于胜任素质分析,针对岗位要求结合现有人员的素质情况,为员工量身定制培训计划,帮助员工弥补自身不足,有针对性地突出培训的重点,进一步开发员工的潜力。

国际组织胜任素质模型为科学的绩效管理提供了帮助。胜任素质模型的前提就是找到区分优秀与普通的指标,以它为基础而确立的绩效考核指标,是经过科学论证并且系统化的考核体系,可以真实地反映员工的综合工作表现。通过胜任素质模型,国际组织各职位所要达到的标准都有明确界定,这也为绩效考核提供了明确的标准,减少了评价的主观因素,提高了考核的科学性。

国际组织胜任素质模型为制定公平合理的薪酬政策奠定了基础。按照第二章所讲的公平理论的要求,组织在制定薪酬政策时必须要保证公平合理,而胜任素质模型对各个职位所需要的核心价值观、核心能力和行为特征等都作出了具体的描述,这样国际组织管理者就可以根据各职位在国际组织内部的相对重要性大小给予不同的报酬,从而确保薪酬的内部公平性。

第三节　国际组织胜任素质模型的内容

目前,无论是国际组织内部还是国内外学者,对于国际公务员的胜任

---

① 联合国检查署:《联合国系统各组织的人员招聘:对照基准的比较分析框架综述》,2012 年,见 https://www.unjiu.org/sites/www.unjiu.org/files/jiu_document_files/products/zh-hans/reports-notes/JIU%20Products/JIU_REP_2012_4_Chinese.pdf。

素质模型的研究还都比较有限。目前国际组织的胜任素质模型中比较全面和权威的有联合国秘书处发布的联合国未来胜任力报告、世界卫生组织的全球能力模型等。本节将从两个层面对国际组织胜任素质模型进行介绍:一是通用的国际公务员胜任素质;二是各国际组织的胜任素质模型。

一、通用的国际公务员胜任素质

学者在相关研究中对通用的国际公务员胜任素质进行了总结概括,代表性的有赵源发布的通用素质标准[1]和滕珺发布的十大核心素养[2]。

(一)通用素质标准

赵源总结出国际公务员应承担三种角色:战略规划制定者、下属管理人员指导者、例外问题和危机问题管理者。据此概括出的国际公务员通用素质标准模型中,应包括政治素质、能力素质、文化修养、身体素质与心理素质(见表3-1)。

表3-1 国际公务员通用素质标准模型

国际公务员通用素质标准模型	政治素质	忠诚性
		国际性
		中立性
	能力素质	专业能力
		沟通交流能力
		组织计划能力
		团队合作能力
		决策制定能力
		创新能力
	文化修养	道德修养
		人文关怀
	身体素质	健康的身体、充沛的精力
	心理素质	气质、性格、意志、心理健康状态与思维特点

资料来源:赵源:《国际公务员应具备哪些素质》,《人民论坛》2018 年 12 月 4 日。

---

① 赵源:《国际公务员应具备哪些素质》,《人民论坛》2018 年 12 月 4 日。
② 滕珺:《国际组织人才十大核心素养》,《中国教育报》2015 年 1 月 29 日。

　　过硬的政治素质是保证国际公务员工作方向和行政效果的基本前提。政治素质是对公务员在政治、思想、作风方面的标准要求,国际公务员作为特殊的公务员群体,需要对任职的国际组织负责。

　　一流的能力素质与文化修养是保证国际公务员工作能力与行政效率的关键。国际公务员工作内容的特殊性要求他们除了具备一般公务员应有的正确的世界观、坚定的使命感和强烈的责任感之外,还应具有更高水平的工作能力,才能与其工作任务相匹配。

　　国际公务员的人文修养主要表现为道德修养和人文关怀。道德修养是国际公务员人格魅力的体现,是领导影响力产生的重要因素,其内容结构主要包括廉政廉洁、公道正派与政治使命感。

　　良好的身体与心理素质是提高国际公务员工作水平与行政效率的基础。国际公务员的工作环境多变,工作对象丰富,没有健康的身体和充沛的精力是无法胜任的。

(二)十大核心素养

　　国际公务员作为国际化人才的特殊群体,其政治素质、能力素质与文化修养并重。北京师范大学的滕珺[1]以国际组织专门人才为对象,收集了 1742 份招聘说明书,并对国际公务员进行了深入访谈后,发现国际公务员需要具备十大核心素养(见表 3-2)。

表 3-2　国际公务员的十大核心素养

民族文化身份认同	所谓的民族文化身份认同也就是我们通常所说的爱国心,国际公务员要保持强烈的民族文化身份认同,在多元、复杂的文化环境中找到明确的自我定位和自身不可替代的价值优势,以一个自信的形象和积极的心态与他人沟通、合作以开展工作
尊重多元文化的价值观	学会尊重不同的文化价值,尊重并理解多元化的观点,并能自觉地审视自身的偏见和行为,与不同性别、不同背景的人有效地开展工作

---

　　① 滕珺:《国际组织人才十大核心素养》,《中国教育报》2015 年 1 月 29 日。

续表

客户和目标取向的思维方式	联合国强调要以"客户"即联合国服务的对象国为中心,能识别并满足他们的需要,与他们经常保持联络,并对他们的反馈进行及时回应。同时,联合国还特别强调"目标取向"的思维方式,工作时必须目标明确,并鼓励在不同的团队层面共同合作,确保及时优质地完成任务。这在世界银行中强调得尤为突出,是职员聘用和考核时的重要评价项目
语言沟通能力	联合国的很多机构在招聘时都要求应聘者能够使用两种或两种以上语言进行交流,其中英语和法语是基础。更为重要的是,运用这些语言进行沟通交流,比如能够进行协商谈判,做口头报告,在公众面前演讲,撰写相关报告或文件等。而且联合国要求职员必须能够与不同的对象进行交流,并做到有效、清晰、简洁、准确可信、能阐释复杂的问题,同时要有吸引力,便于对方理解
信息技术运用能力	职员必须具备良好的计算机素养,能够使用办公软件或其他与职业有关的专业软件。当然,信息技术并不局限于对于计算机的使用,国际组织职员必须积极地学习新技术、运用新技术,同时还要理性地认识技术本身的局限性
团队合作能力	•职员必须具备团队合作的精神,能够与不同的对象进行合作,如与不同文化背景的人合作、与多种利益相关者(如非政府组织、行业专家、政府人员)合作、与不同职位级别的工作人员(特别是高层人员)合作、与机构内外的人员合作、与来自不同学科背景的人合作; •需要在合作中灵活地进行角色转换,既能做领导,又能做队员;既能独立工作,又能参与团队合作
组织、计划、管理与领导力	•职员必须有良好的执行力,以保障组织理念的落实。这些执行力包括分析、计划、资源调动与整合、时间管理、组织协调等能力; •管理与领导力不仅仅是具备管理职责的高级职员才应具备的能力,各级职员都应具备,主要表现为能够建立和促进团队合作,具备复杂环境下对未来的洞见,并能高效地制定决策,学会授权并信任下属,学会自我管理,学会主动地分享成功并承担风险
主动开放、认真负责、灵活应变、积极抗压的个性特征	•职员积极主动、乐观外向,在认真负责的同时具有宽容的态度,处事灵活,为人机智,对别人提出的要求能够作出迅速、有效的回应,对于突发事件能灵活沉稳地应对; •需要承受多种压力,包括紧张的日程安排、复杂的国际事务处理、频繁的国际流动、快速的跨界学习等,有时还需要志愿者精神,甚至冒着生命危险完成工作
学习意愿和持续学习的能力	国际组织的工作是基于专业发展基础之上的跨学科工作,同时很多国际组织自身也是知名智库,所以国际组织的职员必须要有强烈的学习意愿和持续学习的能力,对待学习持开放的心态,学会及时地分享知识、更新知识,特别是根据任务需求寻求所需的新知识,并快速学习

续表

专业精神和专业知识	● 专业知识，国际组织虽然对职员有一定的学历要求，但更看重职员的专业能力，如具备跨学科的知识和研究经验，甚至大量国际组织的专业人才都是该领域的专家，有丰富的研究成果和专业经验； ● 国际经验，大多数岗位都要求应聘者具备国际工作经验，通晓国际工作规则。如果职员曾经在国际组织参加过工作，则会成为有力的竞争者。以国际劳工组织为例，该组织要求其专门业务人员(P-2 至 P-5)应具备与所在职位相关的高等教育学历或与之相等的专业资格，但在工作经验上，职位越高要求的工作经验年限也越高，从 3 年至 15 年不等，且必须有一定年限的国际工作经验

资料来源：滕珺：《国际组织人才十大核心素养》，《中国教育报》2015 年 1 月 29 日。

二、各国际组织的胜任素质模型

国际组织的胜任素质模型一般包括对全体员工至关重要的技能、特征和行为，以及所有管理人员都需要的额外管理能力。通过收集和对比分析各国际组织的胜任素质模型，也可以发现国际组织胜任素质一般由核心价值观、核心能力/技能、管理/领导能力这三个部分构成。

一般来说，每个联合国组织都有自己的胜任素质模型，定义了每个组织所重视的最重要的技能和能力。[1] 下面介绍几个国际组织各自的胜任素质模型，主要有联合国、世界卫生组织、联合国粮农组织和联合国教科文组织。其中，世界卫生组织、联合国粮农组织和联合国教科文组织属于联合国专门机构，与联合国不是隶属关系，它们通过经济及社会理事会的协调机构，同联合国以及其他机构在工作上互相配合和联系。联合国内有很多关于经济、社会、文教和科技方面的工作，这些工作则由这些专门机构执行落实。因此，这些组织或机构各自制定了自己的胜任素质，其内容上不尽相同，但本质上一脉相承。[2]

（一）联合国未来胜任素质模型

联合国未来胜任素质模型[3]包括 3 项核心价值观、8 项核心胜任力和

---

① Unfpa, *Career Guide for Unfpa Staff Members*, 2015, p.5.

② 宋允孚主编：《国际公务员素质建设与求职指南》，浙江大学出版社 2019 年版，第 141 页。

③ United Nations, *Competencies for the Future*, Dec. 20, 2012, 见 https://www.careers.un. org/lbw/attachments/competencies-booklet-en.pdf。

6项管理胜任力,具体如表3-3所示。核心价值观包括正直、专业和尊重多样性;核心胜任力包括交流能力、团队合作能力、计划和组织能力、责任心、创造性、顾客导向、持续学习能力和科技意识;管理胜任力包括视野、领导力、适度授权、绩效管理、信任构建以及辨别和决策。

表3-3　联合国未来胜任素质模型

核心价值观	核心胜任力	管理胜任力
正直 专业 尊重多样性	交流能力 团队合作能力 计划和组织能力 责任心 创造性 顾客导向 持续学习能力 科技意识	视野 领导力 适度授权 绩效管理 信任构建 辨别和决策

资料来源:赵源:《国际公务员胜任素质研究——以联合国业务人员和司级人员为例》,《中国行政管理》2018年第2期。

联合国未来胜任素质模型描述了员工和管理人员建立新的组织文化并应对未来挑战所需的技能、特质和行为。核心胜任力是每个员工都应必须具备的技能、特质和行为;管理胜任力是承担管理和监管职能的员工必须具备的技能、特质和行为。这两种能力并不具体针对某种岗位,而是一种可迁移的能力,不受职位、环境的限制,在不同的岗位中可以相互转化(滕珺等,2014)。

总体来说,联合国对员工的素质要求从三个层面出发:价值基础、个人能力以及专业技术。价值基础是国际组织人才标准的基础,决定了人才的各种知识和技能是否能够在工作中发挥积极作用;个人能力包括核心胜任力和管理胜任力,是胜任素质模型中较为重要的部分,也是人才发挥其专业知识和技能的重要保障;专业技术有不同岗位和领域的具体要求,胜任素质模型中没有详细列举人才需具备的具体专业技能,但这却是人才进入国际组织工作的敲门砖。图3-2表示了这三个层面的关系。

滕珺、曲梅、朱晓玲(2014)对联合国未来胜任素质模型的核心价值观、核心胜任力、管理胜任力的行为指标作出以下解释。

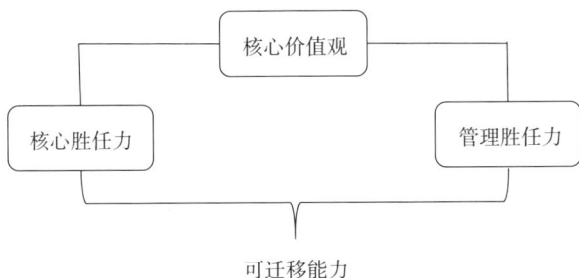

图 3-2 联合国胜任素质模型指标关系

资料来源:李楠、张蔼容:《国际治理人才培养的域外经验和中国策略》,《开放经济研究》(年刊)2019 年。

1. 核心价值观

联合国的核心价值观要求员工正直、专业、尊重多样性。员工必须遵循《联合国宪章》,在行动时不考虑个人得失,在作出决策时抵御不正当政治压力的影响,不滥用权力和权威,在遇到非专业或不道德的行为时能立即采取行动,这些都是正直的表现。联合国对员工专业素养的要求也非常高,员工必须精通某专业领域的工作,认真、有效、按时地履行承诺并达成目标,即使遇到困难、压力和挑战,也要保持冷静,并表现出持之以恒的精神。此外,由于联合国系统内的工作人员来自世界各地,他们都有自己的文化背景、宗教信仰和风俗习惯,联合国要求员工必须尊重所有的人,尊重并理解多元化的观点,并能自觉地审视自身的偏见和行为,与不同性别、不同背景的人有效地开展工作。这一点在联合国系统内尤为重要。

2. 核心胜任力

联合国要求员工具备交流、团队合作、计划组织、担负责任、创造、考虑客户、持续学习和更新技术 8 项核心胜任力,具体指标如表 3-4 所示。

表 3-4 核心胜任力的具体指标

交流能力	联合国要求员工在口头表达和书面表达中都能清晰有效;能根据听众的不同类型选用不同的语言、语气、话语风格和形式;在沟通时能倾听他人想法,能通过提问去澄清并正确阐释别人表达的信息,能作出适当的回应;愿意与他人分享信息

续表

团队合作能力	联合国要求员工之间必须合作来共同达成组织目标,始终将团队日程而不是个人日程放在首位;不仅在合作过程中真诚地征求并尊重他人的想法和专家的意见,积极向他人学习,而且要支持小组最终决议并根据决议采取行动;作为团队中的一员,员工不仅要分享小组成功的荣誉,同时也要承担小组失误的连带责任
计划组织能力	联合国要求员工能够根据达成的决议制定清晰的任务目标,并识别出哪些是首要任务、哪些是次要任务;能预见风险,有效地利用时间并合理地分配资源来应对具有挑战性的工作;在必要的时候,能对计划和行动进行监管和调整
担负责任	联合国要求员工按照组织法规和纪律行事,在规定的时间和成本内完成自己承担的任务,并达到规定的标准。无论是管理者还是普通员工,都要为自己或所在工作团队的过失负责。管理者不仅需要分配任务,监管任务的进展,而且要为下属提供尽可能的帮助
创造能力	联合国要求员工能跳出固有思维模式,不限于现有的想法和传统方法,努力尝试新的想法和不同方式,并鼓励、说服他人考虑新的想法,以帮助客户解决问题,进而不断改进自己的项目和服务
考虑客户	联合国要求员工将所有被服务的人当作客户,员工必须从客户的角度出发来考虑问题。因此,员工必须识别客户的需要,及时了解客户所处环境的变化,帮助客户更好地提出问题解决的方案;同时保持双方信息畅通,使客户了解项目的进展和困难,与客户一起更好地预测未来,并按规定期限向客户提供产品和服务,这样才能赢取客户的信任和尊敬,与他们建立并保持富有成效的伙伴关系
持续学习的能力	联合国要求员工能跟得上自己职务或职业的新发展,积极向他人学习,同时也努力为同事和下属的学习贡献自身的力量,及时获得反馈,以促进每个员工实现专业和个人的发展
更新技术的能力	联合国要求员工紧跟现代技术的发展步伐,愿意学习新技术,并积极地采用新技术来完成工作任务,同时也要理性地认识技术的可行性和有限性

资料来源:滕珺、曲梅、朱晓玲:《国际组织需要什么样的人?——联合国专门机构专业人才聘用标准研究》,《比较教育研究》2014 年第 10 期。

3. 管理胜任力

联合国对管理者提出了 6 条管理胜任力方面的要求,具体指标如表3-5 所示。

表 3-5 管理胜任力的具体指标

富有远见	联合国要求管理者能识别战略性问题、机会和风险,能明确组织策略和工作团队目标之间的联系,制定并广泛宣传令人信服的组织发展方向,对未来充满信心和激情,并将这份信心和激情传递给周围的人,鼓励他人向这个方向努力

续表

领导力	联合国要求管理者力求改革和进步,不安于现状,勇于提出与众不同的观点,要采取双方都同意的方式预测和解决冲突;制定的策略要具备前瞻性,能够积极授权他人将见识转化为结果,并建立广泛的联系以获取支持。只有这样,管理者才能成为别人愿意效仿的行为榜样
赋权	联合国要求管理者在职员工作中澄清职责要求,让每个员工都对自己的工作负责并作出成绩,但同时也要授予员工相应的工作职权,并适时地对其成就和努力表示欣赏或给予奖励。管理者还应真诚地重视所有员工的想法和专业意见,鼓励他人设立有挑战性的目标,在决策过程中鼓励相关人员参与决策
绩效管理	联合国要求管理者能准确地判断完成一项任务所需要的时间、资源和相应的技能,并依据此判断委派合适的职责,授予合适的权限给合适的人选,随后根据阶段目标和最后期限监管任务的进程。此外,管理者还必须确保每个员工都清楚自己的角色、职责和汇报程序,支持员工的发展和职业生涯追求,鼓励冒险,在对员工进行绩效评价时保证公平、公正
建立信任	联合国要求管理者以深思熟虑、未雨绸缪的方式进行管理,以透明的方式运行工作,对同事、员工和客户充满信心,努力创造宽松的环境,让他人在没有任何压力的情况下进行交谈。当然,管理者也必须遵循已经达成的行动协定,对他人进行恰当的评价,对待敏感和秘密信息有合适的处理方式
决策能力	联合国要求管理者能在复杂的情况下识别关键问题,并迅速找到问题的核心,然后收集相关信息,充分考虑决策对于他人和组织可能带来的正反两方面影响,基于可获取的信息提出行动计划或建议,而后对照事实,检验决策能否有效地解决问题

资料来源:滕珺、曲梅、朱晓玲:《国际组织需要什么样的人?———联合国专门机构专业人才聘用标准研究》,《比较教育研究》2014 年第 10 期。

(二)联合国粮农组织胜任素质模型

联合国粮农组织的战略目标:消除饥饿、粮食短缺和营养不良;使农业、林业和渔业更加多产并可持续发展;减少农村贫困,促进发展包容有效的农业和粮食体系;提高从灾害中恢复生计的能力。联合国粮农组织的胜任素质与战略目标相呼应,胜任素质的制定是为了建设人才队伍,而人才队伍是为了组织的战略目标而努力的。

与联合国一样,联合国粮农组织的能力框架也分三个层次(见表3-6),分别是价值、核心能力和领导能力。从具体内容看,联合国和联合国粮农组织两者在人力资源建设和管理方面的基本理念是相通的。

表3-6　联合国粮农组织胜任素质模型

价值	核心能力	领导能力
对粮农组织的承诺 尊重所有人 诚信和透明	聚焦结果 团队精神 沟通能力 建立有效的关系 分享知识与不断改进	聚焦结果 领导、带领、增权赋能 沟通 结成伙伴关系、宣传粮农事业 分享知识、不断改进 战略思维

资料来源:宋允孚主编:《国际公务员素质建设与求职指南》,浙江大学出版社2019年版,第142页。

尽管对有管理或领导职能的工作人员来说,联合国和联合国粮农组织都提出了6项能力要求,但联合国提出的是6项核心管理能力,联合国粮农组织则提出6项领导能力,两者在名称及具体内容上不尽相同。

（三）联合国教科文组织胜任素质模型

联合国教科文组织认为,能否实现该组织使命与其职员能力密切相关,关键是各级职员不论文化、性别、宗教、职能或工作地点如何,都具有共同的价值观和行为准则。与联合国粮农组织一样,联合国教科文组织的能力框架也有三个层次(见表3-7)。

核心价值,是团结所有职员的共享原则与信念,用以指导该组织的所有行动。

核心能力,指职员为本组织工作所必须具备的最基本的相关知识、技能和能力。

管理能力,适用于P4级及以上级别的管理人员。

表3-7　联合国教科文组织胜任素质模型

核心价值	核心能力	管理能力
对本组织的承诺 诚信 尊重多样性 专业精神	责任心 沟通能力 团队精神 创新精神 注重成果 计划与组织能力 分享知识与不断改进	推动并管理变革 战略思维 高质量决策 建立伙伴关系 领导并赋权增能 绩效管理

资料来源:宋允孚主编:《国际公务员素质建设与求职指南》,浙江大学出版社2019年版,第142页。

(四)世界卫生组织全球能力模型

世界卫生组织全球能力模型(WHO Global Competency Model)包括4项必备能力、4项核心能力、2项管理能力、3项领导能力,具体如表3-8所示。

表3-8 世界卫生组织全球能力模型

4项必备能力	技术专长 团队工作能力 沟通能力 善于赋权和激励
4项核心能力	了解并管理自己的能力 取得成果的能力 在变化的环境变中前进的能力 树立榜样
2项管理能力	确保有效利用资源 建立并促进本组织内外的伙伴关系
3项领导能力	推动本组织走向成功的未来 鼓励创新与对本组织目标原则的学习 促进本组织在卫生领导方面的地位

资料来源:宋允孚主编:《国际公务员素质建设与求职指南》,浙江大学出版社2019年版,第142页。

国际公务员胜任素质模型的研究对岗位描绘了一幅图画,为国际组织人力资源管理的其他模型提供了可参考的依据,作为各项人力资源流程的基础。

【案例分析】

联合国教科文组织胜任素质框架

2015年4月,联合国教科文组织发布了一项由总部和各驻地办公室职员参加的全机构计划,诠释组织新的胜任素质模型。这项新的框架力图清楚解析联合国教科文组织职员应达到的行为标准,并再次明确这些行为标准所包含的核心价值。

模型的中心是联合国教科文组织的四个核心价值观,这些共同的信念和原则将组织所有职员(不分级别、职务和地区)团结起来,并成为他们日常行为的指导原则。核心能力适用于所有职员,管理能力适用于 P4 级及以上级别的职员。核心能力和管理能力共同展现出的价值观完善了整个模型框架。具体如表 3-9 所示。

表 3-9 联合国教科文组织胜任素质框架

核心价值观	适用于所有职员(不分级别、职务和地区)	对组织忠诚	为工作于联合国教科文组织的使命和整个联合国系统工作而感到自豪,并致力于通过增强其影响力和执行力为组织作出重大而持久的贡献
		正直	所有的行动和决定均以诚实、公平和透明为指导;遵守《国际公务员行为准则》,坚持并把本组织的利益放在我们自己的面前;在履行职能时保持公正
		尊重多样性	尊重对待所有个人,无论他们之间有何差异;永葆本组织及其职员多样性特征带来的独特丰富性,并促进性别平等
		专业精神	通过明智地处理组织的资源,在专业职责范围内外积极寻求机会为本组织作出贡献,并在应对日常挑战中进行认真的判断,从而维持并致力于联合国教科文组织的使命
核心能力	适用于所有职员	问责	表现出工作各方面的可靠性,并对自己的言行举止负责
		沟通	与他人有效地传达和共享信息和想法,认真聆听,澄清理解并考虑不同的观点
		团队合作	与同事有效合作并为其提供支持,营造积极的协作环境
		创新	展现主动性和创造力,开发新的思想和方法,并在需要时主动采取行动
		注重结果	专注于并承担交付商定成果的责任,并表明对这些成果如何促进本组织目标的理解
		计划和组织能力	建立现实、系统的行动方案以实现目标,确定优先级并有效分配资源
		知识共享和持续改进	跟上专业领域能力发展的脚步,并促进知识管理和学习文化

续表

管理能力	适用于P4级及以上级别的职员	推动和管理变革	促成需要的变革,对变革表现出积极、开放的态度
		战略思维	支持、促进并确保与组织的愿景和价值观保持一致
		高质量决策	形成合理的、基于证据的判断,作出选择,评估交付风险并对结果负责
		建立伙伴关系	建立并维护有效的长期伙伴关系和网络以实现组织目标
		领导力与赋能	激发他人的共同愿景,并培养信任行为和道德行为
		绩效管理	创建一个积极的工作环境,使个人能够发挥其最大能力

这些价值观和能力被纳入了所有重要的人力资源流程,如职位设计、招聘和遴选人才、职员学习与发展中。在联合国教科文组织的招聘公告中,会清晰列明组织的核心价值观和核心能力要求。在此基础上,P4级及以上级别职员的招聘公告会补充管理能力的招聘要求。联合国教科文组织也会围绕能力框架的要求为职员提供一系列学习和培训活动。当前,联合国教科文组织的胜任力框架已经成为本组织人力资源战略和管理的基础。

资料来源:UNESCO Competency Framework,见 https://en. unesco. org/sites/default/files/competency_framework_e. pdf; UNESCO Launches New Competency Framework,见 https://zh. unesco. org/news/lian-he-guo-jiao ke wen-zu-zhi-fa-bu-xin-jing-zheng-li-kuang-jia。

【讨论】

根据案例将联合国教科文组织胜任素质框架与企业组织的胜任素质模型进行对比,分析如何塑造自己。

【思考题】

1. 国际组织的胜任素质模型中,有哪些素质是区别于一般企业或组织的?

2. 作为一名在校大学生,假如未来要进入国际组织工作,基于国际组织胜任素质模型,你现在还需要做哪些准备?

第四章　国际组织的组织
设计与职位分析

　　组织设计是整个人力资源管理框架中的首要元素,它源于组织的使命和人力资源战略,是制定和实施计划以实现组织目标的过程。与组织设计一样,职位分析是人力资源管理重要的基础工作,职位分析是各项人力资源管理活动的依据,与各项人力资源管理活动有着不可分割的联系。只有做好职位分析,明确每个职位相对应人员的知识、技能,才能据此有效地完成具体的工作任务。

　　本章将从组织设计和职位分析两方面展开论述,具体介绍国际组织的组织结构和职务分类,以及国际组织职位分析的主要步骤和国际组织的职位说明书。

第一节　国际组织组织设计概述

　　组织设计以组织的结构设计为核心,一个完整的组织设计同时包含着组织结构、制度和流程、部门和职位的设计。

一、组织设计的含义

　　组织设计是进行专业分工和建立使组织的各个部分相互有机地协调配合的系统过程。① 组织设计的任务就是建立组织结构和明确组织内部

---

　　① 　陈国海、马海刚编著:《人力资源管理学》,清华大学出版社 2016 年版,第 43 页。

的相互关系,职务分类也是组织设计的结果之一。组织设计能够梳理组织职责、任务,确立工作流程和协调关系,减少混乱,提高管理效率,降低管理成本。

二、国际组织组织设计的含义

管理对象的复杂性与管理环境的多变性是国际组织必须面对的问题。因而国际组织在进行组织设计时,要全面考虑管理对象的复杂性和管理环境的多变性。

本书将国际组织组织设计定义为通过建立灵活的组织结构,动态适应外在环境变化的要求,使组织在演化发展过程中能够有效积聚新的组织资源要素,同时协调好组织中部门与部门之间、人员与任务之间的关系,使员工明确自己的权利和责任,从而保证组织各项活动的顺利开展,最终保证组织目标的实现。

第二节　国际组织组织设计的结果

国际组织的组织设计在经过职务设计、部门划分、建立层次、分配责权、协调活动这五个步骤后,可以得到的结果有国际组织的职务分类和组织结构。本节将对国际组织职务分类和组织结构进行简要介绍。

一、职务分类

国际组织的职务分类指通过计划、实施、管理和监督分类计划和相关系统,根据所从事工作的性质和对本组织的价值对职位进行分类,包括就所有工作分类事项向管理层和工作人员提供咨询,并且根据既定的工作分类标准或准则,评估各个职位相对于其他职位的工作价值,以确定合适的职称、职类和职级。

(一)按工作内容划分

国际组织按照工作内容和性质的相似程度,可以将各种职位划分为管理和行政,新闻和会议管理,法律,经济、社会和发展等职类。职位类别的划分将作为制定职位说明书的参考依据,以及作为国际组织进行人力资源调配的基础。以联合国为例,联合国将工作网络划分为九大职类,详细内容可见图4-1。

DEVNET	INFONET	ITECNET	LEGALNET	LOGNET	MAGNET	POLNET	SAFETYNET	SCINET
• 毒品管制和预防犯罪 • 经济事务 • 环境事务 • 方案管理 • 人口事务 • 公共管理 • 社会事务 • 统计 • 可持续发展	• 会议服务 • 文件和信息管理 • 语文 • 礼宾 • 新闻	• 媒体技术 • 通信技术 • 信息管理系统和技术	• 法学 • 法律事务	• 工程 • 设施管理 • 人类住区 • 物流和供应链 • 物业和资产管理 • 运输	• 行政 • 审计 • 道德操守 • 检查和评估 • 调查 • 财政 • 人力资源 • 投资管理 • 管理与分析 • 监察员 • 采购	• 民政事务 • 选举事务 • 人权事务 • 人道主义事务 • 政治事务 • 法治 • 安全机构	• 安保 • 安全	• 医学 • 自然和生命科学

缩语:DEVNET:经济、社会和发展职类;INFONET:新闻和会议管理职类;ITECNET:信息和通信技术职类;LEGALNET:法律职类;LOGNET:物流、运输和供应链职类;MAGNET:管理和行政职类;POLNET:政治、和平与人道主义职类;SAFETYNET:内部安保和安全职类;SCINET:科学职类。

图4-1 联合国九大职类划分图

资料来源:联合国大会:《联合国大会——秘书长的报告》,2015年。

(二)按职位等级划分

国际组织按照职位等级可以将职务分为四大类,分别是一般人员、业务人员、司级人员和高级人员(见表4-1)。

• 一般人员(简称“G级”)主要从事一般事务性工作,由国际组织所在地招聘,从事行政助理工作。职级从低到高为G1到G7。

• 业务人员(简称“P级”)主要根据不同的项目开展工作,专业类型多样化,涉及的领域较广,从全球进行招聘。职级从低到高为P1到P5,个别国际组织中P5职级的人员享受更高层级的待遇。

• 司级人员(简称“D级”)一般是国际组织内设部门的负责人,他们由竞聘和任命的形式产生。

• 高级人员是专门机构的一把手,如国际劳工组织干事长、联合国秘书长任命的副手等。

表 4-1　国际组织的职务分类

职务类别	等级	工作内容
一般人员 （General Category）	G1—G7	一般事务及相关职类包括行政、文秘以及专门的技术岗位，如印刷、保安和建筑维修等。在所有八个工作网络中都有工作：管理和运营支持，经济和社会发展，政治、和平与安全，信息系统和通信技术，法律，公共信息和对外关系，会议管理，安全和安保
业务人员 （Professional Category）	P1—P5	从事国际组织的各项业务工作，专业涉及面较宽。例如，世界卫生组织60%以上业务人员的专业背景是和医药卫生有关的医学、生物学，其他为信息、财务、人事、法律、外交、语文等各种专业。这类职员从最低的P1到最高的P5共有五个级别。P5级人员享受外交待遇。个别国际组织，如世界卫生组织设有P6，相当于D1 P2（初级，至少2年工作经验，或者通过了YPP项目的无工作经验者） P3（初级，至少5年工作经验者） P4（中级，至少7年工作经验者） P5（中级，至少10年工作经验者）
司级人员 （Director Category）	D1—D2	一般是国际组织各内设部门的负责人，分别为D1和D2两个级别，大部分由国际组织行政首长任命产生，在形式上有的也参与竞聘。要求有多年丰富的工作经验，年龄一般在50岁以上 D1（高级，至少15年工作经验者） D2（高级，超过15年工作经验者）
高级人员 （Pgraded Category）	不叙级岗	是专门机构的一把手，如国际劳工组织干事长、联合国秘书长任命的副手等

职位等级不同，对岗位胜任素质的要求不同。赵源聚焦国际组织各等级的职位对岗位胜任素质进行提炼和总结，并通过研究得出国际公务员职位等级与胜任素质要求之间的关系，如图 4-2 所示。

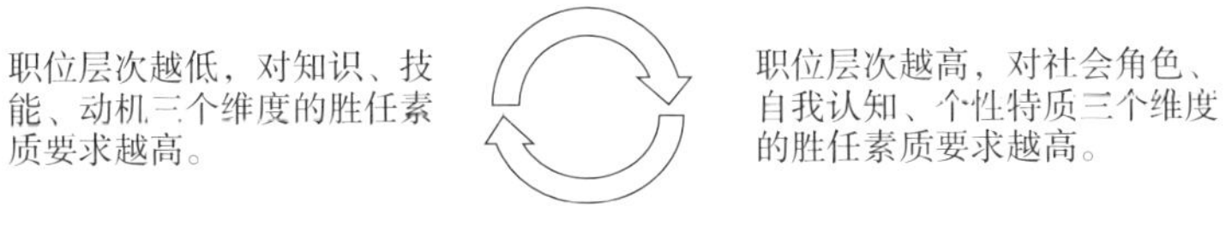

职位层次越低，对知识、技能、动机三个维度的胜任素质要求越高。　　　职位层次越高，对社会角色、自我认知、个性特质三个维度的胜任素质要求越高。

图 4-2　国际公务员职位等级与胜任素质要求的关系

资料来源：赵源：《国际公务员胜任素质研究——以联合国业务人员和司级人员为例》，《中国行政管理》2018 年第 2 期。

1. 职位层次越低,对知识、技能、动机三个维度的胜任素质要求越高

知识、技能两个维度的胜任力,是"冰山模型"中的表层显性部分,在国际组织的招聘要求中占有非常重要的部分,其中入门职所要求的胜任力占比达到90%,中职的要求超过70%,高职的要求达到60%。在技能维度内,入门职、中职最突出的胜任力均为组织计划技能,高职最突出决策制定技能,三层职位都要求较高的沟通交流能力和团队合作能力。影响动机维度的胜任力主要是客户导向,入门职位对客户导向的要求最高,原因主要是入门职的职员需要更多地与客户接触,而随着职位上升,职员更多服务于组织本身,对客户导向的要求由基层职员承担。

2. 职位层次越高,对社会角色、自我认知、个性特质三个维度的胜任素质要求越高

社会角色、自我认知、个性特质三个维度的胜任力,是"冰山模型"中的下层潜在部分,在招聘信息中对这部分的要求显著少于表层显性部分。入门职对这三部分的要求总占比仅有2%左右,对其中的很多项胜任力,如领导力、赋权等没有要求;中职对该部分的要求比较全面,也是三层职位中唯一对尊重多样性、创新力和忠诚有要求的职位;高职在此部分,突出强调领导力和责任心。

二、组织结构

国际组织一般设三个层次的机关,即权力机关、执行机关、办事机关。以世界卫生组织(WHO)等国际组织为例,最高权力机关为全体成员大会;执行机关为执行委员会或执行局、理事会;办事机关为秘书处。①

联合国是世界上最大的国际组织,根据《联合国宪章》规定,联合国的主要机构有大会、安全理事会、经济及社会理事会、托管理事会、国际法院及秘书处。大会由全体会员国组成,是联合国主要审议机构,拥有最广泛的职权。其中与大会有直接汇报关系的包括:13个基金和方案;人权理事会、裁军审议委员会、国际法委员会等附属机构;世贸组织、原子能机

---

① 世界卫生组织官网,见 https://www.who.int/governance/zh/。

构等相关机构;联合国大学等研究和训练机构和其他实体。

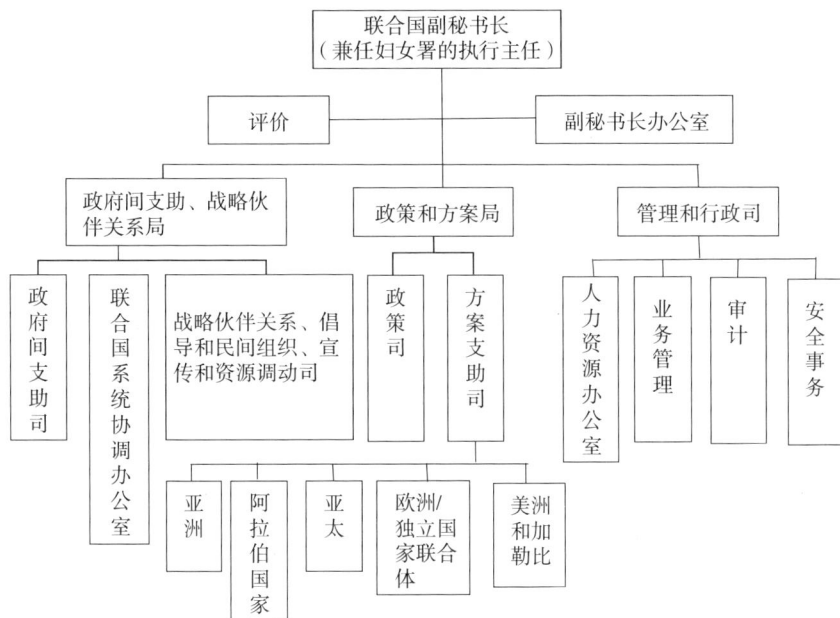

图 4-3　联合国妇女署区域架构图

资料来源:联合国妇女署:《区域架构:所涉行政、预算和财务问题和实施计划》,《副秘书长/执行主任的报告》,2012 年,第 21 页。

　　以联合国妇女署的区域架构图为例,展示国际组织的组织结构(见图 4-3)。组织结构表明了工作任务是如何分工、分组、分部门进行协调合作的,反映了各部门之间的相互关系,是整个管理系统的"框架"。从管理学的角度来看,组织结构或框架的建立主要是为了保证有效的通信和协调,其本质是为实现组织战略目标而采取的一种分工协作体系,组织结构必须随着组织的重大战略调整而调整。组织战略的变化将导致组织结构的变化,组织结构的重新设计又能促进组织战略的实施。组织战略与组织结构是一个互动的、动态的变化过程。孤立地制定战略或进行组织结构设计都是无效的,只有将两者视为一个有机整体,放在激烈变化着的环境中去考察,才能有效促进组织持续健康地发展。①

----

　　①　梁郴:《企业组织结构设计与战略调整的关系》,《企业研究》2015 年第 6 期。

第三节　国际组织职位分析概述

职位分析是人力资源管理的基础,是高层管理者决策的基础,是进行创新管理的重要手段,是组织变革与结构调整的依据,是管理者全面掌握组织内外工作信息的重要工具,是组织规划与设计的基础,是人力资源规划、人员招聘、员工培训和发展、绩效管理、薪酬管理等工作的依据。①

一、职位分析的相关概念

职位分析与职位以及职位对应的工作活动是紧密联系在一起的。进行职位分析,涉及的相关概念如下。

(一)行动

行动(Action)又称工作要素,是指工作活动中不能分解的最小单位。它是形成职责的信息来源和分析基础,并不能直接体现于工作说明书中。例如,联合国秘书处实习生接听电话前拿起电话是一个行动,打开职员档案袋也是一个行动。

(二)任务

任务(Task)是为达到某种目的而进行的一系列(一个或多个)工作要素,是职位分析的基本单位。例如,调查和分析员工的满意度是人力资源经理的一项职责,这一职责由下列五项任务组成:(1)设计满意度调查问卷;(2)进行问卷调查;(3)统计分析问卷调查的结果;(4)向组织高层反馈调查的结果;(5)根据调查的结果采取相应的措施。

(三)职位

职位(Position)又称岗位,是指承担一项或多项职责的某一任职者所对应的组织位置,是组织的基本构成单位。例如联合国的法律顾问职位,职位与员工个体一一匹配,在理论上职位数量等于员工数量。但是在现

---

① 陈永忠、陈婷玮、戴雅萍:《浅议人力资源管理中的工作分析和设计》,《经济研究导刊》2012 年第 29 期。

实中,也会出现人员数量大于岗位数量的情况。

(四)职务

职务(Job)也称工作,由一个或一组主要职责相似的职位组成。一项职务可以只有一个职位,也可以有多个职位。例如,联合国的管理职务可能会包括许多负责不同管理工作的职位,包括行政管理、信息管理和人力资源管理等。

(五)职业

职业(Occupation)是不同组织中、在不同时间从事相似活动的一系列职务的总称,如人力资源管理师、律师、医生等。

二、国际组织职位分析的含义

职位分析是指确定组织中的所有职位所需要承担的工作职责以及这些职位的任职者应具备何种特征、技能和行为的过程。具体来说,职位分析就是要为管理活动提供与工作有关的各种信息,这些信息可以用6个W和1个H加以概括:

- Who,谁来完成这些工作?
- What,这一职位具体的工作内容是什么?
- When,工作的时间安排是什么?
- Where,这些工作在哪里进行?
- Why,从事这些工作的目的是什么?
- Whom,这些工作的服务对象是谁?
- How,如何来进行这些工作?

国际组织职位分析是指对国际组织的各类职位的性质、任务、职责、劳动条件和环境,以及职员承担本职位任务应具备的资格条件所进行的系统分析与研究,并由此制定职位描述、职位规范和职位说明书等人力资源管理文件的过程。其中,职位描述、职位规范和职位说明书都是组织进行规范化人力资源管理的基础性文件。

职位分析的质量对人力资源管理有显著的影响。进行人力资源工作分析的目的是帮助人力资源管理人员收集所需要的信息,包括人员的基本信息和工作状况等,可以为人力资源管理决策提供有效依据。①

第四节　国际组织职位分析的步骤

根据国际公务员制度委员会(ICSC)发布的关于人力资源管理的文件②可知,国际组织人力资源管理中,职位分析的工作内容主要是先收集职位分析的信息,再完成职位说明书。

一、职位分析有关信息的收集

职位分析首先需要成立职位分析专家小组,小组成员通过检查组织结构和职位描述,采访现任人员、主管和其他人员,并审查工作示例、组织结构图、相关出版物和其他信息来源,来识别和分析各个岗位所履行职责的性质和承担的职责等级。职位分析通常需要收集以下一种或多种信息:工作活动、人的行为、工具设备、绩效标准、工作背景、对人的要求。③

收集与职位相关的信息所使用到的方法主要有面谈采访法、问卷调查法和观察法等(见表4-2)。

表4-2　收集职位分析信息的方法

方法	内容
面谈采访法	职位分析师或监督管理者与员工个人及其经理面谈该职位的各种特征。当职位特别复杂时,组织可以召集专家并与专家小组面谈,这些专家是某一领域的专家
问卷调查法	职位分析师或主管发放由从业人员个人填写的标准化问卷。问卷中包括类似于面谈所问的关于职位的相关问题,但是由员工自己独立完成表格
观察法	职位分析师或主管通过观察和记录与标准表格有关的活动来了解职位

① 孙丽丹:《人力资源工作分析内容与组织实施》,《农家参谋》2019 年第 12 期。
② ICSC, ICSC Human Resources Management Specialists, Job Classification Manual, p.3,见 https://icsc.un.org/Resources/HRPD/JobEvaluation/HRM.pdf.
③ [美]加里·德斯勒:《人力资源管理》(第 14 版),刘昕译,中国人民大学出版社 2017 年版,第 104 页。

在进行具体工作分析时要根据职位分析的目的、不同职位分析方法的利弊,针对不同人员的职位分析选择不同的方法。①

职位分析所收集、分析、形成的信息及数据是有效联系人力资源管理各职能模块的纽带,从而为整个人力资源管理体系的建设提供了依据。同时,组织由各种各样的员工角色构成,通过职位分析详细说明并从整体上协调这些角色的关系,避免工作重叠、劳动重复,提高个人和部门的工作效率及和谐性。职位分析的主要成果是形成职位说明书。②

二、完成职位说明书

收集完职位分析所需的信息后,需要对资料进行整理、审查和分析,以便准备工作分类辅助工具,例如完成职位描述和职位规范,形成新的职位说明书,并且将职位分析的结果运用于人力资源管理的相关方面,真正发挥职位分析的作用。职位描述和职位规范是由职位分析衍生出来的两项主要信息,下面以联合国为例,介绍国际组织的职位说明书。

(一)职位描述和职位规范

职位分析的结果是形成职位描述和职位规范,职位描述和职位规范共同构成职位说明书。其中,职位描述列出了职位所需承担的工作职责、工作活动以及相关责任,还包括该职位的其他一些重要特征。职位规范也称任职资格,用来说明承担这项工作的职员所必须具有的特定技能、工作知识、能力以及其他身体和个人特征的最低要求。

职位描述又称职位说明(Job Description),主要功能是让职员了解工作概要,监理工作程序与工作标准,阐明工作任务、责任与职权,有助于职员的聘用、考核和培训等。其主要内容包括工作识别、工作概要、工作关系、工作职责、工作权限、工作条件与工作环境。

职位规范又称任职资格(Job Qualification),是指任职者要胜任该项工作必须具备的资格与条件,它是职位说明书的一部分。职位规范主要

---

① 李书文:《浅析几种常用的工作分析方法》,《晋东南师范专科学校学报》2003 年第 6 期。

② 张瑜:《企业人力资本转化策略分析——以神华国神集团职位说明书为例》,《新西部》2017 年第 25 期。

包括工作行为中被认为非常重要的个人特质,针对"什么样的人适合此工作"而写,是人力资源招聘的基础,内容包括工作所需的知识、技能、能力、经验以及个人特征等。

(二)职位说明书

职位说明书是职位分析的直接结果之一。职位说明书是基于工作分析形成的对职位各个方面的说明。一般来说,一份内容比较完整的职位说明书包括以下几个具体的项目:(1)职位标识;(2)岗位概要;(3)履行职责;(4)业绩标准;(5)工作关系;(6)使用设备;(7)工作环境和条件;(8)任职资格;(9)其他信息。其中,第(1)—(7)项属于职位描述,第(8)项属于职位规范。

不管格式如何变化,职位说明书都要包括两大部分内容:一是职位描述,反映了职位的工作情况,是关于职位所从事或承担的任务、职责以及责任的目录清单;二是职位规范,反映了职位对承担这些工作活动的人的要求,是人们为了完成这些工作活动所必须具备的知识、技能、能力和其他特征的目录清单。

作为人力资源管理的一项活动,职位分析是一个连续不断的动态过程,应该根据组织的发展变化随时进行这项工作,要使职位说明书能及时地反映职位的变化情况。以联合国为例,主管需要负责确保所有受监督的工作人员的职位说明至少每四年一次有效。

【案例分析】

国际组织的职位说明书范例

下面以联合国 P3 级法律顾问和世界知识产权组织助理方案干事为例介绍国际组织的职位说明书。

1. 联合国法律顾问的职位说明书

职位描述	
职务代码标题	法律顾问
部门/办公室	人力资源管理战略,政策与合规办公室

续表

等级	P3
值班站	纽约
发布期间	2019 年 9 月 24 日—2019 年 11 月 7 日
职位空缺编号	19-Legal Affairs-DMSPC OHR-122386-R-New York(R)
所属组织	该职位设在人力资源办公室,管理战略,政策与合规部的行政法司的紧急事件响应服务部
报告关系	现任向高级法律干事报告
岗位职责	在高级法律干事的直接监督下,法律顾问将负责以下职责: 1. 协助处理敏感性质的一系列法律事务(包括纪律事务),移交给人力资源办公室; 2. 就与执行联合国行为标准以及适用和执行联合国行政政策和程序有关的复杂和关键问题提供法律咨询,包括就管理有争议的工作场所分歧和争端以及如何处理提供战略咨询正式的纪律处分和上诉案件; 3. 对《联合国宪章》,大会决议和决定,《工作人员条例和细则》,联合国行政法庭,联合国争议法庭,联合国上诉法庭和其他国际行政法庭的行政文件和判决进行研究和分析; 4. 代表秘书长在联合国争议法庭就纪律和上诉案件进行书面和口头诉讼。争议法庭提交的材料必须符合法庭的程序要求,并且必须与适用于本组织的行政法原则相一致; 5. 准备或协助准备有关人力资源和行政事务的法律咨询,以便利及早解决纠纷,包括在必要时提供对下一步措施的分析和建议,作为总体案件管理策略和策略的一部分; 6. 在提供有关适用于纪律程序的法律框架的培训方面提供支持,以支持高级经理理解和分析与行使其授权的决策权有关的风险; 7. 协助维护紧急事件响应服务的寄存器和电子数据库; 8. 执行分配的其他职责
竞争力	1. 专业精神——了解联合国有关条例和细则以及适用的判例;运用法律和行政专业知识来分析各种问题的能力,以及开发创新的解决方案的能力;较强的分析能力;在处理敏感的法律和行政问题上的酌处权和合理判断;影响他人达成协议的能力;对工作和成就感到自豪;表现出专业能力和对主题的掌握;认真,高效地履行承诺,遵守最后期限并取得成果;是出于专业而非个人关注;面对困难的问题或挑战时表现出毅力;在压力很大的情况下保持镇定。 2. 规划和组织——制定与商定策略一致的明确目标;确定优先活动和任务;根据需要调整优先级;分配适当的时间和资源以完成工作;预测风险并在计划时考虑到突发事件;监控和调整计划和行动,并有效地利用时间。 3. 沟通——清晰有效地说和写;倾听他人的意见,正确解释他人的信息并作出适当的回应;提出问题以澄清问题,并对进行双向交流表现出兴趣;量身定制语言、语调、样式和格式以匹配受众群体;在共享信息和使人们了解方面表现出开放性
职位规范	
教育	法律方面的高级大学学位(硕士学位或同等学历)。可以接受具有相关学历和经验相结合的第一级大学学位来代替高级大学学位

工作经验	至少需要5年的逐步负责的专业法律经验,包括至少2年的诉讼经验。可以在国家或国际一级获得经验。需要有处理行政法事务的经验。合格的年限是在获得联合国认可的大学一级学位后计算的
语言	英文和法文是联合国秘书处的工作语言。该职位要求英语流利;并希望具备法语知识。了解另一种联合国正式语言是有利的
评估	对合格候选人的评估可能包括评估工作,然后进行基于能力的面试
特别通知	根据 ST / AI / 2012/2 / Rev.1 的第7.11节,通过年轻专业人才计划招募的,初次担任职位至少两年以上的候选人没有资格申请此职位。该职位由维持和平行动支助账户供资。延长任期将需要预算批准。工作人员应服从秘书长的授权并由秘书长任职。在这种情况下,所有工作人员都应按照既定的规则和程序定期升职,担任新的职务。联合国秘书处致力于在其工作人员中实现50/50的性别平衡,强烈鼓励女性候选人申请此职位
联合国注意事项	根据《联合国宪章》第101条第3款,雇用工作人员时最重要的考虑是必须确保最高的效率、能力和廉正标准。如果候选人犯有违反国际人权法,违反国际人道主义法,性剥削、性虐待或性骚扰的行为,或者有合理的理由认为他们曾经从事联合国工作,则不会考虑其在联合国工作

2. 世界知识产权组织助理方案干事的职位说明书

职位	助理方案干事-20087-TA
部门	发展议程协调司
等级	P2
合同期限	6个月
值班站	日内瓦
发布日期	2020年3月13日
报名截止日期	2020年3月27日,6:59:00 AM 关于申请截止日期的重要通知:申请截止日期以当地时间为准,以申请人所在地的时区为准
组织环境	组织设置: 该职位设在发展议程协调司(Development Agenda Coordination Division,以下简称 DACD)中负责协调世界知识产权组织(World Intellectual Property Organization,以下简称 WIPO)发展议程的实施。该司是发展与知识产权委员会(Committee on Development and Intellectual Property,以下简称 CDIP)的秘书处,协助其确定执行发展议程的行动并审查其执行情况。为此,该司还与内部和外部利益攸关方建立联系,并促进对 WIPO 发展议程及其益处的更好理解。 目的声明: 任职者对落实发展议程及其在所有相关计划和活动中的主流负责,并为组织 CDIP 承担实质性的和后勤上的任务。任职者还将协调技术援助网络研讨会平台的建立和管理。 报告对象: 工作在该司司长的监督下进行

续表

岗位职责	任职者将履行以下主要职责： 1. 为 CDIP 编写文件和报告； 2. 为活动的协调、执行和评估以及将其纳入本组织工作的主流提供实质性支持； 3. 为发展议程项目的实施提供支持，包括将本地企业的集体商标注册为跨领域的经济发展问题，以及为成功的发展议程项目提案提供工具； 4. 进行研究，起草报告，编写文件和汇编信息，以支持发展议程项目和活动的发展、协调、监测和评估； 5. 监控发展议程实施的特定方面，发现问题并提出改善活动和项目实施的措施。分析进度，确定并记录重大事件、决策或偏差，并记录未来的活动； 6. 协调与技术援助相关的不同主题的多语言网络研讨会工作。协助专家和拟讨论主题的选择，监督讨论并为 CDIP 编写报告； 7. 参加特派团或会议，提供有关发展议程执行情况、活动建议或行动要点的信息和支持； 8. 按照指示与包括会员国和政府间组织在内的有关内部和外部利益攸关方建立并保持联系； 9. 根据需要执行其他相关职责
职位要求	1. 教育背景（基本/Essential） 发展研究，经济学，国际关系，法律或相关学科的本科学士学位。 2. 教育背景（优先/Desirable） 发展研究，经济学，国际关系，法律或相关学科的高等学位。 3. 经验（基本/Essential） 至少 3 年相关专业经验，包括国际经验。一个相关学科的高学历可以代替两年的工作经验。具有支持政府间谈判、制定计划和在国际一级协调和执行决定的经验。 4. 经验（优先/Desirable） 在知识产权和/或知识产权和发展领域的经验。具有项目管理经验。 5. 语言能力（基本/Essential） 良好的英语读写能力，精通法语或西班牙语。 6. 语言能力（优先/Desirable） 了解其他联合国官方语言。 7. 工作能力（基本/Essential） 良好的沟通和人际关系技巧，并能在多元文化环境中保持有效的合作关系和工作关系。优秀的研究和分析能力，支持有效的政策制定。优秀的组织能力，能够在严格的时间限制内完成工作，并能按时完成任务。熟练使用微软办公软件（Word、Excel、Outlook、PowerPoint）和互联网

组织能力	1. 有效沟通； 2. 团队合作精神； 3. 正直； 4. 重视多样性； 5. 工作卓有成效； 6. 服务导向； 7. 大局观； 8. 寻求变革和创新； 9. 发展自身和他人
年薪信息	年薪总额包括以美元计的净年薪(扣除税项以及扣除医疗保险和养恤基金之前)和工作地点差价调整数。请注意,此估算仅供参考。工作地点差价调整数乘数(生活津贴)是可变的,如有变更(增加或减少),恕不另行通知。以下数据是根据 2020 年 1 月的 77.4% 比率得出: P2 年薪 47895 美元 工作地点差价调整数 37071 美元 工资总额 84966 美元 工资和津贴以联合国的正式汇率支付瑞士法郎 相关薪金、福利和津贴的详细信息,请参阅 WIPO《工作人员条例和细则》
附加信息	临时任用是可以续聘的,但须视持续需要、是否有预算和令人满意的业绩而定,最长累计任期为两年; 鼓励符合资格的妇女以及知识产权组织无人任职成员和任职人数不足的地理区域的符合资格的国民提出申请。通过相关链接查看无人代表会员名单、无人代表地区名单以及这些地区的知识产权组织成员名单。本组织保留以比所公布的职等低的职等进行任命的权利
注意事项	通过填写申请表,候选人要明白在本网站上或在申请过程中提交给 WIPO 的任何其他文件上的任何故意虚假陈述,都可能导致丧失招聘资格;若因这种故意的虚假陈述被录用,日后将被终止 WIPO 的雇用。如果您入选了,则需要您提前提供身份证件的扫描件,以及该职位所需的学位/文凭/证书的扫描件。WIPO 仅考虑从世界高等教育数据库(WHED)认可的机构获得的高等教育资格,该数据库由国际大学协会(IAU)/联合国教科文组织(UNESCO)更新,可通过以下链接访问该列表:http://www.whed.net/。某些专业证书可能不会出现在 WHED 中,我们将对其进行单独审核。 额外的测试/面试可能作为筛选的一种形式。初次任命须有令人满意的专业推荐信。 可能需要进行其他背景调查

资料来源:WIPO Staff Recruitment, "Associate Program Officer‐20087‐TA", 见 https://wipo.taleo.net/careersection/wp_2/jobdetail.ftl? job = 20087‐TA&tz = GMT% 2B08% 3A00&tzname = Asia%2FShanghai。

【讨论】

1. 世界知识产权组织助理方案干事的职位说明书中,哪些部分属于职位描述? 哪些部分属于职位规范?

2. 联合国法律顾问和世界知识产权组织助理方案干事分别属于什么职位等级? 这两种职位在工作经验上的要求有什么不同?

【思考题】

1. 国际组织的职位按照等级划分可以分为哪几大类?

2. 收集职位分析信息的方法各有什么优缺点?

3. 职位说明书主要包括哪些部分,具体内容是什么?

第五章　国际组织人力资源规划

　　人力资源规划是一个动态、连续的战略过程，是人力资源管理系列活动的起始。这是一组计划的集合体，它涉及组织如何预测人力资源的供给与需求，为组织提供缩小人力资源供给与需求之间差距的机制，决定了组织需要招募或者淘汰员工的类型和数量。①

　　本章将从国际组织人力资源规划的含义、特点、意义、内容与流程五个方面详细分析国际组织进行人力资源战略性规划的进程。

第一节　国际组织人力资源规划概述

一、国际组织人力资源规划的含义

　　人力资源规划是一项连续的、动态的活动，是对特定时期内、外部人力资源和预期的组织职位需要进行匹配的系统过程。② 对于国际组织而言，分析国际内、外部环境形势变化，保持各岗位供需均衡，对人力资源管理工作的推进具有重要意义。

　　结合国际人力资源公共管理协会采用的员工队伍规划定义③，本书将国际组织人力资源规划理解为：为使国际组织的人力资本与其使命实现战略匹配，国际组织通过分析当前员工队伍、确定未来员工队伍需要、

---

　　① ［美］约翰·M.伊万切维奇、［美］罗伯特·科诺帕斯克：《人力资源管理》（原书第12版），赵曙明、程德俊译，机械工业出版社2016年版，第94页。

　　② ［美］韦恩·蒙迪：《人力资源管理》（第10版），谢晓非等译，人民邮电出版社2011年版，第96页。

　　③ 转引自联合国大会：《联合国系统各组织的继任规划》，2016年9月28日，见 https://documents-dds-ny.un.org/doc/UNDOC/GEN/N16/300/90/pdf/N1630090.pdf? OpenElement。

分析当前与未来之间的差距、落实解决办法,从而确保更好地利用组织资源,支持组织任务实现。

二、国际组织人力资源规划的特点

(一)注重职员结构均衡

结构均衡对于增强国际组织员工队伍多样化和多元文化,推进战略计划的顺利执行具有重要意义。国际组织人力资源规划以现有的人力资源结构为基础,对多项指标进行分析,如年龄结构、性别结构、地域代表性结构、文化结构等,旨在实现人力资源结构均衡。以地域代表性均衡为例,国际组织致力于达到各岗位、各职员的国籍、地域分配公平,联合国教育、科学及文化组织是代表性级别高的专门机构之一,在教科文组织2011—2016 年人力资源管理战略报告中,提到将在 2016 年前,使有代表名额的国家达到 85%,至 2017 年 6 月,教科文组织占有名额会员国的数量已达到 83%,接近大会确定的 85%的目标。[①]

(二)注重信息公开透明

国际组织在人力资源规划中注重相关信息披露的透明性和及时性,为各会员国的人力资源开发提供数据参考,从而推动国际公务员的外部供应。2011 年 8 月,联合国人力资源管理厅推出网上报告工具"人力资源深入观察",向会员国提供联合国人员配置情况及其国民的退休预测报告。而以往这些信息只能从秘书处报告或经特别要求后才能获得。[②]2012 年,联合国教科文组织推出了新的人力资源管理局网站,每年在线发布两次教科文组织工作人员和职位的主要数据。[③]

---

① 联合国教育、科学及文化组织:《总干事关于人力资源管理战略的报告》,2011 年 4 月 18 日,见 https://unesdoc. unesco. org/ark:/48223/pf0000192101 _ chi? posInSet = 1&queryId = fb496465-55a7-4d1a-b870-86667b68c90b。

② 联合国大会:《人力资源管理改革概览:建设一支全球化、有活力和适应性强的联合国员工队伍》,2014 年 8 月 15 日,见 https://undocs.org/A/69/190。

③ 联合国教育、科学及文化组织:《总干事关于人力资源管理战略的报告》,2011 年 4 月 18 日,见 https://unesdoc. unesco. org/ark:/48223/pf0000192101 _ chi? posInSet = 1&queryId = fb496465-55a7-4d1a-b870-86667b68c90b。

第二节　国际组织人力资源规划的内容

国际组织在十年来对人力资源管理进行不断的改革,力求组织培养和留住具有技能和活力的国际公务员,以提升组织行动力和工作效率,应对未来的和正在出现的挑战。在人力资源规划上,国际组织从总体规划与各项业务规划两个层面进行展开,以下将以国际组织 2019—2021 年人力资源规划[①]为例,对国际组织人力资源总体规划与各项业务规划展开描述。

一、国际组织人力资源总体规划

国际组织人力资源总体规划是指在有关计划期内人力资源开发利用的总目标、政策、实施步骤及预算的安排,它包括人员补充规划、人力资源开发规划、人员分配规划等方面。[②]

(一)人员补充规划

人员补充规划是使岗位职务能从质量和数量上得到补充的规划。具体规定了各级各类人员所需要的资历、培训、年龄等要求。基于国际组织的复杂性与多样性,要求配备一支多元化、国际化、多学科、多语言的国际公务员队伍,国际组织对全组织范围的员工队伍人才清单予以强化,记录各级国际公务员的技能概况,并按知识、经验、专长、能力和其他特质等进行分类,同时推崇加快征聘流程,通过创新外联等方式吸引青年加入,采取特别措施征聘、留用和提拔妇女,增加女性候选人中对外地职位的申请人数,扩充人才储备。

(二)人力资源开发规划

人力资源开发规划是指依据国际组织发展的需要,确定各类措施和途径,为国际组织物色、引进和造就当前及未来所需要的各级各类的优秀

---

① 联合国大会:《2019—2021 年全球人力资源战略:建立一个更有效、透明和负责的联合国》,2018 年 9 月 12 日,见 https://undocs.org/zh/A/73/372。
② 刘明鑫、刘崇林主编:《人力资源规划》(第 2 版),电子工业出版社 2010 年版,第 20 页。

国际公务员。国际组织在人员开发上一般通过内外部培训、职位轮换等举措予以实现。以联合国教育、科学及文化组织为例,对员工的培养已经制订了一套核心的强制性学习方案,同时通过 LMS 的学习管理系统、慕课(MOOC)等创新电子学习方式,为候选人及时提供各种优质广泛的学习资源。① 国际组织机构内、外间的流动使内部候选人在职位轮换中可以提前增进工作经验、技能和兴趣。

(三)人员分配规划

人员分配规划是指依据国际组织各级组织机构、岗位职务的专业分工来配置所需的人员,包括职务调配、工作流动等内容。在国际组织中,流动对于员工队伍规划具有重要作用,是职业发展的固有环节,不少国际组织都制定了专门的流动框架,制定人员配置程序,以管理空缺职位的甄选和改派工作。

二、国际组织人力资源各项业务计划

国际组织人力资源各项业务计划是总体规划的展开与具体化,包括人员补充计划、人员配置计划、人员接替和提升计划、培训与开发计划、人才保留计划、劳动关系计划、退休解聘计划等(见表5-1)。每一项业务计划都由目标、任务、政策等部分构成,其目的就是要保证人力资源总体规划目标的实现。

表5-1　国际组织人力资源总体规划各项业务计划

计划类别	目标	政策
人员补充计划	对类型、数量、层次、人员素质结构进行改善	确定需要补充人员的数量、类型、队伍结构;确认人员任职资格;确定招聘的来源、形式、方法等;采用新颖工具和软件,缩短招聘程序

---

① 联合国教育、科学及文化组织:《总干事关于 2017—2022 年人力资源管理战略的报告》,2017 年 9 月 1 日,见 https://unesdoc.unesco.org/ark:/48223/pf0000259005? posInSet = 3&queryId = 8f740cd8-8202-4421-b201-68dd70cc3651。

续表

计划类别	目标	政策
人员配置计划	人员结构优化,人力资源职位匹配	拟定职位人员任职资格,做到人—岗适配,优化员工队伍结构;规定职位轮换的范围和时间;注重配置的速度提升
人员接替和提升计划	后备人才数量保持,改善人才结构	确定晋升标准和比例;确认国际组织继任规划,根据职位所需的技能以及员工的经验、兴趣、偏好和家庭状况制定最佳(重新)分配员工的策略
培训与开发计划	素质及绩效改善,提高对外地挑战的顺应能力	增加划拨的学习和发展资金,推动国际公务员获得有意义且利于管理的职业发展。多语种学习机会将支持职业发展,并推动员工队伍转型;创建强化系统,加强跨地域和跨部门的合作,为政策解释提供权威指导
人才保留计划	人才流失减少,吸引和留用优秀人才	审查与改善服务条件,特别是本国工作人员和外地工作人员的服务条件,包括工作人员健康、福祉、安全和安保
劳动关系计划	降低非期望离职,提高工作人员参与度	加强沟通、实行全员参与管理、构建和谐工作环境和氛围
退休解聘计划	劳务成本降低	编制快速、有针对性的离职计划;完善退休人员收入限额及受聘期限,拟定退休政策和解聘程序

资料来源:联合国大会:《2017—2018 年期间人力资源管理改革概览》,2018 年 9 月 12 日,见 https://undocs.org/zh/A/73/372/Add.1,第 3—10 页;联合国大会:《2019—2021 年全球人力资源战略:建设一个更有效、透明和负责的联合国》,2018 年 9 月 12 日,见 https://undocs.org/zh/A/73/372,第 2—8 页。

第三节 国际组织人力资源规划的流程

人力资源规划是人力资源管理的一个关键组成部分,也是国际组织人力资源战略的一个基本方面。从流程上,国际组织制定人力资源规划大体可以分为"审查战略优先事项""查明并预测人才需求""评估与预测人才供给""制定行动计划""监测并报告进展情况"五个阶段(见图5-1),以下将结合相关例子对五个阶段进行展开描述。

一、审查战略优先事项

要做好人力资源规划,必须与环境相适应,搜查信息,对影响国际组

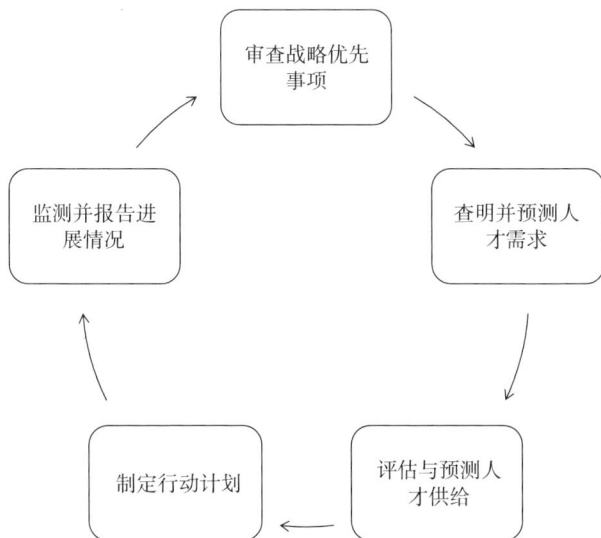

图 5-1 人力资源规划流程图

织人力资源规划的内、外部环境进行分析,审查组织战略的优先事项,以此作为人力资源规划依据。

(一)外部环境信息

影响国际组织人力资源规划的外部因素主要包括国际社会中的政治、经济、文化、科技等环境因素,以及各会员国人力资源开发程度、教育水平等。国际形势的变化影响国际组织的工作内容和重点变化,从而影响员工队伍的需求。各会员国的国际公务员开发和培育水平直接影响国际组织员工队伍的供给。

以联合国维和行动队伍人力资源规划为例,维和行动队伍的人员需求与国际政治安全形势密切相关,如某地安全形势日益严峻时,需要加强对该地维和行动的开展,并配置对应的维和行动员工队伍。[①] 2011 年 7 月 9 日,南苏丹通过全民公投从苏丹独立成立共和国,成为全世界最年轻

———————

① 联合国大会:《联合国维持和平行动经费筹措概览:2014 年 7 月 1 日至 2015 年 6 月 30 日期间的预算执行情况和 2016 年 7 月 1 日至 2017 年 6 月 30 日期间的预算》,2016 年 2 月 23 日,见 https://undocs.org/A/70/749。

的国家。由于部族之间的冲突、对石油资源和国家权力的争夺,南苏丹陷入动荡,其面临的局势已经对国际和平与安全构成了威胁,于是联合国在2011年设立了南苏丹共和国特派团(南苏丹特派团)以巩固和平与发展,由此联合国及时对南苏丹特派团员工队伍需求进行分析,并及时进行人员配置。《联合国南苏丹特派团2011年7月1日至2012年6月30日期间预算》中指出2011年拟向南苏丹特派团陆续部署166名军事观察员、6834名军事特遣队人员、900名联合国警察、957名国际工作人员、1590名本国工作人员、506名联合国志愿人员、81名政府提供的人员和500个临时职位。①

(二)组织内部信息

影响国际组织人力资源规划的内部信息主要包括组织的战略规划、预算编制、组织结构、组织文化、管理理念、人力资源管理政策等。以战略规划层面为例,人力资源规划必须要和组织的战略发展和经营规划相匹配,才能为组织的战略目标实现提供高质量的人力资源保证。由此,国际组织人力资源规划必须在其战略规划和预算编制进程的基础上进行,否则国际组织人力资源规划将成为空中楼阁。

《联合国宪章》规定,征聘办事人员时,在可能范围内,应充分注意地域上的普及。这就为人力资源规划提供了基本方向,由此各国际组织在人力资源规划中将地域均衡作为优先事项,对各会员国的工作人员人数和比率进行了重点检测,同时及时开展外联活动和及时对会员国进行信息公布,以实现地域均衡。国际组织倡导性别平等,并大力鼓励女性加入国际组织,由此在人力资源规划中将性别均等作为优先事项,对员工队伍中的男女比例进行重点监测,在人员填补中充分考虑男女职员比例,尤其是在高级管理者队伍中。②

---

① 联合国大会:《联合国维持和平行动经费筹措概览:2014年7月1日至2015年6月30日期间的预算执行情况和2016年7月1日至2017年6月30日期间的预算》,2016年2月23日,见 https://undocs.org/A/70/749。

② 联合国大会:《2019—2021年全球人力资源战略:建立一个更有效、透明和负责的联合国》,2018年9月12日,见 https://undocs.org/zh/A/73/372。

二、查明并预测人才需求

查明并预测将进行简单的介绍：人才需求最重要的是确定组织需要多少员工，需要什么样的员工。国际组织人力资源需求预测就是指对国际组织在未来某一时期内所需要的人力资源的数量、质量和结构进行估计。在预测过程中，国际组织主要参照实际和预期工作量的驱动因素或统计数字考虑具体的需求数量和变化。为使预测结果更加准确，国际组织人力资源需求预测通过一定的预测方法进行，以下将进行简单说明。

（一）趋势分析法

趋势分析法主要依靠组织雇用水平有关变量的历史数据，分析它在未来的变化趋势，从而预测未来某一时期内的需求数量。比如，计算各国际组织每一职类在过去几年的国际公务员人数以确定未来的变化趋势。趋势分析能够提供对国际组织的未来人员需求的一个初步和粗略的估计，但并非是固定不变的。使用此方法时一般假定其他因素保持不变或变化幅度相对一致。

（二）回归分析法

国际组织回归分析法的基本思路是先研究人力资源需求的历史趋势以及这些趋势的驱动因素，采用回归分析法测试驱动因素，并找出最能解释该趋势的驱动因素，建立一个回归方程，从而根据这些因素的变化和回归方程对未来的人力资源需求进行预测。

例如，联合国通过回归分析法在 2011 年为每个支助账户职能确定人员需求。首先，收集了 2000/2001 年度至 2010/2011 年度 11 年的职能人员人数以及可能成为驱动因素的数据，包括特派团大小、维和预算水平等。其次，通过回归分析法测试驱动因素，这些分析及其产生的公式显示，过去 10 年各种支助账户职能的人员配置的增加主要是特派团活动增加的结果。在负责业务规划与协调职能的行动厅人力资源需求预测中，通过分析得出的公式为：当特派团工作人员总数 X 超过 30000 人时，行动厅人力资源需求 $= 46.5 + (X - 3000)/1000 \times 0.3$，该公式当特派团工作人员人数在 30000 人到 170000 人时适用。即当特派团工作人员总数增加到

35000 人时,行动厅人力资源需求增加 1.5 人,共需 48 人。[①]

三、评估与预测人才供给

国际组织评估与预测人才供给其实就是回答"目前我拥有多少、什么样的员工""能在技能和培训上适应未来的需求"的问题。在这个过程中不是简单地计算出目前组织内的员工数量,而是需要结合国际组织内、外部条件,对未来一段时间内国际组织各类人力资源补充来源情况进行预测。以下将对国际组织人才供给预测的方法展开描述。

(一)技能清单法

技能档案是一个反映员工工作能力特征的列表,是预测人员供给的有效工具。技能清单主要包含员工过去、现在及未来的信息,如员工的基本信息、教育背景、工作经历、参加培训的情况、技能掌握情况、业绩记录、发展历史、职业发展计划和个人发展计划等。通过技能清单,国际组织可以及时了解当前员工队伍的详细情况,当出现职位空缺时,通过查看技能清单,可以迅速查明员工队伍内部是否有合适的人员可以进行内部填补。例如,国际劳工组织自 2014 年 2 月在全球范围内启用了技能图谱规划工具,充分整合如"学习管理""绩效管理""员工概况"等模块的电子人才管理套件,以帮助劳工局查找在组织技能方面的差距并进行弥补,加强职业发展和流动性,并且为了解和发展内部专业知识提供支持。[②] 国际组织的技能清单形成复杂而庞大的数据库,往往存储在电子系统中,如国际劳工组织使用的"职工资料(EP)"系统。

(二)人力资源"水池模型"

人力资源"水池模型"从职位出发进行分析,在现有人员的基础上通过计算流入量和流出量来预测未来的供给,类似一个水池未来的蓄水量,

---

① 联合国大会:《维持和平行动支助账户 2011 年 7 月 1 日至 2012 年 6 月 30 日预算》,2011 年 2 月 28 日,见 https://undocs.org/A/65/761。

② 国际劳工组织:《局长人力资源管理领域改革行动计划所产生的提议》,2014 年 1 月 28 日,见 https://www.ilo.org/gb/GBSessions/previous-sessions/GB320/pfa/WCMS_236084/lang-en/index.htm。

由此成为"水池模型"。在这个模型中,"水流入"的原因主要包括横向调入、上级职位降职、下级职位晋升;"水流出"的原因主要包括向上级职位晋升、向下级职位降职、横向调出和离职等。通过流入及流出的人员数量预测人员队伍未来的供给量。

四、制定行动计划

这是编制人力资源规划过程中较为具体细致的工作,人力资源供求达到协调平衡是人力资源规划活动的落脚点和归宿,要求根据人力资源供求预测,提出人力资源管理的各项要求,制定出相应的规划和政策,以确保组织的发展在各时间点上保持人力资源供给和需求的平衡。

一般而言,将人力资源供给和需求的预测结果进行对比分析后,主要包括四种结果:(1)供给和需求在数量、质量和结构上基本都平衡;(2)供给和需求总量平衡,结构不平衡;(3)供给大于需求;(4)需求大于供给。第一种情况是比较理想的结果,但在现实中很难实际存在。以下将从后三种结果着手对国际组织的具体措施进行介绍。

(一)供求总量平衡,结构不平衡

国际组织注重人力资源队伍结构的平衡,主要包括外部和内部候选人平衡、性别均等、地域均衡、职能多样性和语言多样性等方面的内容。对于结构性的人力资源供需不平衡,国际组织一般采取以下措施。

(1)重新配置人员,主要包括晋升、横向调动、降职等。国际组织通过流动框架予以支持。[①]

(2)针对空缺职位的需求,开展专门的培训。

(二)供给大于需求

当预测的供给大于需求时,国际组织主要采取以下措施以平衡需求。

(1)鼓励职员提前退休,同时保障退休后的生活。

(2)减员和重组、裁员活动。减员和裁员的标准主要通过关注职员

---

① 联合国大会:《人力资源管理改革概览:建设一支全球化、有活力和适应性强的联合国员工队伍》,2014 年 8 月 15 日,见 https://undocs.org/A/69/190。

的业绩结果进行。

（3）冻结招聘，自然减员。

（4）对富余的职员进行培训，做好人才储备，为其未来的发展做准备。

（三）供给小于需求

当预测的供给小于需求时，国际组织主要采取以下措施以平衡需求。

（1）外部招聘，包括建立候选人库，启动青年专业人员方案等。

（2）增强吸引力，开展外联活动，包括向会员国派遣访问团、参加招聘会（包括虚拟招聘会）、利用社交媒体工具、在专业工作网站上做广告、外联论坛等形式。

（3）提高职员工作效率，改进工作环境的技术水平，围绕相关需求有针对性地对内部人员开展技能培训。

（4）内部调配。国际组织中通过流动框架给予了职员充分进行内部横向调任的可能性。

五、监测并报告进展情况

人力资源规划不是一成不变的，是一个开放的、动态的系统，会根据环境的变化而不断变化。为保证人力资源规划充分发挥效用，则需要对其进行监测，及时了解预测是否准确，行动方案是否有效，便于及时进行调整。

在这个阶段，国际组织使用仪表板、人力资源管理计分卡等监测工具进行自我监测，记载人力资源管理相关的业绩指标和数据。以联合国为例，2014 年联合国秘书处工作人员甄选流程耗费天数远超原目标天数，人力资源管理厅通过运用人力资源计分卡，审查征聘延误原因，及时制定解决方法，成功减少了征聘管理人花费在人工审查申请上的时间，从而推动人力资源征聘计划。[1]

---

[1]　联合国大会：《人力资源管理改革概览：建设一支全球化、充满活力、适应力强、参与度高的联合国员工队伍》，2016 年 8 月 23 日，见 https://undocs.org/A/71/323。

【案例分析】

联合国医疗司战略人力资源规划

2014 年 2 月,联合国人力资源管理厅与外勤支助部一道成立了人力资源规划咨询小组,该小组成员为在各部厅工作并具有人才管理、战略规划和预算编制方面相关经验的人员。小组在项目最初阶段和概念设计期间(2014 年 2—5 月),审查了现行的人力资源规划做法和取得的经验,制定了人力资源规划的愿景和新方法,并同人力资源管理厅医疗司(以下简称"医疗司")开展了一个试点项目。医疗司将原来的七步法简化为五步法并开展了战略人力资源规划活动。

一、确认战略方向

在开始具体的战略人力资源规划前,医疗司做了很多的基础性工作,其中最重要的一项是先更新和确认本部门的战略和需求。根据医疗司 2013—2016 年的战略地图,其目标是为联合国职员和管理人员提供高效、以客户为中心的职业健康服务。为了实现这个战略目标,医疗司确认了其中最重要的三个关键目标及其行动计划。

◆关键目标 1:我们的工作场所通过为我们的角色和未来需求配备知识和技能,促进职员个人及其职业的发展

√行动 1:实施具有多学科团队成员和领导才能的服务改进小组计划,以提高能力和建立团队合作精神

◆关键目标 2:强有力的咨询、治理和问责制

√行动 2:开发事件报告系统

◆关键目标 3:帮助我们的合作伙伴实现职业健康目标

√行动 3:病假案例管理项目

这三个目标的实现将对战略的实现发挥关键作用。医疗司一直对照着这些目标检查其人力资源规划做法,使职员能够做好准备,以满足在未来 18—36 个月的用人需求。

二、确认人才需求

在确认组织的战略需求后,医疗司开始确认人才的需求,即什么样的

人才(角色和能力)最能执行优先战略计划。医疗司将职员分为关键、核心、支持角色,并注重对实现三个战略优先目标最关键的人力资源角色进行评估。当这些关键角色由合格的人担任时,他们的产出将产生最大的投资回报。确认关键角色的标准主要有以下六个方面:

(1)职位影响一个或多个战略能力;

(2)职位直接影响成本节约;

(3)任职者的犯错成本高或错误难以被发现;

(4)最高绩效与最低绩效间的差距显著;

(5)选错人的成本高;

(6)这个职位的顶尖人才很难吸引和保留。

例如:X 射线技术人员(可以外包且不用冒不能实现战略目标的风险)是支持角色,而不是医疗司实现优先目标的关键角色。根据优先的战略行动,医疗司将高级医疗官员/咨询师、护士长和项目支持助理(新设)设定为三个关键角色。在核心角色组中,护士和医疗官员也被标记为"供给职位",因为在理想的情况下护士长和高级医疗官员可以从这个内部人才库中招募。

三、确认人才供给

为确认人才供给,医疗司的重要一步是和人力资源管理部门合作收集合格候选人的指标,如年龄、性别、任期、国籍、名册申请者人数等,具体如表5-2所示。这样的审查可以帮助组织进一步分析其人才供应和需求间的差距。

表5-2 关键角色的内部人才供应表

人才供应 指标	高级医疗 官员	医疗官员 (供给组)	护士长	护士 (供给组)	面向项目支 持助理的 G5—G4 职位
平均任期 (年)	5	4	17	6.5	7
年龄范围 (岁)	46	36—61	57	34—60	37

续表

人才供应指标	高级医疗官员	医疗官员（供给组）	护士长	护士（供给组）	面向项目支持助理的G5—G4职位
性别	1男 2女	4男 7女	1女	1男 7女	10男 7女
国家	3个不同来源（非美国）	8个不同来源（非美国）	1个美国	4个美国 6个其他	3个美国 9个其他
绩效等级	数据来自 Office of HRM 人资办公室				

四、差距分析和行动计划

关键职位的填补不仅是一种数量上的填补,也是一种能力上的补充。在确定需求和供给间的差距后,医疗司就要制定关键职位的人才填补策略。医疗司平衡供需的策略主要分为雇用、借调、发展、吸引和留用、解雇等形式,这些策略往往是结合使用的(见表5-3)。

表5-3 医疗司的差距分析和行动计划表

目标未来设想：建立更健康安全的劳动力	战略目标执行的关键角色	人力资源规划差异：现有供应和计划的需求	人才战略平衡：雇用、借调、发展、吸引和留用、解雇
病例管理：减少病假	高级或其他医疗官员/咨询师 护士长 护士	填补2个职位 填补1个职位	雇用(填补空缺) 量身定制入职培训 发展能力
事件报告	高级医疗官员/咨询师 护士长	填补2个职位 填补1个职位	发展能力 雇用(填补空缺) 建立未来供应(呵护职业道路)
服务改进小组	项目管理助理	重新分配工作	发展能力 雇用

五、监测和报告

在人力资源规划实行六周后,医疗司及时针对人力资源规划的五个方法步骤的进展情况进行监测和报告,见表5-4。

表5-4 医疗司人力资源规划实行六周后的概况

人力资源规划步骤		详情/细节	完成率
1. 确认战略		选择3个战略举措	100%
2. 人才需求		确认3个关键角色和2个支持角色	100%
3. 人才供给		收集申请者和在职者的指标数据	90%
4.	差距分析	进行中	75%进行中
	行动计划	借调:TJO 雇用:填补职位空缺 重点:发展/保留(吸引/留用)	50%进行中
5. 监测和报告		每月度量	25%计划措施

资料来源:A Pilot at the Medical Services Division of the United Nations,见 https://strategicworkforce-development.com/wp-content/uploads/2013/10/Case-Study-Executive-Summary-United-Nations.pdf。

【讨论】

请根据案例材料概述联合国人力资源管理厅医疗司战略人力资源规划的具体流程。

【思考题】

1. 什么是国际组织人力资源规划?

2. 与一般企业的人力资源规划相比,国际组织人力资源规划有什么特点?

3. 国际组织人力资源规划的流程是什么?

4. 国际组织人力资源需求预测的方法有哪些?

5. 国际组织人力资源供给预测的方法有哪些?

第六章　国际组织人力资源招聘

人力资源招聘是国际组织获取人才最直接的方式,是组织实现人才队伍组合和更替的手段,是国际组织开展工作的基石,更是组织长期生存发展和实现战略目标的重要法宝。那么国际组织人力资源招聘相比于一般企业具有什么特点? 在进行招聘时要遵循怎样的原则? 国际组织是如何进行人力资源招聘的呢?

本章将从国际组织人力资源招聘含义、特点、原则以及招募、甄选、录用、有效性评估四个流程进行展开分析,带领读者了解国际组织人力资源招聘的相关内容。

第一节　国际组织人力资源招聘概述

一、国际组织人力资源招聘的含义

加里·戴斯勒(Gary Dessler,2013)认为,人力资源招聘是指为企业的空缺职位寻找合适的候选人。[①] 张维君、王君(2010)在《人员招聘与配置》一书中将人力资源招聘定义为组织为了达成目标,根据人力资源规划和工作分析的要求,寻找、吸引那些有能力又有兴趣到本组织任职,并从中选出适宜人员予以录用的过程。董克用在《人力资源管理概论》中提到,招聘是在企业总体发展战略规划的指导下,制订相应的职位空缺计

---

① Gary Dessler,*Human Resource Management*,*15 Edition*,Pearson Publisher,2013,p.135.

划,寻找合适的人员来填补这些职位空缺的过程。① 简而言之,招聘是根据战略规划的要求把优秀、合适的人招聘进企业,把合适的人放在合适的岗位。

本书结合联合国秘书处发布的 2019—2020 年人力资源战略报告,将国际组织人力资源招聘定义为国际组织为履行国际使命,基于胜任素质模型,以招聘、培养和留用一支可流动、面向全球、高绩效、多语种、多样化的国际公务员为目标②,遵循国际组织人力资源招聘的原则完成人—岗匹配活动。

二、国际组织人力资源招聘的特点

国际组织人力资源招聘具有三个特点,分别为重视青年专业人员的招聘、注重过程的公正性、突出对国际工作语言的要求。

（一）重视青年专业人员的招聘

国际组织重视吸纳并培养青年专业人员,联合国秘书处,联合国教育、科学及文化组织,联合国儿童基金会,世界贸易组织,亚洲基础设施投资银行等国际组织都推出了青年专业人员计划③,在其他国际组织的人力资源战略报告中也多次提及注重青年人员的招聘。以联合国开发计划署为例,在 2008—2011 年的人力资源战略报告中提及,要作出更多的努力来招聘青年专业人员④,另外举办了亚太青年领导力与创新创业论坛,为青年创业提供更好的平台。以联合国秘书处为例,作为加强地域代表性的努力的一部分,秘书处开展了面向世界各国年轻专业人员群体的外

---

① 董克用主编:《人力资源管理概论》(第四版),中国人民大学出版社 2015 年版,第 185 页。

② 联合国大会:《2019—2021 年全球人力资源战略:建立一个更有效、透明和负责的联合国》,2018 年 9 月 12 日,见 https://undocs.org/zh/A/73/372。

③ 联合国教科文组织青年专业人员计划链接:http://www.moe.gov.cn/s78/A04/A04_gggs/A04_sjhj/201805/t2018 0528_337361.html;世界贸易组织青年专业人员计划链接:https://www.wto.org/english/thewto_e/vacan_e/ypp_e.htm;亚洲基础设施投资银行青年专业人员计划链接:https://www.aiib.org/en/opportunities/career/young-professionals-program/index.html。

④ UNDPA, *Human Resources in UNDPA People-centred Strategy*, 2008—2011.

联活动,以此为青年专业人员方案和秘书处实习方案提供支持。这方面的努力包括在高校就业信息网上发布空缺职位,以吸引高校的潜在申请人。秘书处与高校建立了持续合作关系,目前正在努力利用大学校友会吸引青年参与。

(二)注重过程的公正性

国际组织注重招聘过程的公正性,要求遴选标准及流程要具体、明确,建立上诉和问责制度、成立理事会来保证招聘的公正性。该理事会主要负责审查程序性问题,如招聘程序是否有失公正、候选人的筛选及资格审查是否按照预先制定的评估标准进行等。如果发现程序问题,将推荐材料退回用人单位,要求作出补充说明或重新审理。① 以联合国为例,建立了问责机制,包括内部应聘人员上诉机制,以及在招聘过程中人事部门—用人部门—职员工会三方互动机制。除联合国外,其他的组织也通过成立委员会来保证招聘过程的公正性,以国际热核聚变实验堆(International Thermonuclear Experimental Reactor,简称 ITER)组织为例,成立了遴选委员会对候选人进行全英文的准结构化面试,并作出客观合理的推荐理由,来保证公正性。②

(三)突出对国际工作语言的要求

国际组织工作内容和地点都面向全球,因此对国际工作语言的要求十分重视。国际组织有自己的工作语言,在国际组织中任职,外语是工具,专业知识是基础。在全球公开招聘考试中,英语和法语作为联合国的两种工作语言,以英语为主,以法语为辅。人员招聘过程中,英语考试不及格就会被淘汰。只有总部设在法语国家或城市的联合国专门机构的招聘考试才可以选用法语作为考试的语言。如果报考者与其他的竞聘者的成绩不相上下时,多掌握一门或者多门联合国工作语言或官方语言可能

---

① 詹晓宁、欧阳永福:《联合国人事征聘及升迁制度评析》,《行政管理改革》2017 年第 7 期[注:联合国各专门机构以及其他一些国际组织(如世界知识产权组织、国际电信联盟等)也基本采用了联合国人事征聘与升迁制度]。

② 刘砺利、于珈:《国际热核聚变能组织的人力资源管理探析及启示》,《全球科技经济瞭望》2015 年第 7 期。

成为加分项。

第二节　国际组织人力资源招聘的原则

国际公务员招聘的原则可归纳为基于胜任素质模型原则、地域均衡原则、平等原则三个方面。

一、基于胜任素质模型原则

为建立全球最高标准的公务员队伍,国际组织确立了基于核心价值观和核心能力的人力资源招聘制度。核心价值观及核心能力成为人事征聘的准绳。从岗位职责的制定到招聘公告,再到征聘及遴选标准,都以核心价值观及核心能力为基准。①

以联合国为例,联合国征聘职位的职位说明书及征聘公告中,均须列出联合国三大核心价值观及该职位特别要求的若干核心能力(3—5 项不等)。在众多胜任力中,效率、才干以及忠诚是国际公务员必备的素质。

(一)效率与才干原则

《联合国宪章》第 101 条中提到,国际公务员的雇用及其服务条件,应以要求达到效率、才干以及忠诚的最高标准为首要考虑。国际组织都要求应聘者必须是职位相关专业、通过专业笔试与面试,最终才能进入国际组织后备人才库。以 2012 年的"青年专业人才计划"报考情况来看,联合国共收到来自 79 个国家、4.1 万人的简历,经过筛选,向其中 5500 人发放了准考证。而最终笔试、面试均合格,进入联合国初级业务官员待聘名单的人数不足 100 人。与报考人数相比,录取比例大约为 410∶1。②

只有兼备效率、才干的应聘者才能帮助联合国实现其职权范围内的

---

① 詹晓宁、欧阳永福:《联合国人事征聘及升迁制度评析》,《行政管理改革》2017 年第 7 期[注:联合国各专门机构以及其他一些国际组织(如世界知识产权组织、国际电信联盟等)也基本采用了联合国人事征聘与升迁制度]。

② 《揭秘国际公务员:联合国招录比例 410∶1,中国名额半数仍空缺》,澎湃新闻,见 https://www.thepaper.cn/newsDetail_forward_1256960。

各项目标。为选拔出符合效率和才干要求的人员,联合国采用严格竞争性考试来征聘初级和中级职等的核心专业人员。

(二)忠诚于国际组织原则

国际公务员的忠诚原则,指的是要忠诚于国际组织,并非要求其放弃与母国的所有联系和自己的信仰,但绝不能作为自己国家的代表,而影响其对联合国组织的忠诚与工作。例如,《联合国宪章》和相关工作人员条例就规定,联合国秘书处成员不是"为某一个国家,而完全是为国际社会"履行自己的责任和义务。

二、地域均衡原则

自国际组织建立以来,为保证全球国家平等参与到全球治理的进程中,规定了地域分配原则,也称"适当幅度"办法。《联合国宪章》第101条规定,在招聘国际公务员时,在可能范围内,应充分注意地域上之普及。在这两个标准上考虑地域分配原则一是对应聘人员个人素质的要求,"效率、才干、忠诚"这六个字涵盖了能力、态度、品质三方面的基本要求;二是政治方面的考虑。

联合国秘书处每年都会确定根据地域分配原则征聘的工作人员的基数,基数取决于(但不等于)受地域分配限制的员额数目,同时受到各会员国的会籍、会费、人口等因素[①]的影响。根据这些因素确定每一幅度的上限和下限,使"适当幅度"有上下增减15%的弹性。具体如下所示:

会籍因素:职位总数40%平均分配给每一个会员国;

会费因素:职位总数55%按各国缴纳会费比额分配;

人口因素:职位总数5%依会员国人口按比例分配。

国际组织履行国际任务有赖于一支地域多样化的员工队伍。为不断改善专业及以上职类职位的地域分配,所有根据适当幅度制度征聘的职位都在空缺通知中列出无任职人员和任职人数偏低的会员国,以鼓励来

---

① 宋允孚编著:《国际公务员与国际组织任职》,中国人民大学出版社2016年版,第10页。

自这些会员国的申请人申请该空缺职位,提醒各征聘部厅需要吸引、确定和甄选来自无任职人员和任职人数偏低的会员国的合格候选人。

这项原则强调所有会员国均有权支持其满足任职资格的国民参与国际公务员征聘,以此保证国际公务员队伍组成在文化、宗教、民族、政治、语言等方面的多样性。与此同时,这也是国家平等性的体现,地域分配原则保障了国际组织中有各会员国国籍的职员,共同参与到全球治理进程中。

三、平等原则

平等原则指的是国际组织在人力资源招聘过程中对求职者平等对待。平等待遇主要体现为内部与外部申请人平等、保障残疾人享受平等待遇、学历对等性、性别平等四个方面。

(一)内部与外部申请人平等

联合国秘书处努力确保内部与外部申请人继续得到平等待遇。[①] 具体而言,其通过联合国职业网站和联合国人事招聘网站(Inspira)[②]在互联网上公开发布了国际征聘的所有职位空缺。除对一般事务人员和适用于专业职类的相关职类工作人员施加限制外,秘书处在整个征聘流程中根据相同的预先核准标准和既定程序考虑所有申请人,以便为内、外部申请人建立公平竞争的环境。

(二)保障残疾人享受平等待遇

为了消除残疾人在寻找和申请职位空缺时面临的障碍,秘书处于2017年12月在职业网站和Inspira网站上实施了无障碍功能。这些改进是联合国承诺为所有申请人提供平等就业机会的一部分。自实施以来,截至2018年6月30日,职业网站中的无障碍功能被激活13000多次,

---

① 詹晓宁、欧阳永福:《联合国人事征聘及升迁制度评析》,《行政管理改革》2017年第7期。

② Inspira 系统链接:https://inspira.un.org。

Inspira 网站中的这些功能被激活 20000 多次。①

（三）学历对等性

学历对等性指的是公平考虑来自不同教育系统的学历,秘书处参考了各自会员国对这些学历的认证和认可情况,以确定学历对等性,是招聘程序公平的一种体现。为此,秘书处使用了国际大学协会编制的世界高等教育数据库以及联合国教育、科学及文化组织设计的国际标准教育分类。

（四）性别平等

国际组织招聘人员时遵循性别平等原则,努力实现组织内部人员的性别均衡。为强调性别平等的理念,在人员招聘和职业发展过程中给予女性以特殊的倾斜政策,鼓励女性应聘专业职位,在同等条件下优先考虑合格的女性候选人。

第三节　国际组织人力资源招聘的流程

本书将国际组织人力资源招聘流程分为招募、甄选、录用与有效性评估四部分。招募是指企业采取多种措施吸引候选人来申报企业空缺职位的过程;甄选是指企业采用特定的方法对候选人进行评价,以挑选最合适人选的过程;录用是指企业作出决策,确定入选人员,并进行初始安置、试用、正式录用的过程;有效性评估指的是国际组织对招聘的结果进行评估,从而不断对招聘进行优化。

在国际组织中,联合国主要机关、办事处及其区域委员会的人员招聘由秘书处人力资源管理厅使用 Inspira 网站进行征聘,国际组织中与联合国不相隶属、相互独立的基金方案、专门机构则在各组织的官网中设置招聘模块进行招聘。本书主要以联合国主要机关、办事处及其区域委员会的统一招聘为例子展开阐述。另外,本书不讨论一般事务类人员和国家专业类人员的招聘,他们虽然也为公务员,但其雇佣条件、招聘程序和遴

---

① 联合国大会:《2017—2018 年期间人力资源管理改革概览》,2018 年 9 月 12 日,见 https://undocs.org/zh/A/73/372/Add.1。

选标准有所不同①。

一、招募

因岗位的职级不同,国际组织招聘渠道会有所不同。主要有会员国推荐、互联网全球招聘两种方式。

G类、P类以及外勤工作人员为互联网招聘,不同的是G类职员本国专业干事是在联合国非总部地区进行当地招聘产生的,而P类职员则在全球范围内进行全球招聘,又称为国际征聘。另外,P类职员还可通过会员国归口部门推荐的方式进行招募,而D类职员与高级官员较为特殊,一般不公开招聘,如表6-1所示。

表6-1 不同职类的招聘渠道

职务类别	招聘渠道
一般事务人员(G类)	一般当地招聘
一般专业人员(P类)	基本全球招聘(国际征聘),部分通过会员国归口部门推荐
D类职员与高级官员	通过会员国直接推荐进行选举或上级官员直接任命,一般不公开招聘

资料来源:宋允孚编著:《国际公务员与国际组织任职》,中国人民大学出版社2016年版,第8页。

(一)会员国推荐

会员国推荐可以是国家直接推荐(曾任联合国副秘书长的吴红波就是通过这个渠道被招募的),也可以是由国家的归口部门推荐。归口部门指的是会员国中具有与国际组织的专业机构相同职能的部门或单位,例如卫生部对世界卫生组织,商务部对世界贸易组织。若国际组织所属专门机构出现职位空缺,会员国的归口部门可以推荐优秀的人选进行应聘。如果候选人最终没有被聘任,但是被国家归口部门推荐了,也会进入后备人才库。以这种方式加入后备人才库没有时限,但同样也没有保证。

凡以中国政府名义加入的国际组织,一般都由国务院的一个部门作

---

① 宋允孚主编:《国际公务员素质建设与求职指南》,浙江大学出版社2019年版,第22—24页。

为归口部门,它们与相关国际组织有联系途径,能及时掌握相关国际组织的招聘信息,通常是这些部门的国际合作司或外事司负责具体事务。通过推荐、考核建立各自领域的人才库,储备后备推荐人选。因此,通过国务院有关业务部门推选也是争取成为国际公务员后备人员的途径之一。

(二)互联网全球招聘

互联网全球招聘相对于当地招聘而言,又称为国际征聘,指的是国际组织利用互联网在全球范围内招募人才,除一些特别职位外,一般不论在什么地方、从事什么工作,只要符合条件,都可自愿报名。

国际组织大多数空缺职位都将发布在 Inspira 系统和联合国职业的门户①网站上,通过招聘说明书说明了基于工作分析形成的职位说明书对岗位的名称、工作地点、组织关系、上下级关系、岗位职责、任职要求、评定方式、组织介绍等方面的信息。与此同时,会员国人力资源和社会保障部门、国际人才信息网站将会同步发布职位空缺,例如在中国国际组织人才信息服务网②上公布职位空缺,明示职位编号、报名期限、名称与级别、合同性质与期限、工作地点、用人单位及任务、职员职责、应聘条件(学历、技能、经验、语言)、年薪及岗位补贴等。对职位感兴趣、符合基本条件者,可在线报名。

二、甄选

国际组织甄选国际公务员一般通过以下几个流程,分别为简历筛选、笔试筛选、面试筛选、体格检查(见图6-1)。

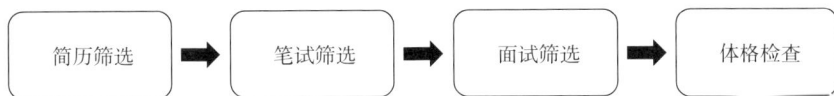

简历筛选　➡　笔试筛选　➡　面试筛选　➡　体格检查

图6-1　国际组织人员甄选的一般流程

---

① 联合国职业门户网站链接:https://careers.un.org。
② 国际组织人才信息服务网站链接:http://www.mohrss.gov.cn/SYrlzyhshbzb/rdzt/gjzzrcfw/。

但也有特殊的情况,两类高级官员的甄选是通过选举和任命:一类是联合国首席行政首长(例如联合国秘书长)、联合国专门机构的一把手(如世界卫生组织总干事、国际劳工组织干事长等),他们由安理会推荐、联合国大会或相应国际组织代表大会选举产生,其工作期限、工资待遇等均由全体大会审定并签订合同;另一类是联合国秘书长任命的若干副手(联合国副秘书长)、联合国专门机构一把手任命的主要助手(如世界卫生组织副总干事、助理总干事、总干事代表或顾问等)。① 本书将以联合国为例,介绍甄选的一般流程。

(一)简历筛选

在收到应聘申请后,联合国人事招聘电子系统(Inspira)将根据招聘公告所要求的工作年限、学历、专业、证书、语言等硬性指标自动对候选人的简历进行初步筛选。人事部门再根据自动筛选的结果进一步审核申请人的资格及其他指标,选出所有符合竞聘资格和基本要求的候选人。

(二)笔试筛选

在通过简历筛选之后,便要进行笔试。一般笔试考察三个方面的能力,包括写作能力、专业知识和工作能力。考题一般分为必答题和选答题,考试的必答题必有一道阅读题,要求阅读文件,提炼要点,做评论;选答题形式多样,其中必有一道写作题。国际组织具有代表性的笔试有青年专业人员计划(Young Professionals Program,以下简称YPP)招聘考试和语文类竞争考试。

1. YPP招聘考试

YPP是联合国2012年对原国家竞争考试的改革项目,是一项针对全球青年专业人才进行的招聘计划,青年人才通过YPP选拔留任之后,所处的职位级别是P2级。该项目分别于2013年、2014年、2016年、2017年、2018年、2019年在我国人力资源和社会保障部的协助下,于北京举办考试。由联合国秘书处每年根据各会员国占地域分配的理想员额幅度情

---

① 宋允孚编著:《国际公务员与国际组织任职》,中国人民大学出版社2016年版,第11—12页。

况,邀请无代表性、代表性不足或即将变为代表性不足的会员国参加考试。会员国同意参加后,其国民可通过联合国网站报名参加本年考试。联合国将对申请参加考试的人员进行初步网上筛选,确定最终参加考试人员名单。

在 2019 年,人力资源和社会保障部国际合作司便组织了一次 YPP 考试。报考资格为年龄在 32 岁以下的年轻人,拥有与所报职位专业相关的学士以上学位,熟练掌握英语或法语。人力资源办公室将对申请人进行初选,然后经联合国考试委员会审核后,报考者需参加为时一天的一般知识考试和专业知识考试。笔试包括综合试题和专业试题两项内容。

2. 语文类竞争考试

从事联合国语文专业工作的主要途径是参加语文类竞争考试(LCE)。在联合国,"语文专业人员"涵盖多个领域的专家,如口译员、笔译员、编辑员、逐字记录员、词汇员、参考资料助理和制版员/校对员/制作编辑员。联合国是全球聘用语文专业人员最多的机构之一。大会和会议管理部(大会部)的纽约、日内瓦、维也纳和内罗毕各地点以及联合国设在亚的斯亚贝巴、曼谷、贝鲁特、日内瓦和圣地亚哥的各个区域委员会共有数百名语文专业人员。联合国网站①会发布相关的语文类工作机会。

(三)面试筛选

确定进入面试的入围名单后,用人部门主管负责组织评审委员会进行面试。评审委员会至少由 3 人组成,级别应高于或相当于所招聘的职位,同时应考虑地域和性别的平衡,应包括不同性别以及至少一名非本部门官员。

国际组织的面试有网络面试和面对面面试两种方式,一般 D 级及以上的官员较多采用面对面的方式。以联合国 YPP 计划为例,则全部采用网上视频面试的方式。每个职类笔试的前 40 名考生才有资格参加面试,通过面试的人员将进入联合国人事厅国际职员人才库,后备人员资格有

---

① 联合国语文类工作机会网站链接:https://languagecareers.un.org/dgacm/Langs.nsf/home.xsp。

效期为 3 年,秘书处出现岗位空缺时随时增补,拒绝安排的将从候选人名册中除名。

国际组织的面试是基于能力的面试,面试的所有内容涵盖组织的核心价值观及核心胜任力,但因岗位不同,内容也会有所侧重,根据内部职员的经验分享,一般会提问团队合作、跨文化、关键事件、工作情景模拟四个主题的内容。

(1)团队合作:申请者如何胜任团队中的不同角色,平时学习、实习或者工作中有什么能突出团队合作能力的事件。

(2)跨文化:如何平等对待不同文化、性别、思维方式的人,面试官考查申请者如何从容应对不同文化之间的沟通与交流。

(3)关键事件:例如分享最成功、最失败、最棘手的事情,通过关键事件的讲述来获取候选人的胜任能力。

(4)工作情景模拟:考官会举例一个工作中的突发情况,或请你来描述一个曾经接到过最困难的任务。在回答问题时需要候选人制订一个工作计划或思路,可以思考的点包括但不限于如何合理地管理时间、如何进行任务的拆分和组合等,通过这些来考察申请人的应急能力、思维模式、如何优选、自我管理等。

(四)体格检查

联合国《工作人员任用与晋升细则》规定,由秘书长规定适当的健康标准,工作人员必须符合标准才能任用。

联合国医务主任或医务主任指定的医务干事可以不时要求工作人员接受体格检查,以确定有关工作人员并无任何可能危及他人健康或安全的疾病。联合国医务主任或医务主任指定的医务干事还可以要求工作人员于执行特派任务以前或以后,接受体格检查和预防接种。

三、录用

(一)录用流程

国际公务员录用过程包括录用审查、作出录用决策、通知录用结果三个主要流程。

1. 录用审查

通过选拔的推荐人要分别经过人事部门与独立审查理事会的审查。

人事部门联系推荐人在申请材料中提供的证明人(一般为 3 人以上,如前同事、领导等),了解、核实有关情况,同时要求推荐人选提供学历、相关资格证书及其他材料。另外,应需注意关系回避,凡有直系亲属在联合国秘书处工作者皆不得应聘,但夫妻关系除外,不过具有夫妻关系的工作人员不得被指派担任在职权上为上级或下级的职位。

人事部门将推荐人选提交独立审查理事会做最后审核。该委员会主要负责审查程序性问题,如招聘程序是否有失公正、候选人的筛选及资格审查是否按照预先制定的评估标准进行等。如果发现程序问题,将推荐材料退回用人单位,要求作出补充说明或重新审理。

2. 作出录用决策

《联合国宪章》第 101 条规定,任用工作人员的权力归秘书长所有。任用工作人员时,机构或单位主管批准推荐人选,经联合国秘书长授权的各机构或各大部门负责人最后批准推荐人选。

3. 通知录用结果

人事部门通知被录用候选人。联合国电子招聘系统通过电子邮件通知未被录用但被列入具备任职资格候选人名册(Roster)的人员。人事部门负责通知未被录用的其他人员。

如应聘人员(特别是内部应聘人员)对应聘程序有争议,或不服征聘结果,可向上诉机构(如联合国争议法庭)提出申诉。如上诉成功,当事人可获得相应的补偿。

(二)录用类别

国际组织职员的录用类别主要分为临时任用、定期任用与连续任用三种。以联合国为例,根据联合国《工作人员任用与晋升细则》4.11—4.14 内容显示,录用的类别可分为临时任用、定期任用与连续任用工作人员三种。具体的合同使用情况见劳动关系管理章节。

四、有效性评估

招聘的有效性是指组织在招聘的过程中,利用决策、组织、协调等职能来优化招聘活动的过程,合理配置招聘工作过程中的各种资源要素,提高招聘的管理效率和水平,从而通过"有效管理"等来最大限度地实现招聘目标。衡量人力资源招聘工作的有效性等,实质上就是要考察招聘目标的实现程度。

国际组织人力资源招聘的有效性评估充分地考虑了招聘结果、成本、质量、渠道和方法这四个方面,形成了招聘有效性评估的标准,如下所示。

结果:

- 招聘和甄选过程及时、透明、没有歧视和不适当的影响;
- 合适的时间选择和安排合适的人选;
- 新职员适应工作要求,快速提高工作效率,并按照预期保留在组织中。

指标:

- 使用可靠和客观的评估工具;
- 空缺率和保留率;
- 定向和入职培训计划已经到位;
- 实施性别和地域分配政策。

【案例分析】

案例一 张某的国际组织求职经历

1984年,张某从南京大学土壤系毕业分配到中国农业科学院工作,1989年考取了荷兰的瓦赫宁根大学攻读硕士学位,专业是数量化土地评价。他没想到这一选择竟给他带来了职业生涯的重大转换,使他成为联合国环境规划署的一名国际公务员。

1992年4月,张某听朋友说联合国环境规划署有一个职位空缺,要求的条件是相关专业以及年纪,刚好这两个条件张某都具备了,加上他还有 5 年的国内相关工作经历,于是张某就决定申请这个职位。当时联合国环境规划署的一位高级项目官员专门来为他面试。面试还算轻松,大约持续了一个小时,主要问了一下以前的工作都做了什么,还有他对环境问题的一些基本看法。张某顺利地通过了面试,成为设在肯尼亚首都内罗毕的联合国环境规划署的一名项目官员。

后来张某才知道,在联合国有一个统一的正式聘任程序,一般是本人申请,并提供个人的情况资料。联合国比较注重专业对口,如果觉得你的经历和专业与聘任职位比较吻合,就可以进入第二个程序——面试。面试由 3—4 人组成的挑选小组主持。面试之后,挑选小组会作出结论,提交到招聘委员会,招聘委员会审查之后再推荐到机构主要负责人签署。

案例二　吴某(前联合国副秘书长),从初级外交官到高级外交官再到国际公务员

吴某是一位资深外交官,从 20 世纪 70 年代起就开始从事外交工作。1983 年到 2000 年,他从一名初级外交官升任至中方首席谈判代表,全程参与了中英有关香港的谈判,见证了香港回归。之后他又先后担任了外交部西欧司副司长、中国驻菲律宾大使、主管欧洲地区事务的外交部部长助理和驻德国大使。

2012 年,60 岁的吴某又被中国推荐担任联合国副秘书长。从一名中国外交官变身为国际公务员,成为第八位出任联合国副秘书长的中国人。吴某登上央视《开讲啦》栏目,讲述了在联合国的工作。他透露,自己是通过一系列面试,才顺利成为联合国副秘书长的:先是 4 位副秘书长一起与吴某面试两个小时,后来时任秘书长潘基文又特地与他谈了两个小时。潘基文秘书长曾问吴某这么一个问题:你觉得一个优秀的联合国副秘书长,是一个优秀的运动员,还是一个优秀的管理者?

【讨论】

1. 案例中的张某和吴某是分别通过什么招募方式了解到国际组织

的职位空缺信息的?

    2. 根据张某的经历,国际组织的面试一般是怎样进行的?

【思考题】

    1. 国际组织人力资源招聘要遵循什么原则?

    2. 国际组织人力资源招聘有什么特点?

    3. 国际组织人力资源招聘的渠道有哪些?

    4. 国际组织一般如何甄选人才?

第七章　国际组织职业生涯管理

职业生涯管理是人力资源管理框架中的重要一环,在这个过程中,国际组织为职员提供职业发展支持,帮助职员进行自我评估,确定职业目标,实现自我价值。与此同时,国际公务员在自我实现的过程中不断为组织创造价值,帮助组织履行国际义务,从而实现双赢的目标。因此,为建立一支充满活力、适应力强、参与度高的国际公务员队伍,做好职员的职业生涯管理工作尤为重要。

本章将从国际组织职业生涯管理的含义、特点,职业生涯管理的一般流程、方法,分阶段的职业生涯管理阶段特征与管理策略几个方面对国际组织职业生涯管理进行介绍。

第一节　国际组织职业生涯管理概述

一、国际组织职业生涯管理的含义

职业生涯是指个体职业发展的历程,一般是指一个人一生经历的所有职业的总和。[1] 职业生涯管理是组织为了更好地实现员工的职业理想和职业追求,而对员工的职业发展所采取的一系列管理活动,最终达成组织利益与个人职业成功最大化的目的。[2] 国际组织职业生涯管理是指国际组织为了更好地帮助国际公务员实现职业理想,而对其职业历程和职

---

[1]　Gary Dessler,*Human Resource Management*,*15 Edition*,Pearson Publisher,2013,p.309.

[2]　董克用主编:《人力资源管理概论》(第三版),中国人民大学出版社 2011 年版,第 234 页。

业发展进行的一系列管理活动。其中,包括帮助员工进行自我分析与定位、确定职业生涯目标、制定职业生涯策略并不断进行评估修正四个方面。

二、国际组织职业生涯管理的特点

与一般企业的职业生涯管理相比,国际组织职业生涯管理主要有三个特点,包括提供良好的职业发展机会;建立有效的职业支持系统;职业发展途径以横向职业发展为主,其中特别注重地域的流动。

(一)提供良好的职业发展机会

国际组织肩负着多种国际任务,组织内部设置了多种类型的职业。这意味着在职员的职业发展过程中,国际组织不仅可以提供不同职能、部门,甚至可以提供跨组织或工作领域的发展机会。这样的发展机会可以给职员多种锻炼机会,积累经验,提供广阔的视野和富有挑战性的工作,同时也要求职员进行专业学习,付出更多精力和努力来争取。[1] 以国际劳工组织为例,积极地支持与其他组织之间的双向流动,特别是通过跨机构流动机制与联合国共同系统内的组织之间的双向流动。[2]

国际组织建立了全面的工作网络,涉及管理和行政、经济、社会和发展、政治、和平和人道主义等多个职类。国际组织职员可以获得在复杂国际环境下的工作经验,使综合能力得到提升。符合条件的工作人员可以根据其背景和职业兴趣加入一个或多个工作网络,从而为员工的发展提供了灵活多变的发展方向。

(二)建立有效的职业支持系统

国际组织为职员的职业发展提供有力的职业支持,建立有效的系统

---

① 联合国职业网站链接:https://career s.un.org/lbw/home.aspx? viewtype = BG&lang = en-US。

② 国际劳工组织:《局长人力资源管理领域改革行动计划所产生的提议》,2014 年 1 月 28 日,见 https://www.ilo.org/gb/GBSessions/previous - sessions/GB320/pfa/WCMS _ 236084/lang-en/index.htm。

以增强和支持职员的职业决策。国际组织通过一系列评估工具,例如迈尔斯—布里格斯类型指标(Myers-Briggs Type Indicator,简称 MBTI)、卡片排序等,帮助员工认识和了解自我,而后把通过自我评估的结果、员工的职业兴趣、个人历史资料与已有的通用职位说明信息相结合,实现人—职匹配,帮助其进行职业选择。以联合国为例,当组织内出现选择职业的目标岗位空缺时,Inspira 系统将会给职员发送提醒。选择完职位后,组织会指导职员制订未来 6 个月内的职业发展目标和行动计划①。同时国际组织会在工作点设置职业发展单位,并且通过主管、职员、国际组织三方提供的职业支持不断推动职员职业发展目标的达成。

(三)以横向职业发展为主,注重地域流动

职业生涯发展有横向与纵向两个途径,横向职业发展指的是职员现有级别不加变化的调动,例如工作轮换;纵向职业发展则涉及职员级别的变化。国际公务员的职业生涯发展主要以横向职业发展为途径,并且非常重视职员的地域流动。

在国际组织中,拥有不同工作地点的工作经历和经验将对职员职业生涯发展起到积极作用。对于有升任高级职位意愿的国际公务员,则必须进行地域流动,这是为了确保高级管理人员通过接触不同的工作地点对组织工作有更广泛的了解,从而提升应对职业生涯中各种问题的能力。这一点在联合国②、世界卫生组织③,以及联合国粮食及农业组织④等都得到了充分的体现。

第二节　国际组织职业生涯管理的流程

国际组织职业生涯管理的流程一般分为五个流程,包括员工评估、科

---

① 联合国人力资源门户(UN HR Portal):Career Workbook-Part 1:Career Planning-Ingredients for an Action Plan:https://hr.un.org/page/ career-workbook-plan-your-career。

② 联合国秘书长的报告:《流动》,2018 年 9 月。

③ WHO,*Geographical Mobility Policy*,2016 年 1 月。

④ 联合国粮食及农业组织网站链接:http://www.fao.org/ employment/ what-we-offer / career-development/zh/。

学定位、制定与实施职业生涯策略、确定职业发展目标、评估与修正。国际组织在各个流程中及时提供职业发展帮助，传达职业发展的有关信息，给予员工公平竞争的机会。

一、员工评估

国际组织职业生涯管理的第一步是员工评估，包括员工的自我评估和组织对员工的评估，该步骤的主要任务是开展职员个人评估、组织对员工的评估两项工作。

职员个人评估是职员对自身兴趣、能力、需求及目标的评估，这是国际组织对员工进行职业生涯管理的基础。在员工进行自我评估的过程中，国际组织会提供问卷、量表、手册等工具。以联合国为例，为帮助员工做好职业生涯规划，联合国为员工制定了《职业工作簿》，其中包括个人评估指导手册，以帮助员工确定其价值观、职业兴趣、优势和成就、技能和偏好等内容。员工可以将此分析结果发送给联合国职业资源中心团队，团队将安排专人为员工提供指导，详细的管理方法将在本章第三节国际组织职业生涯管理的方法中进行介绍。

国际组织同时也会对员工进行评估，通常通过获取员工的技能清单、绩效考核报告、地域流动性工作经历、培训状况以及员工的个人评估结果等资料，或利用评估中心技术来对员工进行评估。

二、科学定位

国际组织根据员工评估结果，与职员一同对所处环境进行深层次的分析，并根据员工自身特点设计相应的职业发展方向，帮助员工获得清晰的职业定位，帮助员工选择合适的职位，进行人职匹配。

要进行准确的职业定位，则必须要提前做好职业信息的全面搜集。国际组织通常会用通用职务简介来说明不同类型的职位，每个简介包括职责说明以及职位规范。这些说明帮助职员确定自身是否具备担任此类职位的资格，从而进行科学的职业定位，也有助于员工开展上岗前的职业准备。以联合国为例，为帮助职员及时获得适合的职业，目前联合国重新划分了九大职类,为通过 MBTI 测试初步确定了职业兴趣的员工提供了可以适配的工作机会,为职员在 Inspira 系统中设置了提醒功能,每当 Inspira 系统中出现与职员搜索条件相匹配的空缺职位时,将对职员发送电子邮件作为提醒。

三、制定与实施职业生涯策略

帮助员工制定和实施职业生涯策略,就是指国际组织员工需要明确为了实现职业发展目标需要采取哪些行动规划,而国际组织在此过程中需要提供各项支持以帮助员工顺利执行该行动规划。这一过程主要是要决定"应该做什么""怎么做"的问题,如国际公务员在实现较高的职业发展目标时,应该要寻求各种职业晋升机会,并且为了获得该机会,需要不断参加学习和培训以增进其核心竞争力。

国际组织在总部和各主要工作地点设立的中心或特派团的职业发展单位,向工作人员提供全面的职业支持建议和资源。另外,在整个职业生涯管理过程中,通过提供职业工具、职业辅导、各项学习机会、晋升和工作转换的机会等方式帮助职员克服职业生涯中的难题,提升职员实现职业发展目标的能力,予以展现个人能力与价值的平台。国际组织为员工提供职业发展工具和职业辅导的具体实现方式将在本章第三节国际组织职业生涯管理的方法中详细介绍。

国际组织中在职业生涯管理中注重组织、管理人员和工作人员之间的联动关系,强调三者共同分担职业成长和发展的责任。为强调三者的共同责任,国际组织加强了问责制。根据联合国的职业发展政策,联合国要提供一个机会框架包括必要的支助方案和制度;管理人员要为职员职业发展提供帮助;工作人员则应致力于自己的专业成长。方案/各级管理人员在继任和资源规划以及提供资料、支助、辅导和教导方面接受问责。工作人员个人要负责作出职业决定,制订个人发展计划和掌握所有技能。

四、确定职业发展目标

国际组织在帮助员工进行自我评估和定位后,下一个环节是确立员工职业发展目标。职业发展目标的确立将为员工的职业生涯发展提供源源不断的动力,是职业发展的关键。

员工职业发展目标的确立,不仅仅要考虑职员的职业定位,同时要结合国际组织的发展目标。国际组织因肩负国际使命,管理国际事务,需要一支可流动、面向全球、高绩效、多语种、多样化的①国际公务员队伍,因此在国际组织帮助员工确定职业目标时,除考虑目标的可行性外,还要考虑是否跟组织的人才培养目标相匹配。当进行职业选择后,联合国根据SMART 目标原则(即目标应该是具体明确的、可测量的、可实现的、与职业定位和职业兴趣等相关的、有时限的),指导职员制定未来 6 个月内的职业发展目标和行动计划。

五、评估与修正

由于职员未来发展具有不确定性,因此职业生涯规划不是一成不变的。国际组织的内外部环境和职员个人条件的变化或追求的改变都会使国际公务员的职业生涯规划发生改变。因此,国际组织会对职员的职业生涯规划进行一个回顾,审查职员的职业定位和职业发展方向是否发生改变,评估职员现有的职业生涯规划的合适性。若不合适,国际组织将帮助职员通过反馈和修正来调整生涯路线、变更实施计划等,修正的内容主要包括重新选择职位和修正生涯目标等。

国际组织在帮助职员进行职业生涯评估与修正的过程中,一个重要依据是绩效评估结果,主要是对由主管帮助个人制订的个人目标进展情况进行评估。在国际组织中通常由组织中的管理者根据绩效评估结果为职员提供具体的反馈和修正建议,这就要求管理者有一定的绩效管理能

---

① 联合国大会:《2019—2021 年全球人力资源战略:建立一个更有效、透明和负责的联合国》,2018 年 9 月 12 日,见 https://undocs.org/zh/A/73/372。

力,因此国际组织提供相应的绩效管理培训机会,以确保管理者能够为职员提供专业和准确的指导建议。

以联合国儿童基金会为例,它开展了一个新人才计划(New and Emerging Talent Initiative,简称 NETI)吸引初级到中级专业水平的外部人才,针对通过这个计划进入组织的职员,儿童基金会对其进行评估,最后的评估过程包括一个具体的绩效评价、指定教练和导师及全面审评小组总结的书面发展报告。基于反馈和书面评估报告,高级管理人员组成的全面审评小组,根据评估学员的业绩并确定其是否适合常规职位,或必要时,离开联合国儿童基金会。[①]

第三节 国际组织职业生涯管理的方法

国际组织为给职员提供有力的职业生涯发展支持,采取了多样的职业生涯管理方法。本书将国际组织职业生涯管理的方法进行了归纳整理,可大致分为举办职业生涯会议、编制职业生涯规划工作簿、开展职业生涯咨询与辅导三种。其中,开展职业生涯的咨询与辅导贯穿于职员在国际组织整个职业生涯过程中,是使用最多的方法。

一、举办职业生涯会议

职业生涯会议是国际组织人力资源管理部门为给职员传达组织有效的职业生涯管理信息而制订的职业生涯规划活动。具有代表性的有:基于能力提升的研讨会、"双重职业"介绍会、退休咨询会等。除此之外,还有各种人力资源管理和开发问题的信息发布会。职员可以在纽约职业资源中心(the Career Resource Centre/New York)获取各种职业生涯会议的信息。

(一)基于能力提升的研讨会
国际组织重视在国际公务员的整个职业生涯发展过程中保持胜任素

---

① 联合国儿童基金会网站链接:https://www.unicef.org/chinese/about/employ/index_46145.html。

质并不断学习与发展。因此,国际组织根据胜任素质模型,为职员提供了真正宝贵的机会。国际组织会根据员工个人的职业发展、绩效管理的现状、基于面试的胜任素质等方面的情况进行研讨,进而促进职员提高自身的能力。

(二)"双重职业"介绍会

国际组织鼓励同一工作地点的所有国际组织分享空缺通知,以便于征聘职员配偶。如果配偶双方都是国际组织职员,只要符合任职资格,组织将尽力协助他们在同一工作地点执行任务。

而"双重职业"介绍会则是针对职员伴侣或配偶的职业发展问题作出的管理策略情况介绍。通过这种形式,定期向职员的伴侣或配偶传达组织提供的有关支持的信息,明确获取支持的途径与方法。

(三)退休咨询会

为帮助职业生涯后期的职员做好退休前后的规划,国际组织还会通过举办退休前的咨询会,提供预退休培训,了解退休职员的意向,帮助职员着手具体退休行动。以联合国为例,联合国每两年就会开展一次退休前的信息介绍会。

二、编制职业生涯规划工作簿

为了更好地对国际公务员提供职业发展的指导,国际组织会编写职业生涯规划工作簿或职业生涯规划手册。

以联合国为例,联合国编写了《职业工作簿》,该工作簿由职业规划、职业工具、职业过渡三部分组成,分为入门、认识自己、行动要素、职业高原、可转让技能、情商、管理声誉、建立职业联系、工作勇气、了解工作世界共十章。

本书中重点介绍了认识自我的个人评估手册的内容(见表7-1),其他内容读者可通过人力资源门户网站①自行学习。

---

① 联合国人力资源门户网站链接:https://hr.un.org/page/career-workbook-plan-your-career。

表 7-1 联合国职员个人评估指导手册

项目	目的	内容
职业生涯回顾	思考哪些行动对个人的事业产生积极的影响将有助于进一步推进职业发展	• 您以前发起的哪些经历或行动对您的职业生涯产生了积极的影响？哪些类型的组织支持有助于您的职业发展？ • 如果您已经改变了工作地点和职能，是什么在过去帮助了您？ • 是否有人给您的配偶和孩子提供相关支持？
展望未来	帮助职员把短期和长期的未来可视化，帮助职员了解"我想做什么？""我想去哪里？""我需要什么样的技能和知识？"	• 在未来几年里，您想要什么样的工作任务或职业发展？您需要做哪些准备？谁可以帮助您获得期望的工作所需的经验？ • 您需要培养哪些技能和知识才能完成这些任务和职业发展？
工作偏好和个人动机评估	工作偏好和个人动机的满足将影响职员职业生涯中的表现	• 您的长处是什么？您具备哪些具体技能可用于其他职位？您的工作经验有何独特之处？ • 您的工作偏好是什么？ • 哪些价值观驱动或激励您（例如，成就、创造力、与众不同、金钱或服务）？
职业价值观评估	帮助职员将职业规划重点放在对本人有激励作用并符合价值观的领域	通过卡片排序的方式探索对员工而言最重要的价值观顺序。卡片内容由美国明尼苏达州明尼苏达大学继续教育学院提供，包括工作抗压性、学习挑战、领导力、多样性、合作、安全性、独立性、平衡度、归属感、友谊、精神满足、位置等相关项目。在完成职业价值观排序后，引导职员思考： • 为什么该价值观对您来说是重要的？ • 在您目前的工作中，这种价值观是否得到了满足？
技能评估	帮助职员确定个人技能情况	通过技能卡排序的方式，指导员工根据技能兴趣程度对技能卡上显示的 42 项技能进行评价。该技能卡由美国明尼苏达州明尼苏达大学继续教育学院提供；在完成技能卡排序后，引导职员思考在工作中使用这项技能的频率和情况
个性评估	帮助职员确定和了解个人的个性类型，帮助找到个人的优势所在	使用迈尔斯—布里格斯类型指标（MBTI）为职员提供个性类型的详细说明，进一步引导员工思考其适合的职位类型和工作环境

资料来源：联合国人力资源门户网站：https://hr.un.org/page/career-workbook-plan-your-career。

三、开展职业生涯咨询与辅导

即使有了完备的职业生涯工作簿,仍然难以避免员工在制订职业生涯规划的过程中出现一些困惑和问题,所以组织有必要为员工提供职业生涯咨询与辅导。这些职业咨询与辅导来源于一些专家诊断和咨询。这里的专家并非一定是外部的高级职业顾问,也可以泛指一些组织中高层次的、经验丰富的成功人士,可以由他们定期不定期地听取员工在职业生涯规划上的问题。以联合国为例,组织积极鼓励让 P4 级或更高级别的员工成为年轻专业人士的职业生涯导师。

(一)职业咨询

国际组织会为职员安排职业咨询师或私密的职业教练,职员可以与咨询师或教练进行一对一的会议交流。国际组织开展的职业咨询不仅仅面向组织内的职员,同时也为有意进入国际组织的人员提供线上的职业咨询,帮助应聘者在进入组织前充分了解职业发展。职业咨询课程适用情形见表 7-2。

表 7-2　联合国咨询课程适用情形

	适用情形
职业咨询	• 发展遇到瓶颈,不确定如何推进职业生涯 • 想超越当前的职业选择,探索其他可能实现的方法 • 需要帮助填写员工的个人历史档案(PHP)和求职信 • 想为面试练习

资料来源:联合国人力资源门户网站:https://hr.un.org/ page/career-counse lling-and-coaching。

(二)职业辅导

职业辅导是一个使职员能够识别和利用现有资源,作出与职业相关的决策并管理与职业相关问题的过程。职业辅导可以通过专业的职业辅导平台、构建指导关系来实现。专业的职业辅导平台可以依托网络提供及时和远程的指导,打破距离的束缚。以联合国为例,国际公务员可以通过电子邮件预约的形式报名预约专业的职业顾问或教练预约职业辅导课程,职业辅导课程适用情形具体如表 7-3 所示。

表7-3　联合国辅导课程适用情形

	适用情形
职业辅导	• 需要有关如何与员工的团队、经理或员工的主管互动的建议 • 希望对提供绩效反馈更有信心 • 想知道如何更有效地处理困难的谈话

资料来源:联合国人力资源门户网站:https://hr.un.org/ page/career-counse lling-and-coaching。

同时,国际组织职员与其导师、主管、国际组织构建了明确的职业指导关系,职员可以随时寻求职业辅导,根据国际组织职业生涯管理的问责制度,任意一方都有责任为职员的职业发展提供有效的辅导。以导师计划为例,每一个国际组织的职员,都会安排一个职业生涯导师,导师会进行知识共享,指导职员工作上的难题。对职员来说,导师为职员给予的工作指导、情感关怀可以帮助员工不断提升能力,还能使职员在此过程中获得成就感,实现职业发展目标。

第四节　国际组织分阶段的职业生涯管理

根据职员特征、对工作的需求以及组织管理策略,本书将国际组织职业生涯管理分为四个阶段:初进组织阶段、职业生涯早期、职业生涯中期和职业生涯后期。在此基础上讨论国际组织对国际公务员进行的 ·系列职业生涯管理举措。表7-4总结了不同职业生涯发展阶段的职员特征、对工作的需求以及组织管理策略。

表7-4　不同职业生涯发展阶段的特点

职业生涯发展阶段	职员特征	对工作的需求	组织管理策略
初进组织阶段	对新环境还不适应,处于探索阶段	快速融入新环境,熟悉新工作	1. 帮助职员认识工作全貌; 2. 帮助职员适应新环境

职业生涯发展阶段	职员特征	对工作的需求	组织管理策略
职业生涯早期	对职业发展进行长远规划,渴望能胜任自己的工作	能够做好本职工作,并得到快速的成长。同时希望对自己的职业发展进行科学长远的规划	1. 建立职员的职业档案; 2. 建立主管与职员适时沟通制度; 3. 发挥导师的重要作用
职业生涯中期	具有较为丰富的工作经验和成熟的思想,容易自我满足和遇到职业瓶颈	希望突破职业发展瓶颈,同时能做好工作与家庭之间的平衡,获得组织的承诺	1. 强化职员的专业能力; 2. 注重职员的精神激励; 3. 帮助职员实现工作与家庭的平衡
职业生涯后期	获得了一定的成就和地位。奋斗期望减弱,希望能维持现有的地位和成就。由于这部分人才非常宝贵,很多人退休后会继续工作,如当顾问、教师等	计划退休安排,寻找继任,学会接受和发展新角色	1. 开展退休咨询,着手退休行动; 2. 做好退休职员的职业工作衔接; 3. 做好退休后的生活保障安排

一、初进组织阶段

(一)职员特征与对工作的需求

职员新加入一个组织,会处于不适应的阶段。首先,新职员会根据在招聘录用时收集到的信息初步形成期望和判断,这个阶段的职员,对任务角色和人际关系等都在试探和适应,对组织的一切都还不熟悉,所以职员会有压力。

职员可能会随着对工作及环境的熟悉,发现自己的期望和现实的差距,如果期望远高于现实,新职员可能会产生失落、不满的情绪甚至是离职的想法。由于国际组织的进入门槛较高,国际公务员的综合素质较高,由此对工作的要求也较高。如果国际组织不能满足其期望,国际公务员可能面临巨大的冲击。

处于初进组织阶段的国际公务员所处的困境主要是职员根据期望进行职业选择,他们希望发挥个人的知识和技能以满足组织的需要,同时希望从组织中得到收获。

（二）组织管理策略

针对初进组织阶段的职员，国际组织会采取一些策略来及时调整职员的职业期望以及帮助职员更好更快地融入新的工作环境。

1. 帮助职员认识工作全貌

国际组织在国际公务员入职前提供真实的工作预览，应聘者可以从中获得全面的信息，以抵消职员不合现实的期望。针对初进组织的职员，国际组织会帮助职员认识工作全貌，包括组织使命、战略目标、工作职责及规范和工作环境等。

2. 帮助职员适应新环境

国际组织为帮助职员适应新的工作环境，会开展系统的岗前培训，迎新活动等。以联合国为例，开展面向入门级专业人员的为期一周的迎新和发展计划，使职员更快更好地熟悉同事以及组织氛围。以 ITER 为例，ITER 组织开展一系列帮助新人适应环境的活动，国际职员和家属均需参加，内容涉及 ITER 计划背景知识、法国当地文化、法语学习等，帮助国际职员及家属尽快适应法国工作和生活。[①]

二、职业生涯早期

（一）职员特征与对工作的需求

当职员顺利调整好自己的期望后，便开始逐渐掌握工作要求，慢慢适应新的坏境和同事关系，同时更加希望学习和迎接挑战，职员便进入了职业生涯早期阶段。在这一阶段，职员更关注自己在组织中的成长、发展和晋升，他们开始慢慢寻求更大的职责与权力，设定他们的职业目标，调整自己的职业规划，渴望在职场中获得成功。

（二）组织管理策略

针对职员在职业生涯早期所表现出来的特征，组织给职员提供培训

[①] 刘砺利、于珈：《国际热核聚变能组织的人力资源管理探析及启示》，《全球科技经济瞭望》2015 年第 7 期。

机会,帮助调整并实现职员的职业生涯规划,关注他们的发展意愿和发展方向,在合适的时间提供机会和平台,促进职员的成长。具体来说,组织可以采取下列管理对策。

1. 建立职员的职业档案

组织需要建立职员的职业档案,详细掌握员工的学历、培训经验、工作经历、工作绩效、他人反馈信息、未来发展目标等各种与职员个人职业发展有关的信息,为职员的职业生涯发展管理提供信息依据,以实施准确有效的职业指导,以便做好人岗匹配,实现职业发展路径的科学、合理。国际组织建立职员档案的一个重要途径是建立技能清单,形成数据库,组织由此可以及时获取职员相关信息。

2. 建立主管与职员适时沟通制度

组织应该加强主管与职员的沟通。主管应该时常关注职员的工作情绪、对所担任职务的期望、对组织的期望以及自己未来的发展意愿等,以便组织能为职员制定科学有效的职业发展规划。

3. 发挥导师的重要作用

职员从初进组织起,便有一位较有经验的同事作为其导师,来帮助新职员更好地融入组织,当职员已经融入组织后,组织应该更加重视发挥导师的作用。导师应该为职员一些工作上的难题提出合适的建议,以引导职员更高效地做好本职工作;同时也应该时刻关注职员的工作习惯和特点,为其职业生涯规划进行针对性的指导,帮助职员规划科学合理的职业发展路径。

三、职业生涯中期

(一)职员特征与对工作的需求

职员经过前两个阶段的发展和适应,便进入了职业生涯中期。已经逐步明确了自己在组织中的职业目标,确定了对组织的长期贡献区,积累了丰富的工作经验,开始走向职业发展的顶峰。但与此同时,也会意识到职业发展机会随着年龄的增长和职业通道渐渐变窄而受到限制,产生职业危机感或者职业倦怠;同时家庭的负担也会在这个阶段凸显,比起职业生涯早期的职员将要承担更多的家庭责任,如何平衡工作和家庭也成为这个阶段职员面临的一项挑战。

(二)组织管理策略

对于职业生涯中期的员工,主要面临两个困境:一是如何度过职业生涯瓶颈期,另一个是如何平衡工作和家庭之间的关系。

1. 强化职员的专业能力

对于处于职业生涯高原期的职员,为帮助职员推动职业阶梯的前进,国际组织可以制定工作轮换和工作丰富化等策略来强化职员的专业能力。例如国际组织提供有针对性的系列培训和学习机会、通过流动框架提供工作轮换机会、丰富或扩大工作内容等形式,来帮助职员提高管理和领导能力,以晋升到要求更高的职位。

国际组织还有特别针对女性的职业生涯发展计划,共有 11 个国际组织为希望建立和扩展领导技能的 P3 级女性设计了一项"EMERGE——新兴女性领导人计划"[1]。联合国粮食及农业组织实施的地域流动计划,为员工增加职业发展机会和强化专业能力提供了机遇。数据表明,2014年至 2018 年 10 月间,已有 12 名参与该计划的员工得到晋升。[2]

2. 注重职员的精神激励

对于处于职业生涯中期的员工,组织应该注重员工的精神激励,例如通过表扬和授予奖状、勋章、荣誉称号或授权等方式,以缓解职员的职业危机感或职业倦怠。

表扬职员和给职员授予表彰可以满足职员的心理成就感,可在一定程度上替代晋升实现激励效果。以世界知识产权组织为例,2018 年依据"着眼未来""齐心协力""恪尽职守""创造卓越"核心价值观设置了四类个人奖以表彰对组织作出贡献的职员。

3. 帮助职员实现工作与家庭的平衡

国际组织中的职员除了要过职业生活外同时还要经历家庭生活,家

---

① EMERGE——新兴女性领导人计划:https://learning.unog.ch/node/9019。

② 联合国粮食及农业组织:《人力资源管理报告》,2018 年 11 月 16 日,见 http://www.fao.org/3/my337zh/my337zh.pdf。

庭对职员本身有着重大意义,也会给职业生涯带来许多影响。为帮助职员实现工作和家庭的平衡,缓和由于工作和家庭关系失衡而给职员造成的压力,尤其是双职工家庭和女性职员,国际组织采取制定双重职业(Dual Career)和人员流动方案、提供灵活的工作安排等措施。

国际组织制定的双重职业和人员流动方案旨在协助全球流动的国际组织职员及其家属建立联系,帮助员工解决职业生涯中的工作与家庭之间的矛盾。双重职业和人员流动计划协调当地外籍配偶协会的工作,这些协会在外地和总部工作地点提供信息、求职咨询和实际现场支助,以便利国际公务员及其家属进入新的工作地点。

以世界卫生组织为例,鼓励同一工作地点的所有国际组织分享空缺通知,以便利征聘职员配偶。如果配偶双方都是世界卫生组织国际公务员,只要符合任职资格,组织将尽力协助他们在同一工作地点执行任务。为确保职员在工作生活和个人生活之间取得良好的平衡,提供了灵活的工作安排和非全时工作等一系列选择。

四、职业生涯后期

(一)职员特征与对工作的需求

这个阶段是职员在组织中的最后阶段,职员开始逐步进入退休阶段。经过前期阶段的努力和奋斗,很多职员已经在职业上获得了一定的成就和地位。这个时期有两部分人:一部分人奋斗期望减弱,希望能维持现有的地位和成就;另一部分人仍然保持高昂的斗志,希望更进一步。

(二)组织管理策略

职业生涯后期的职员主要面临的是退休的问题,自 2018 年 1 月 1 日起,国际组织的退休年龄提高到 65 岁。国际组织这个时候应该帮助职员做好退休前的各项心理和工作方面的准备,顺利实现工作状态到退休生活的过渡。

1. 开展退休咨询,着手退休行动

为帮助职业生涯后期的职员做好退休前后的规划,国际组织通过举办退休前的咨询会,提供预退休培训,了解退休职员的意向,帮助职员着

手具体退休行动。给老职员做好思想工作,不忽视职员与组织之间的沟通、联系和友谊。

2. 做好退休职员的职业工作衔接

国际组织应该及早进行交替者的培养工作。处于退休阶段的职员通常已经有较为丰富的工作经验,而且工作强度在此阶段也不会太大,因此国际组织可以充分利用这一特点,选好退休员工工作的接替者,让老职员指导新职员,培养接班人,做好退休职员的职业工作衔接。这样既可以发挥老职员的余热,又能够帮助新职员更快适应组织。另外,组织有计划地分期分批安排应当退休的人员退休,避免因为退休影响工作正常进行。

3. 做好退休后的生活保障安排

针对退休后享受生活的职员,国际组织为国际公务员提供了提前退休的可能,为退休的职员制定退休金保障制度以保障其退休后的生活。

针对达到退休年龄但是仍有工作激情的职员,国际组织保留重新雇用退休职员制度,使其可以重新发挥余热;同时为有计划从事第二职业的员工提供支持。

【案例分析】

世界知识产权组织职员的职业生涯故事

B(中文化名,原名 Bee Bee Moret-Tan)25 年前从马来西亚移居到瑞士日内瓦,并获得日内瓦大学计算机信息系统学士学位。在过去的 20 年中,她在联合国系统内的 IT 领域工作,目前是世界知识产权组织(以下简称 WIPO)通信部的高级数据库应用官员。接下来,让我们一起阅读她的职业故事。

Q:在工作过程中有什么是您刚开始没想到的吗?

"我没想到从事 IT 工作会如此令人兴奋和富有挑战性。技术在不断变化,因此您可以继续学习该领域的新事物。我感到鼓舞的是,基于我的知识,我每天都可以开发有利于本组织并对人们产生影响的应用程序和 Web 解决方案。"

"我没想到的另一件事是个人职业发展会有如此多的机会，在WIPO更是如此。我有机会选择是专门研究开发、项目管理、技术写作、用户培训、网络评估或数字营销。"

Q：您工作中最激动人心的部分是什么？您能否举例说明您在WIPO工作中面临的挑战呢？

"我真的很喜欢我的工作——它在智力上具有挑战性，并且看到工作成果和影响很令人感到兴奋。"

"在WIPO工作是一种荣幸。在这里，我们有机会发挥创造力并学习到更多。我会和我的主管聊很多，我们一起评估我想做的事和我擅长的事。我们可以得到大量IT领域的培训和良好的发展空间。我们也有很多乐趣及社交活动，例如与其他部门的同事共进午餐。"

Q：您认为您职业生涯中最大的奖励是什么呢？

"我最自豪的时刻是当我成为首位获得WIPO表彰奖的通信部职员时。我认为自己之所以能获得该奖项，是因为我的工作表现出了成就，而且同事和客户也对我表示赞赏。当用户感到满意时，我也会感到非常高兴。"

Q：您想与追求国际发展职业的人分享哪些重要的经验呢？

"拥有经验会很好。要在国际组织中工作，您需要有扎实的背景。我们所做的一切都会产生影响，我们正在为联合国和世界作出贡献。我们需要真正有才华的人。"

"您还需要对自己的工作充满热情，并相信您想要工作的组织。适应也非常重要，因为国际组织的环境是文化多样的。如果您想家，那么在另一个国家工作可能会有困难。"

Q：您为什么选择为WIPO工作呢？

"WIPO是一个伟大的组织，特别是在职业发展机会方面。这里有各种供您选择的发展道路，但您需要证明自己并展示一些成果。您可以联系人力资源部门讨论您想做什么以及到达那里需要什么样的培训。这绝对可以帮助您推动职业的发展。"

"我也有非常好的经理们，例如我现在的经理，他总是鼓励并支持我利用培训机会进行学习。这是一个非常健康的工作环境。我们被好人和快乐环绕。这就是为什么我选择留在这 17 年的原因。"

资料来源：Impactpool 官方网站：https://www.impactpool.org/articles/meet-bee-bee-moret-tan-senior-database-applications-officer-at-wipo。内容有删减。

【讨论】

请根据案例分析 WIPO 为 Bee Bee Moret-Tan 的职业生涯发展提供了什么支持。

【思考题】

1. 什么是国际组织职业生涯管理？

2. 国际组织职业生涯管理有什么特点？

3. 国际组织职业生涯管理的流程是怎样的？

4. 国际组织分阶段的职业生涯规划分为哪几个阶段？有哪些阶段特征？

第八章　国际组织人力资源培训

国际组织人力资源培训是国际组织人力资源实现增值的一条重要途径。随着人力资源对价值创造的贡献逐渐增加，人力资源的这种增值对组织的意义也日益重要。在一个"不负使命"的国际组织里，职员必须拥有实现其战略愿景和使命的技能。这就要求组织内的全体职员必须接受适当的培训和学习发展。

那么国际组织是怎样进行培训需求的分析、怎么制订和实施培训计划、怎么进行培训效果的评估的呢？本章将围绕国际组织人力资源培训概述、培训流程以及培训内容进行讨论，带领读者了解国际组织人力资源培训方面的内容。

第一节　国际组织人力资源培训概述

一、国际组织人力资源培训的含义

培训应该是使人力资本增值和创造智力资本的途径。国际组织人力资源培训是指国际组织中的培训管理者向组织中的国际公务员传授其完成本职工作、提高工作能力所必须掌握的态度、知识和技能（如与工作相关的知识、技能、价值观念、行为规范等）的过程。高质量的培训是组织有效实施人力资源开发战略的重要途径，同时也是组织风险小、收益大的战略性投资，英国经济学家马歇尔（Alfred Marshall）在《经济学原理》中指出，所有投资中，最具价值的是对人本身的投资。①

---

① ［英］马歇尔：《经济学原理》（上卷），朱志泰译，商务印书馆 1965 年版，第 232 页。

二、国际组织人力资源培训的特点

本书通过对国际组织的培训进行探究,总结出国际组织人力资源培训的三个特点,分别是:(1)培训内容侧重公共管理领域的伦理道德相关知识;(2)部分培训课程全员学习;(3)多种培训方式相结合,注重线上培训。

(一)培训内容侧重公共管理领域的伦理道德相关知识

由于国际组织的特殊性质,国际组织中的职员在公共管理伦理道德方面的要求会与一般的营利性企业有所不同。尽管每个国际组织的内部文化可能有所不同,但它们也面临着类似的道德挑战。对员工道德行为标准的培训促进了共同价值观的形成。因此国际组织的培训课程中对于职员的公共管理伦理学类的培训课程占有非常重要的位置,是国际组织职员的必修培训课程。

例如,联合国粮食及农业组织(以下简称"粮农组织")制定了对任何形式骚扰的零容忍政策①,组织侧重于提高对预防骚扰、性骚扰和滥用职权等的认识,并与联合国秘书处的课程对接,推出了一部短片以及一门名叫"和谐共事"的更全面的网上学习课程。此外,已完成一部有关预防性剥削和性虐待的短片,供粮农组织所有员工观看。

(二)部分培训课程全员学习

与一般的企业培训相比,国际组织的职员培训具有强制性。由于国际公务员的工作环境具有跨文化等复杂性,所有职员都有强制性的培训课程需要学习。例如,联合国的所有职员都必须接受一些具有联合国特点的培训课程,如《防止联合国人员的性剥削和性虐待》《信息安全意识基础》等。②

以世界卫生组织为例,组织于2018年5月通过i-Learn实行连贯一致的全球强制培训方针,要求各主管和规划负责人跟踪职员符合强制培训要

---

① 联合国粮食及农业组织:《人力资源管理报告》,2019年3月22日,见 http://www.fao.org/3/my901zh/my901zh.pdf。

② 联合国大会:《2019—2021年全球人力资源战略:建立一个更有效、透明和负责的联合国》,2018年9月12日,见 https://undocs.org/zh/A/73/372。

求情况。世界卫生组织关于预防骚扰、性骚扰和滥用权力的培训课程以及联合国"绝不容忍职工的性剥削和性虐待行为"培训课程的上课率均达90%以上。当前通过 i-Learn 进一步开设各种主题的强制性培训课程,以提高服务质量和职员绩效。① 在世界旅游组织,道德操守电子学习课程是必修课程,世旅组织所有级别的人员无一例外都必须完成道德操守课程的学习。该课程是通过联合国系统职员学院的平台提供的,其目的是增强在工作场所环境中要遵守的关于核心价值观和诚信标准的意识。②

(三)多种培训方式相结合,注重线上培训

国际组织的培训方式为讲师指导授课、短期派任实践、网络研讨会和在线学习等多种形式相结合,并呈现逐渐注重线上培训的趋势。与一般的企业培训相比,国际组织的培训课程中有大部分是在官方线上培训平台进行自主学习的。联合国全球上岗培训在线平台,将为新任职人员了解组织文化(包括对领导和管理能力的预期)提供统一平台。新任职人员和处于过渡人员将通过这一平台,根据自己的职等、工作地点和管理职责进行入职体验。平台将不断更新,以改善用户体验,并提供获取其他学习资源的途径。

例如,国际民航组织启动了一个新的在线资源库,其中包含管理和领导技能与技术课程;③粮农组织正在加大力度提供网上培训机会,并推广这一高成效、低成本的方法。这一做法使粮农组织能够为不同地点的所有员工提供培训,避免每年为同一课程重复支出费用。自 2015 年以来,粮农组织网上培训的利用率一直在稳定上升,在总培训量中的占比已从29%上升到 2017 年的 58%。④ 联合国培训的网站上会有针对各类职员所上传的培训课程,这种线上培训方式可以打破时间和空间的限制。世界

---

① 世界卫生组织:《人力资源:最新情况》,2020 年 1 月 23 日,见 https://apps.who.int/gb/ebwha/pdf_files/EB146/B146_48Rev1-ch.pdf。
② 世界旅游组织:《2019 年人力资源报告》,2019 年 10 月 1 日,见 https://webunwto.s3.eu-west-1.amazonaws.com/s3fs-public/2019-10/1_human_ressources_report.pdf。
③ 国际民用航空组织:《人力资源管理》,2019 年 7 月 4 日,见 https://www.icao.int/Meetings/a40/Documents/WP/wp_029_zh.pdf。
④ 联合国粮食及农业组织:《人力资源管理报告》,2019 年 3 月 22 日,见 http://www.fao.org/3/my901zh/my901zh.pdf。

卫生组织也拥有线上学习平台——i-Learn,它是全组织目前采用的线上学习和发展平台。

第二节　国际组织人力资源培训的流程

国际组织人力资源培训是指国际组织根据自身发展需要,针对组织的使命和任务而制订的关于培训工作的各种计划、方法和制度,并对培训效果进行总结、评估,从而达到对培训工作的有效管理。其主要目标是提高国际组织中各类职员的能力、素质,以此提高国际组织完成组织目标或使命的效率。

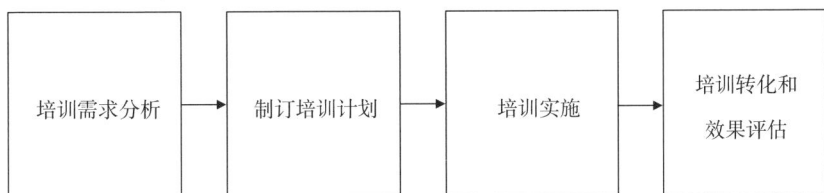

图8-1　人力资源培训流程示意图

一般来说,国际组织培训要按照下面的流程来进行(见图8-1):(1)培训需求分析;(2)制订培训计划;(3)培训实施;(4)培训转化和效果评估。①

一、培训需求分析

培训需求分析是整个培训工作的起点,它决定着培训活动的方向,对培训的质量起着决定性的作用。② 组织想要有效地开展培训工作,首先必须运用科学的方法做好培训需求分析,确定培训需求和项目,从而提高培训的有效性。

国际组织人力资源培训需求分析是指在规划与设计每项培训活动之

---

① 董克用主编:《人力资源管理概论》(第三版),中国人民大学出版社2011年版,第266页。
② 陈国海编著:《员工培训与开发》,清华大学出版社2012年版,第27—29页。

前,由培训部门通过运用各种办法和技术,对组织及成员的目标、知识和技能等方面进行系统的鉴别与分析,从而确定培训必要性及培训内容的过程。培训需求分析就是采用科学的方法弄清谁最需要培训、为什么要培训、培训什么等问题,并进行深入探索研究的过程。它具有很强的指导性,是确定培训目标、设计培训计划、有效地实施培训的前提,是现代培训活动的首要环节,是进行培训评估的基础,对组织的培训工作至关重要,是使培训工作准确、及时和有效的重要保证。

组织之所以会存在培训的需求,是因为企业目前出现了问题或者将来可能会出现问题,这些问题就是产生培训需求的"压力点",其主要来源于两个方面:组织层面的问题和个人层面的问题。但是,组织出现问题只是培训需求的可能性,并不是一出现问题就必须进行培训,只有当出现的问题通过培训能够得到解决时,组织才应当进行培训,这是培训需求的现实性。因此,培训需求既要有可能性,也要有现实性。

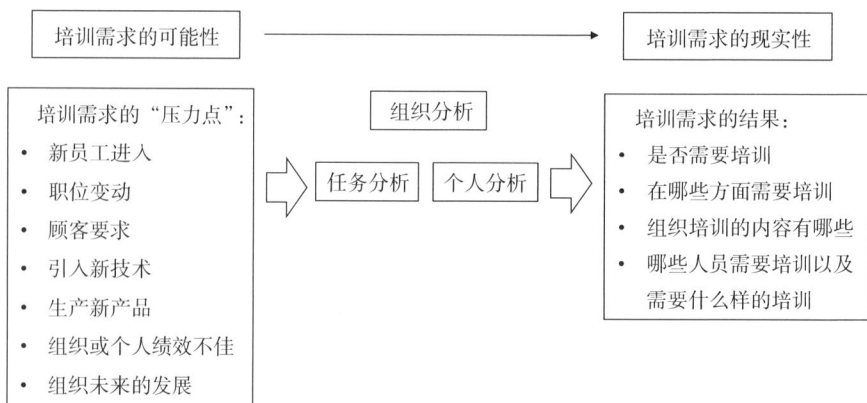

图8-2 培训需求分析示意图

资料来源:董克用主编:《人力资源管理概论》(第三版),中国人民大学出版社2011年版,第274页。

对于培训需求分析,最具代表性的观点是麦吉(McGehee)和塞耶(Thayer)于1961年提出的通过组织分析、任务分析和个人分析这三个方面的分析来确定培训需求(见图8-2)。

培训需求分析有多种途径,如从组织的战略着手,从现有职员的构成结构入手,从对组织的现有工作绩效进行分析入手,或由工作中的一些重大事件(一般为失误)入手,等等。举例来说,从组织战略入手,培训部门应该分析当前或者未来的战略对员工的要求是怎样的,以及如何利用相关的培训手段来使员工达到这些要求。

培训需求也可以从国际组织中的特定群体入手。这些群体可能是一个具体的单位、部门或者机构,比如维持和平行动部、世界知识产权组织;也可能是居于一个特定层次的职能,例如联合国维和警察;还可能是一种具体业务,或者仅仅是从事一项特殊任务的机构,如联合国艾滋病规划署等。

另外,一般的人力资源部门都会进行人力资源工作分析,编制组织中各个职位的工作说明书和工作规范,这是培训需求分析最容易获得的资料来源。工作说明书不仅说明了工作职责,而且指出工作应达到的绩效标准以及相应的工作中人的行为。工作规范则说明了工作对人的要求。由这两者可大致确定培训的目标,因为这是对职员最基本的要求。

二、制订培训计划

制订培训计划包括明确培训目标、培训对象、培训内容、培训模式等,其中培训模式包括了时间、地点两个因素的考虑。

(一)明确培训目标

培训目标是指培训活动所要达到的目的,从受训者角度进行理解就是指在培训活动结束后应该掌握什么内容、取得什么效果。培训目标的构成要素主要包括:内容要素、标准要素和条件要素,具体内容如表8-1所示。

表8-1　培训目标的构成要素

构成要素	培训目标
内容要素	组织期望员工做什么事情(知识、技能、态度)
标准要素	组织期望员工以什么样的标准来做这件事情
条件要素	在什么条件下要达到这样的标准

资料来源:董克用主编《人力资源管理概论》(第三版),中国人民大学出版社2011年版,第279页。

（二）明确培训对象和培训内容

国际组织的培训内容会因培训对象的不同而有所不同,因此需先确定培训的对象。

培训对象主要从以下三类职员中确定:(1)确实需要补充某项知识或者技能的人,包括新入职员工以及老员工;(2)因组织需要,要提拔、转岗、晋升的人,或因新技术、新工艺、新设备、新流程的推广和使用而需要培训的人;(3)因组织需要,或因个人长远发展的需要而需要培养的人。例如,联合国的业绩管理人员如果要晋升到更高管理岗位,需要完成相关的业绩管理培训方案,这种培训方案被组织作为业绩管理人员晋升的基本要求。

培训内容一般根据培训目标来制订。以粮农组织为例,为强化职员对粮农组织内部系统和程序的了解,提高员工履行职责的业务能力,组织制订了行政知识培训;为保持职员的技术能力,组织制订了相应的技能培训;为提高员工掌握粮农组织多种官方语言的能力,组织提供了语言培训;为提高管理层的管理能力,组织提供了基于结果的管理、成效管理和战略框架相关的培训。

（三）明确培训模式

确定培训模式是指国际组织根据培训内容和培训对象来确定合适的培训方式和培训时间等。

国际组织的培训方式有讲师指导授课、短期派任实践、网络研讨会和在线学习等多种形式。以联合国业绩管理人员的培训为例,鉴于业绩管理的性质,在这方面的学习活动和培训方案以互动方式进行会取得更好的效果,因此业绩管理培训方案的培训模式应尽量选择面对面的互动授课方式,但是可以配合提供补充性在线培训方案,其中可酌情包含深度背景资料和阅读材料。

如果培训方式选择的是线下培训,那么下一步还需要选择合适的培训地点和培训讲师。合适的地点有助于创造有利的培训条件,建立良好的培训环境,从而增进培训效果。培训地点的选择主要考虑的是培训的方式,应当有利于培训的有效实施。在选择培训讲师时应该从几个方面考察：良好的品质、完备的知识、丰富的经验和有效的沟通。国际组织的培训讲师一般是组织内部的高级管理人员或顾问。

三、培训实施

在确定了培训项目、培训对象和内容以及培训模式以后，便进入了培训实施阶段。针对不同的培训项目，会有不同的具体实施工作。实施培训是对培训计划的实际履行和控制。培训实施的效果不仅取决于实际实施培训的过程，而且取决于培训计划前后各个活动的协调状况。

但一般而言，对于线下的讲师授课类的培训项目的实施都包括如下几个方面的工作：第一步，接待培训讲师，在授课的当日最好都能够提前做好准备，这样可以使授课过程更加从容。第二步，由工作人员做好签到表，请参加培训的职员填写签到表，一方面可以更好地管理培训，另一方面为以后的培训效果评估收集信息。第三步，由工作人员向学员简要介绍培训讲师和培训项目，帮助大家从整体上把握培训，有助于增强培训效果。第四步，发放相关资料，也可以提前让职员自行准备培训材料。第五步，培训讲师开始授课。第六步，在培训课程快要结束的时候，向学员发放问卷，并回收，用作培训效果评估的依据。第七步，一系列的收尾工作，主要包括对培训讲师表达感谢、场地打扫、设备整理、培训资料归类整理等。培训工作人员在培训过程中要随时准备处理各种应急突发状况，并且要做好课间的服务工作等，耐心解答学员的各种疑问。

培训过程的实施方法需要针对不同的项目而做一定的调整。

四、培训转化和效果评估

（一）培训转化

国际组织人力资源培训的最终目的就是要改善职员的工作绩效并提高组织的整体绩效，因此职员必须要将培训中所学到的内容运用到实际的工作中去，这样培训才具有现实意义。如何将培训转化为绩效成果，是国际组织需要关注的一个重点。

培训的转化是指职员将培训过程中所学到的知识、技能、行为和态度应用到实际和未来工作当中去的过程。培训成果能否顺利转化并且长久保持转化效果,受多重因素的影响:受训者的特点、培训项目的设计、工作环境等。其中受训者的学习能力和学习动机以及在实际工作中运用新技能的动机和能力都会对转化效果产生影响;在培训中,给职员提供相似的环节、实践机会、反馈等都能够帮助员工学习并维持培训成果。此外,良好的工作氛围、上级和同事的支持、拥有执行机会和技术支持等也都会加速培训转化的过程。

培训活动的最后一个环节就是对培训效果进行评估和反馈。培训的效果评估是指收集培训成果以衡量培训是否有效的过程。它是培训流程中的一个重要环节,是衡量组织培训效果的重要途径和手段。通过评估,管理者可以知道:学员的知识和技能得到了怎样的提高和更新,态度和行为有何改变,工作表现产生了怎样的变化。培训效果评估主要包括两个方面的内容:培训效果评估的标准;培训效果评估的设计。需要说明的是,评估是为了改进培训质量、增强培训效果、降低培训成本。针对评估结果,重要的是要采取相应的纠偏措施并不断跟踪。

(二)培训效果评估

1. 评估标准

培训效果评估的标准就是指要从哪些方面来对培训进行评估。由威斯康星大学教授唐纳德·柯克帕特里克(Kirkpatrick)于1959年提出的四层次评估模型将培训效果评估的标准分为四个层次的内容:反应层、学习层、行为层和结果层,具体内容如表8-2所示。

表8-2 四层次评估模型

层次	内容
反应层	受训人员对培训项目的反应和评价,是培训效果评估中的最低层次。它包括对培训师、培训管理过程、测试过程、课程材料、课程结构的满意程度等
学习层	反映受训者对培训内容的掌握程度,主要测定学员对培训的知识、态度与技能方面的了解与吸收程度等

层次	内容
行为层	测量在培训项目中所学习的技能和知识的转化程度,学员的工作行为有没有得到改善。这方面的评估可以通过学员的上级、下属、同事和学员本人对接受培训前后的行为变化进行评价
结果层	用来评估上述(反应、学习、行为)变化对组织发展带来的可见的和积极的作用。此阶段的评估上升到组织的高度,但评估需要的费用、时间、难度都是最大的,是培训效果评估的难点

考夫曼(Kaufman)扩展了柯克帕特里克的四层次评估模型,他认为培训能否成功,培训前的各种资源的获得至关重要,因而应该在模型中加上评估社会和客户的反应这一层次的评估。他认为,培训所产生的效果不仅仅对本组织有益,它最终会作用于组织所处的环境,从而给组织带来效益。因而他加上了第五个层次。

2. 评估方法

培训效果评估方法就是指应当选择何种方法进行培训的评估。一般根据确定的评估目的和内容,选择评估的方法。对不同的培训可以采取不同的评估方法。培训效果评估的方法有笔试测验法、实操测验法、观察法、提问法(面试法)、案例测验法等。

第三节　国际组织人力资源培训的内容

国际组织根据不同的培训对象制订了不同的培训内容,下面以联合国为例,介绍国际组织职员的培训内容。根据联合国人力资源门户网站①资料显示,有些培训是针对所有职员的(安保、道德操守、性别平等),除此之外,也有针对其他各种不同职员制订的特定培训课程。

一、针对所有职员的培训内容

表8-3为针对所有职员的培训内容。国际公务员由于工作的特殊

---

① 联合国人力资源门户网站:https://hr.un.org/page/mandatory-learning。

性,公共管理伦理学方面的课程是所有职员均需参加的。

表8-3 针对所有职员的培训内容

培训对象	培训内容	培训方式
所有职员	BSAFE	在线学习
	预防联合国人员的骚扰、性骚扰和滥用职权——和谐地开展工作	
	工作场所导向计划中的艾滋病病毒	
	联合国的道德和诚信	
	信息安全意识基础	
	联合国人权责任	
	无性别歧视	
	防止联合国人员的性剥削和性虐待	
	防止联合国的欺诈和腐败	

二、针对新职员的培训内容

联合国的入职培训课程针对所有新职员,该培训课程通过讲师指导的课堂培训,为新入职人员提供关于本组织的基本信息和工作人员可用的资源,让新职员对本组织和国际公务员制度更加有归属感,同时让职员了解适应多元文化工作环境的态度和方法,具体内容见表8-4。

表8-4 针对新职员的培训内容

培训对象	培训内容	培训方式
新职员	组织的基本信息(包括其目标、历史、结构、规则和程序以及工作人员可获得的资源)	为期两天的讲师指导课程
	本组织制度和国际公务员制度	
	态度培训,有助于顺利适应多元文化工作环境	

三、针对管理人员的培训内容

联合国针对不同层次的管理人员也制定了针对性的培训内容(见表

8-5）。主管和经理需要接受的培训主要有绩效管理和发展学习计划以及防止性剥削和性虐待方面的线上学习课程；联合国 P4 级和 P5 级的职员需要通过混合式学习"管理发展计划"的培训课程；联合国 D1 级和 D2级职员需要通过混合式学习"联合国领导人计划"；联合国 ASG 级和 USG级职员需要接受为期一天的讲师指导课程——"高级领导人入职培训计划"。

表 8-5　针对管理人员的培训内容

培训对象		培训内容	培训方式
联合国管理人员	主管和经理	绩效管理和发展学习计划	在线学习
		防止性剥削和性虐待	
	P4 级和 P5 级职员	管理发展计划（Management Development Program，简称 MDP）	混合式学习
	D1 级和 D2 级职员	联合国领导人计划（取代原先的领导力发展计划 LDP）	混合式学习
	ASG 级和 USG 级职员	高级领导人入职培训计划（IPSL）	为期一天的讲师指导课程

四、针对特殊职员的培训内容

特殊职员指的是其岗位的工作性质与其他岗位有较大的差异。以联合国维和部队职员为例，维持和平部队的职位所需要完成的工作任务具有一定的特殊性和差异性，例如维和部队的职员大多数处于高安全风险的工作环境中，因此其各类职员所要接受的培训内容也具有自己的特点，具体内容见表 8-6。

例如，维持和平行动部领导的所有维和部、外勤部和外地特派团工作人员需要接受"维持和平的信息敏感性"的课程；在维和部领导的外地特派团至 D1 级/包括 D1 级的工作人员的培训是民用预部署培训；D2 级、ASG 级和 USG 级别新任命的维持和平行动高级领导人需要学习高级领导力计划（Superintendent's Leadership Program，简称 SLP）。

表 8-6　针对维和行动部职员的培训内容

培训对象		培训内容	培训方式
维持和平行动部的工作人员	维持和平行动部领导的所有维和部、外勤部和外地特派团工作人员	维持和平的信息敏感性	自定进度的学习活动
	所有参加维和任务的工作人员	特派团特定的入职培训	在各自的任务中举行为期 3—5 天的讲师指导课程
	符合 SSAFE 培训要求的工作人员	现场环境中安全可靠的方法（SSAFE），旨在为在高风险环境中工作的联合国工作人员实现全球标准	讲师指导的面对面课程
	在维和部领导的外地特派团至 D1 级/包括 D1 级的工作人员	民用预部署培训（CPT）	混合学习计划（9 小时电子学习＋5 天住宿课程，在乌干达举行）
	D2 级、ASG 级和 USG 级别新任命的维持和平行动高级领导人	高级领导力计划（SLP）＊在工作前的六个月完成	为期五天的住宿课程

五、针对其他职员的培训内容

联合国针对参加面试小组的职员制订了基于能力的选拔和面试技巧等培训内容；针对采购工作人员则制订了在线学习采购套件的培训内容，内容包括采购基本原则、采购中的道德和诚信、物超所值和采购手册概述（见表 8-7）。

表 8-7　针对其他职员的培训内容

培训对象		培训内容	培训方式
其他职员	参加面试小组的职员	基于能力的选拔和面试技巧	为期两天的讲师指导课程
		无意识的偏见	网络研讨会：1.5 小时
	采购工作人员	采购套件（采购基本原则、采购中的道德和诚信、物超所值、采购手册概述）	在线学习
		……	……

除了以上提到的各类职员,国际组织针对其他职员也制订了相对应的培训内容,本书就不一一介绍了。总之,组织需要根据具体情况选择合适的培训方法和内容,才能取得更好的培训效果。

【案例分析】

美国和平行动培训学院

自 1948 年国际维和行动实施以来,联合国一直对维和行动的培训工作高度重视。联合国维和行动部充分重视对员工的培训,认为接受过专业培训、高素质且多元化的维和人员是维和行动在错综复杂的局势中获得成功的关键性因素。

为了提高维和人员履行职责的能力,从联合国总部到维和行动出兵国,都根据任务需要建立了种类繁多、功能各异的维和培训和研究机构。近年来,总部位于美国弗吉尼亚州威廉斯堡的和平行动培训学院从激烈的竞争环境中脱颖而出,在联合国训练部门授权下推出了联合国和平支持行动培训认证项目,在维和行动前沿理论研究与任务区实践经验相结合方面进行了有益的尝试。

为加强和提高维和人员执行任务的能力,联合国大会于 1994 年 12 月 9 日通过决议,提出成员和安理会负有培训维和人员的责任和义务。此后,联合国训练部门专门制订了标准化训练模块,统一规范各出兵、出警国的维和训练要求,以满足任务区对人力资源能力素质的要求,特别是提高不同国家军、警、民之间协调行动的能力。目前,已有 44 个国家的 122 个官方和民间培训机构与联合国训练部门建立了合作关系,从事与维和行动相关的培训活动。

美国和平行动培训学院是一个专门从事联合国维和行动远程教育培训和研究的非政府组织。美国和平行动培训学院成立后迅速发展,已经建成世界范围内首屈一指的维和行动理论培训网络教学平台。目前,开设有 6 大类 29 门维和行动相关课程,先后推出了英语、法语、西班牙语、葡萄牙语、阿拉伯语 5 种语言的教材,现有注册用户 114 万人,已培训学员27万人,覆盖全球194个国家。

2014年,维和行动特别委员会在提交给联合国维和行动部的年度工作特别报告中,将和平行动培训学院作为成功案例推荐给各出兵、出警国,允许该机构向正在各维和任务区执行任务的军事、民事、警务等各类人员推广其相关课程,并且在此后的年度报告中延续了这一做法。这使得美国和平行动培训学院实质上成为联合国官方认定的网络培训机构,在该学院获得的课程认证得到了联合国官方承认,并成为各类维和人员专业资质认证的重要依据。

从官方发布的资料来看,和平行动培训学院已经成为维和行动理论网络培训和学术研究领域的重要力量。首先,和平行动培训学院高度重视与联合国相关机构及各种国际组织的合作。获得联合国维和行动特别委员会的认可,是和平行动培训学院近年来成功的关键因素。其次,它还与欧洲、非洲、美洲的维和行动培训联合会等地区权威机构建立了合作伙伴关系,为其向区域国家推广打下了良好的基础。

近年来,和平行动培训学院先后推出了一系列免费学习计划,获得了广泛的认可,具体培训课程见表8-8。例如,国家远程学习计划,提供给与其建立合作关系国家的培训机构免费使用;国际组织远程学习计划,免费提供给参与维和行动的各种非政府组织、政府间国际组织、民间志愿组织使用;大学和联合国参与者计划,提供给有志于参与联合国工作和研究的大学、学院等教育机构,作为学习、研究的补充教材或基本教材,从而使感兴趣的学者和参与方有机会接触到维和行动的第一手资料。

表8-8 和平行动专业培训课程

	军事课程	警务课程	民事服务	性别意识	后勤支持	人权事务
通用核心必修课程	维和行动基本原则和指导方针					
	联合国基本情况介绍					
	部署前通用培训课程					

续表

	军事课程	警务课程	民事服务	性别意识	后勤支持	人权事务
通用核心选修课程（完成其中2门）	联合国维和行动指挥体系					
	维和行为伦理学					
	维和行动中的性别平等					
	平民保护					
专业选修课程（完成其中3门）	国际人道法	国际人道法	人道主义保护行为	妇女、和平与安全课程	维和行动后勤支援	人权
	反雷行动	联合国警察业务	反雷行动	针对妇女暴力行为的防范	后勤支持保障	人权与维和
	军民协作	军民协作	军民协作	军民协作	联合国后勤支援高级研讨	军民协作
	解除武装、复原部队和重新安置武装人员	解除武装、复原部队和重新安置武装人员	解除武装、复原部队和重新安置武装人员	—	—	解除武装、复原部队和重新安置武装人员
	军事观察员课程	—	—	—	—	

【讨论】

　　美国和平行动培训学院的培训对象是哪些人？它的培训方式是怎样的？和平行动专业培训课程体现了国际组织培训的哪些特点？

【思考题】

　　1. 国际组织人力资源培训有什么特点？

　　2. 国际组织人力资源培训的管理流程是怎样的？

　　3. 简述四层次评估模型的内容？

　　4. 针对管理人员的培训内容有哪些？

第九章　国际组织绩效管理

绩效管理是一个系统工程,它赋予了管理人员权力,使他们对职员负责;同时它也鼓励职员更多地参与工作的规划、执行与评价,从而更好地实现组织战略目标。国际组织绩效管理通过管理人员与职员间持续的沟通及双方对工作计划及交付结果的共同责任,动态灵活地适应国际环境的变化,确保组织战略实现。

国际组织工作范围广、规模大,工作人员遍布于全球各个国家各个角落,国际组织管理内容的复杂性无疑也增大了绩效管理的难度,那么国际组织究竟是如何进行有效监督与管理组织内各业务各岗位职员的工作绩效,从而使每一工作人员个人目标与组织目标相结合以提高组织绩效的呢?

本章将主要介绍国际组织绩效管理的基本概念及主要内容,并从系统循环的视角探讨国际组织如何进行绩效管理。

第一节　国际组织绩效管理概述

一、国际组织绩效的含义

绩效是绩效管理的逻辑起点,一般意义是指工作的效果和效率。现代管理学之父彼得·德鲁克认为:对于聘请和提拔人,应凭绩效而不是个人潜力去判断,要从员工以往的成绩中发掘长处,然后用长处来配置适当的职位。[①] 由此而言,绩效是指对应职位的工作职责所达到的阶段性结

---

① ［美］彼得·德鲁克:《人与绩效:德鲁克管理精华》,闫佳译,机械工业出版社 2015 年版,第 200 页。

果及其过程中可评价的行为表现,它是岗位配置、晋升等一系列人力资源
管理活动的依据。①

对于国际组织绩效而言,则更强调对国际公务员未来培养方向的考
察。国际组织绩效是指职员在绩效周期内所实现的工作结果,及在过程
中展现的价值观、能力、个人发展的表现。国际组织通过对职员绩效的管
理,帮助他们进一步提升个人能力,从而更好地实现组织任务与目标。②

二、国际组织绩效管理的含义

绩效管理本身代表一种管理思想和管理观念,是对绩效相关问题系
统思考的集中体现,指组织及其管理者识别、衡量以及开发个人及团队绩
效,并使这些绩效与组织的目标保持一致的持续性过程。③

在国际组织中,绩效管理将基于管理者与国际公务员的持续对话与
反馈,通过对绩效结果的计划、交付与评估工作,和职员就所要实现的目
标互相沟通、达成共识,从而持续提升个人、部门和组织的绩效。

三、国际组织绩效管理的特点

(一)推行电子绩效系统

国际组织的工作范围已覆盖全球,在外地从事外勤业务的工作人员
人数众多,外地行动不断变化,规模大、地域分散,因此,出于绩效管理公
平透明、实效性与可信度的考虑,国际组织在整个组织范围内推出线上电
子绩效管理系统④,要求在系统中完成绩效管理的主要阶段,包括创建绩
效计划、绩效考核及绩效评价等,如世界卫生组织采用电子绩效管理和发
展系统(Electronic Performance Management and Development System,简称
ePMDS)对国际公务员展开绩效计划、绩效考核等工作,将职员的目标与

---

① 宋源编著:《人力资源管理》,上海社会科学院出版社 2017 年版,第 149 页。
② General Assembly of the United Nations, *Human Resources in UNDPA People-centred Strategy 2008–2011*,2008,p.3.
③ Gary Dessler,*Human Resource Management*,*15 Edition*,Pearson Education,2013,p.305.
④ 联合国大会:《人力资源管理改革概览:建设一支全球化、充满活力、适应力强、参与度高的联合国员工队伍》,2016 年 8 月 23 日,见 https://undocs.org/A/71/323。

其相关产出直接挂钩,并通过更经常性的反馈,及时发现并更快解决职员工作过程中出现的问题。① 同时,国际组织需要为各岗位工作人员及管理者进行强制性绩效管理培训②,从而更新支持绩效管理的电子工具。

(二)绩效目的侧重于职员职业发展

对于一般企业而言,绩效结果的应用多体现在员工个人的绩效回报上,如工资、奖金、股权等,但在国际组织中,绩效奖金并不占据国际公务员薪酬中的重要部分。国际组织将绩效管理结果作为导向,指导职员能力的进一步提升以及为职员寻求更好的职业发展机会。对于不符合绩效预期的国际公务员而言,将会为其制订最长可达 6 个月的绩效改进计划,通过积极的干预与支持,让国际公务员更好地确定目标并集中于工作内容。如若依然得不到绩效改进,部门管理者将通过与国际公务员的持续对话与沟通,为国际公务员寻求更适合的岗位,从而帮助他们的职业发展。

(三)绩效管理的责任主体更全面

一般在企业当中,绩效管理参与的主要角色是人力资源部门、直线经理与职工本身,但在国际组织中,绩效管理的责任主体更加完善与全面,如表 9-1 所示,角色包含国际公务员、第一报告员、第二报告员与人力资源部门四种角色,他们各司其职,强调对绩效评估与评价的结果负责,避免报告员与国际公务员之间存在绩效争议。

表 9-1 绩效管理参与主体

参与者	角色和职责
高级管理者	高级管理层在绩效管理过程中发挥着关键角色的作用,他们通常在 P5 级或更高的级别,担任国际公务员的第二报告员,负责以更高的领导能力为团队提供更清晰的愿景和方向

① 世界卫生组织:《人力资源:最新情况》,2020 年 1 月 23 日,见 https://apps.who.int/gb/ebwha/pdf_files/EB146/B146_48Rev1-ch.pdf。

② 联合国大会:《2019—2021 年全球人力资源战略:建立一个更有效、透明和负责的联合国》,2018 年 9 月 12 日,见 https://undocs.org/zh/A/73/372。

续表

参与者	角色和职责
主管和部门经理	主管和部门经理担任国际公务员的第一报告员,他们对第二报告员负责,遵循绩效管理流程,对国际公务员的绩效进行监督、反馈与评估
职员	职员作为国际公务员需要确保自己熟悉个人绩效计划及绩效管理制度,在商定的时间内达到计划目标,并与主管和部门经理讨论妨碍其充分发挥业绩的任何因素
人力资源部门	人力资源部门将团队目标与整个组织目标结合起来,在组织内推广组织价值观,指导部门经理和主管展开与职员的沟通与交流,从战略层面培养他们的能力与技能,尊重职员的需要,帮助个人成长与发展

资料来源:General Assembly of the United Nations,*Performance Management and Development System*,12 May,2010,见 https://undocs.org/ST/AI/2010/5/Corr.1。

第二节　国际组织绩效管理的主要内容

绩效管理是人力资源管理的核心之一,它将组织成员的工作行为和工作结果与组织期望的目标联系起来,通过持续提升个人、部门以及组织的绩效水平,最终实现组织的战略目标。国际组织绩效管理的年度周期从每年 4 月 1 日开始,至次年 3 月 31 日结束,它包括绩效计划、绩效沟通、绩效考核和绩效评价与反馈四大环节(见图 9-1)。[1]

绩效计划是绩效管理过程的起点,是被评估者和评估者双方对其应该实现的工作绩效进行沟通的过程,并将沟通的结果落实为订立正式书面协议,即绩效计划和评估表,它是双方在明晰责、权、利的基础上签订的一个内部协议。[2] 在绩效周期开始时,第一报告员将与其监督的国际公务员会面,以确保其了解工作单位的目标,讨论如何将国际公务员个人目标与单位、团队、组织目标联系起来。在国际组织中,绩效计划中的目标

---

[1]　United Nations Secretariat,*Performance Management and Development System*,2011,p.2.

[2]　宋源编著:《人力资源管理》,上海社会科学院出版社 2017 年版,第 153 页。

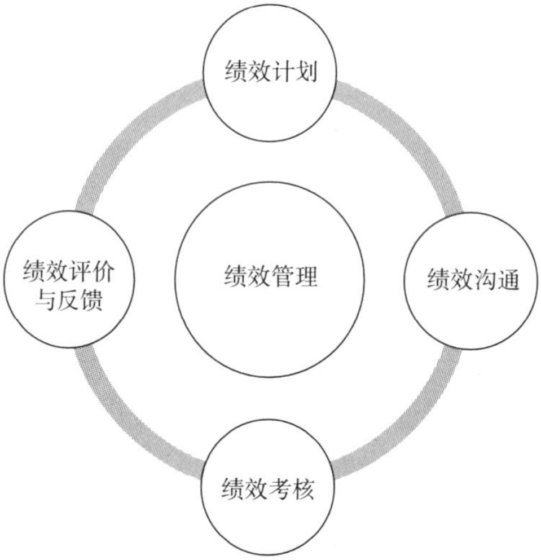

图 9-1　绩效管理四大环节

数量是没有限制的,其数目由国际公务员与第一报告员共同商定。通常来说,在一个绩效周期中国际公务员有4—5个工作目标。如若国际公务员与第一报告员对绩效计划无法达成一致的观点,则将由第二报告员出面参与解决出现的差异并为双方的冲突提供建议。①

国际组织的绩效沟通贯穿于绩效周期的整个阶段②,在绩效计划确定后,第一报告员将在绩效周期内与国际公务员进行持续(至少每周一次)的沟通与反馈,沟通的形式可以是正式或非正式的,可就年度绩效目标的进展情况交换电子邮件或使用其他书面通信。根据反馈的内容和态度,可以将绩效反馈分为三类:正面反馈、负面反馈和中立反馈。其中,正面反馈是针对正确行为对职员的认可。负面反馈和中立反馈都是针对职员的错误行为进行指导与纠正。③

绩效考核是国际组织绩效管理的一个环节,是指考核主体对照工作目标和绩效标准,采用科学的考核方式,评定员工的工作任务完成情况、

---

① United Nations Performance Management, *Setting Challenging Performance Goals*, 2011, p.10.

② World Healthy Organization Orseventy-second World Heath Assembly, *Human Resources*: *Annual Report*, 2019, p.6.

③ United Nations Performance Management, *Giving and Receiving Feedback Guide*, 2011, p.6.

员工的工作职责履行程度和员工的发展情况,并且将评定结果反馈给员工的过程。在国际组织中,职员的绩效执行周期从每年的 4 月 1 日开始,至次年的 3 月 31 日结束,而绩效考核发生于每年的 10 月左右,因此绩效考核又称为"中点审查"。在审查期间,第一报告员会与国际公务员展开中点会议,会议上讨论国际公务员绩效计划中所定的目标与关键结果的进展情况,查看由于单位发展方向和重点的变化而导致的绩效预期与目标调整情况,并为国际公务员提供行动改善的建议。[①]

基于国际组织人力资源胜任素质模型及国际公务员的个人发展计划,国际组织对职员的绩效考核围绕其绩效计划展开,对国际公务员的绩效产出结果、核心能力及个人发展计划实施情况进行考察,本书将其归纳为"德""能""勤""绩"四个方面,以下将以联合国国际公务员一般考核内容为例,如表 9-2 所示,对其进行描述。

表 9-2 联合国国际公务员绩效考核内容

考核项目		考核内容
德	正直	在日常活动和行为中体现联合国核心价值观,不考虑个人利益的行为;在决策过程中抵制不适当的政治压力,不滥用职权或权威,坚持符合组织利益的决定
	专业	对工作和成就感到自豪,在履行承诺、遵守期限和取得成果时认真与高效;在遇到困难或挑战时表现出坚持不懈的精神
	尊重多样性	与来自不同背景的人有效合作,平等对待男性和女性,对不同观点保持尊重和理解,对不同种类的人表现出一视同仁
能	团队合作能力	协调好上下级、同事之间以及与外界的关系,创造和谐的工作环境
	创新能力	开拓新思路、新方式,创造性地解决工作中遇到的难题,提出一些合理化建议,不断改善工作方法
	学习能力	认真学习岗位与业务知识,吸收新知识,参加特定研讨会或课程,提升个人能力
勤	责任心	主动尽心尽责完成工作任务,对工作失误不躲避,敢于承担
	纪律性	维护并遵守《工作人员条例和细则》,与违反条例的行为作斗争

---

① United Nations Performance Management, *Mid-point Review Guide*, 2013, p.6.

续表

考核项目		考核内容
绩	工作效率	在限定的时间或提前、高质量地完成工作任务
	工作质量	工作认真细致无差错

资料来源：United Nations Performance Management，*Inspira 9.2 ePerformance User Guide*，July，2019，见 https://hr.un.org/sites/hr.un.org/files/inspira%209.2%20e-performance%20user%20guide%20-%20July%202019_0.pdf。

绩效评价是指以员工个人需要达成的绩效标准为基础，对员工过去以及当前的绩效进行评价。[①] 在国际组织中，绩效评价发生于绩效周期结束后的三个月内，第一报告员将以电话或视频会议的形式与国际公务员开会讨论其绩效周期内的全面绩效。在这一过程中，第一报告员将以符合每项核心价值观和能力的标准为依据，基于观察到的个人行为与特定能力或核心价值观相符的一致性和频度，为国际公务员的每一指标给予以下四个等级之一：杰出的、有能力的、需要发展的、令人不满意的[②]；并以个别评分为基础，为每一位国际公务员作出整体绩效评价。具体内容如表9-3所示。

表9-3　基于核心价值观的典型行为评价标准样例

令人不满意的	需要发展的	有能力的	杰出的
对组织核心价值观不感兴趣，不以它们规范个人行为	日常表现与组织核心价值观大体一致	个人行为与组织核心价值观大体一致	主动寻求理解组织的核心价值观，并监督个人行为来支持组织核心价值观
在任务与个人利益相悖时，反对不考虑个人利益	抵制行为与思想的个人利益，但在某些情况下可能很难抵制政治压力	不考虑个人利益的行为，并在任何可能的情况下试图抵制政治压力	明确地行动而不考虑个人利益，并在有政治压力的情况下也坚守立场

---

① Gary Dessler，*Human Resource Management*，*15 Edition*，Pearson Publisher，2013，p.304.

② 联合国教育、科学及文化组织：《总干事关于人力资源管理战略的报告》，2011年4月18日，见 https://unesdoc. unesco. org/ark:/48223/pf0000192101_chi? posInSet = 1&queryId = fb496465-55a7-4d1a-b870-86667b68c90b。

续表

令人不满意的	需要发展的	有能力的	杰出的
允许行动和决定受他人和其他方面利益的影响,而不是主要集中于本组织的利益	从组织的利益出发考虑一般行为和决策,但试图寻求与他人及其他各方利益的平衡	确保所有操作和决策都是根据组织的最大利益而作出的	确保所有的行动和决定都是为了组织最大利益作出的,并与高级管理人员共同检查任何有争议的问题
难以识别或处理自己或他人不道德或缺乏诚信的行为	一般能识别出缺乏道德或诚信的行为	识别并采取行动来处理自己或他人的不道德或缺乏诚信的行为	识别并采取行动来处理自己或他人的不道德或缺乏诚信的行为,在任何可能的情况下,积极促进诚信

资料来源:General Assembly of the United Nations, *Performance Management and Development System* , 12 May,2010,见 https://undocs.org/ST/AI/2010/5/Corr.1。

第三节 国际组织绩效管理的流程

绩效管理是循环往复、持续上升的过程。根据相关资料的调整,国际组织在绩效管理循环周期中将依次展开以下四项活动:制订绩效计划、绩效考核与反馈、绩效评价、绩效结果应用。

一、制订绩效计划

制订绩效计划是整个绩效管理过程的起始,也是绩效管理过程的重要环节。在国际组织中,职员的绩效计划制订流程首先需要经过准备与沟通,并最终在 Inspira 系统上审定与确认,以下将对这一流程进行简要说明。

(一)准备阶段

国际公务员与第一报告员共同制订的绩效计划并不是毫无依据、拍脑袋决策的,而是建立在对组织目标与个人角色重要性充分了解的基础上的。在设定绩效计划前,他们需要接受线上相关知识与方法的培训,对组织文件进行学习。

1. 联合国授权和大会决议

绩效计划来源于国际组织的战略落地,制订绩效计划的目的就是为了提升国际公务员与组织的整体绩效,最终实现各组织的战略。

2. 绩效预算

自 20 世纪 90 年代末起,国际组织采用结果导向制的绩效预算制度,根据达到目标所需实现的预期成果与具体产出设定绩效预算。[①] 职员的绩效计划中所需要的资源与支持、需要达到的工作产出应与绩效预算规定的一致,从而加强现行的规划、方案拟定、预算编制、监测和评价方法。

3. 人力资源行动计划

这个计划是直接从组织的年度计划中分解出来的,由高级管理人员与秘书长进行会面,拟订一项契约和人力资源行动计划。

4. 部门单元的工作计划

这个计划是直接从人力资源行动计划中分解出来的,与各部门职能相联系,从而使各部门的国际公务员的绩效标准结合得更紧密。

5. 上一个绩效周期的绩效考核结果

如果在上一个绩效周期内,国际公务员所有绩效计划表上所列的目标都达到标准的话,这一期的绩效目标就需提出新的目标;如果上一期的目标没有或没有全部完成的话,则需把它们转到当期的绩效计划中来。这也体现了绩效管理的连续性。

（二）沟通阶段

在制订职员绩效计划之前,第一报告员将与国际公务员就一年的职责展开会议,这个会议被视为收集信息和制订绩效计划的起点,讨论的内容包括:

（1）明确部门/单位的优先事项和目标;

（2）在新一绩效周期内,要实现的具体目标及衡量标准;

（3）确定实现目标所需的能力和技能,并确定目前的能力差距。

（三）审定及确认阶段

为了加强国际公务员在制订绩效计划时的参与性,国际组织要求每

---

① 徐震、喻志刚:《论联合国绩效预算模式及其对绩效审计的启示》,《审计与理财》2009年第 12 期。

一个职员根据自己的工作内容与需求,在 Inspira 系统中为自己创建新一个绩效周期的计划文档,为自己设立新的绩效目标,内容包括:设定目标、结果或成就等的绩效预期,并以此作为个人绩效评价标准;界定核心能力、管理能力(若职员同时担任其他职员的第一报告员,则在其绩效计划中必须增加管理能力一项)、其他与工作有关的能力岗位;制订个人发展计划。

1. 绩效预期目标

国际公务员需要与第一报告员一起拟定绩效计划草案,经过双方讨论并达成正式的绩效计划协议。该协议的格式可能因国际公务员的职能不同而有所不同,但必须包括面向结果的内容,例如需要实现的目标、主要结果、成就;实现这些结果与目标需要采取的行动;衡量这些结果的成功标准和行为指标。

2. 国际公务员能力

国际组织的胜任素质模型规定了一个所有国际公务员都能一贯和客观评价的绩效标准。所有国际公务员都有责任展示其自身的公正、专业、尊重多样性的三大核心价值观。[1] 在讨论绩效计划时,国际公务员与第一报告员将选择与绩效周期所确定的目标与成就有关的最适当的能力,并在需要的情况下,适时增加与工作有关的特定能力,而那些负有监督与管理责任的国际公务员还必须选择相应的管理能力,并对其执行绩效管理和发展制度的效力负责。

3. 个人发展计划

在绩效周期,每一个国际公务员都被要求完成一项发展计划。国际公务员可以表明他们希望加强的能力和对未来工作的职业期望。同时,他们还需要根据国际组织学习和发展政策每年至少为专业发展设定 5 天的学习目标。

二、绩效考核

国际组织在绩效考核过程中,会对国际公务员的绩效结果、能力及个

---

① 联合国大会:《人力资源管理改革》,2008 年,第 11 页。

人发展计划的进展情况进行审查,其中包括"考核阶段""沟通阶段""审定及确认阶段"三个阶段。

(一)职员考核阶段

在这一阶段,第一报告员将通过中点审核会议、监控与记录等方式对职员的绩效表现进行审核,并根据绩效计划所设定的目标及衡量标准,对职员的行为与交付成果逐一输入评论。

(二)沟通阶段

出于国际组织绩效考核公正性与透明性的考虑,职员有权利了解并参与个人绩效考核过程,第一报告员需要与职员共同沟通与审核,并给予职员反驳的权利,对第一报告员给予的评论可以提出异议。

在这一过程中,如若双方对绩效考核结果的意见不一致,且双方通过共同努力仍无法解决时,将由第二报告员介入进行协助。

(三)审定及确认阶段

这一阶段是对绩效考核内容的正式提交,交付成果将由国际公务员与第一报告员共同确认,以保证绩效考核的真实性与公正性。

三、绩效评价

绩效评价是绩效管理的核心环节,人力资源管理的许多决策都把绩效评价所反馈的信息作为参考依据。在国际组织中,绩效评价主要由职员自我评估、第一报告员评价、第二报告员审核与改进三部分组成,最终形成对职员的整体评价。

(一)职员自我评估

在这一阶段,国际组织中的职员们将被鼓励对其执行绩效周期内所制订的工作计划完成方式进行自我评估。自我评估的内容包括到目前为止与每个目标、关键结果及成就相关进展的简短描述,以及对在此期间所表现出来的能力和个人发展计划的评价。

(二)第一报告员评价

在国际公务员对自身绩效考核周期的表现完成评价后,第一报告员需要负责对国际公务员的工作计划、工作产出及其自我评估进行进一步的评估,评价他们的个人发展与职业理想。

(三)第二报告员审核与改进

在国际组织中,国际公务员的第二报告员负责推动绩效管理的进展,在绩效评价过程中,第二报告员还承担着审核绩效评价结果,若国际公务员与第一报告员之间产生意见冲突,有必要时,第二报告员则会参与调节,督促计划的顺利进行。

四、绩效结果应用

在国际组织中,绩效结果主要应用于对优秀绩效的认可与奖励、对较差绩效的改进与完善两个方面。[①]

(一)对优秀绩效的认可与奖励

达到或超出绩效预期这两个等级均表示对国际公务员所完成工作的完全满意,国际组织将会以此为依据,对国际公务员进行一定的薪金奖励,并在考虑挑选更高职等人才时,优先考虑获得优秀绩效的国际公务员。

(二)对较差绩效的改进与完善

"部分满足绩效预期"与"没有达到绩效预期"都表示了绩效缺陷的存在。第一报告员将在与国际公务员及第二报告员协商后编制书面的绩效改进计划,如若仍无成效,国际公务员可能将会被终止任命。

【案例分析】

联合国开发计划署的年度绩效审查

为加强高绩效和持续发展的文化,并确保开发署所有工作人员对业绩和业绩管理负责,联合国开发计划署注重有效、客观、公平、前瞻性和注重发展的业绩管理,促进开发计划署工作人员的成功业绩。在联合国开

---

① 联合国大会:《2017—2018 年期间人力资源管理改革概览》,2018 年 9 月 12 日,见 https://undocs.org/zh/A/73/372/Add.1。

发计划署的《绩效管理与发展》中的一个重要环节是年度绩效审查。员工的年度绩效评估主要由其主管负责,主要包括以下三类内容:

(1)工作人员的年度成就/绩效概述。

(2)总体绩效评级,反映商定目标和完成工作要求的绩效标准的实现情况,具体如表9-4和表9-5所示。

(3)员工"能力概况",评估每个核心能力的熟练程度和技术能力的应用,具体如表9-6所示。

表9-4 联合国开发计划署绩效评级表

名字	角色	绩效标准 (评级,如适用)								
		技术专长	交付(质量和效率)	客户导向	团队合作	协作与伙伴关系管理	沟通	创新	人员管理(当对经理/主管进行评级时)	领导/指导(当对经理/主管进行评级时)
名字	选择: ——矩阵管理器/矩阵经理 ——其他经理 ——同事 ——客户 ——被管理者 ——其他	分别进行评级: 非常好/好/部分满意/理想/没有意见或不适用								
		注释(可选)								
其他反馈	您建议该工作人员应多做哪些工作? (可选)									
	您建议该工作人员少做什么? (可选)									
	任何其他评论/反馈 (可选)									

表 9-5 联合国开发计划署绩效评级指南

决定评级选择时需要考虑的因素		
核心评级		
超额完成绩效	·以符合联合国核心价值观、行为标准、道德和其他规范、条例、规则和政策的方式完成大多数/所有关键成果； ·出色的交付和持续卓越的工作标准； ·非常高的生产率；有效工作的榜样； ·去完成新挑战性任务的人； ·高度敬业；以做比预期多或她/他对推动开发计划署议程的贡献而闻名； ·熟练掌握所需技能； ·所需的监督最少； ·所有核心能力都在其工作及以上水平得到证明； ·对比目前的角色没有发展需要； ·在特别具有挑战性的环境中取得成功表现(例如危机、紧急情况、特殊工作量、需要承担大量额外工作量等)	主管必须包括特殊成就、影响等的具体示例
完成绩效	·以符合联合国核心价值观、行为标准、道德和其他规范、条例、规则和政策的方式完成所有或大部分关键成果； ·工作一贯优秀或质量很好,完全满足,有时超出工作期望； ·始终如一的高生产率； ·与工作水平一致的监督和支持水平； ·所有或大多数核心能力都在其工作水平层面得到证明,有时在这之上； ·对比目前角色的最低要求没有具体的发展需要； ·主题知识、技能和行为完全符合工作及以上要求； ·根据需要,自愿和主动地承担额外的责任/工作任务,以确保业务连续性和部门成果	主管与工作人员均适用
部分完成绩效	·完成许多关键成果,但产出低于预期；某些目标或时间框架可能错过； ·工作质量一般可以接受,符合联合国核心价值观、行为标准、道德和其他规范、条例、规则和政策；有时需要额外的后续行动和/或重新工作； ·监督和支持有时高于工作的要求/水平； ·一些核心能力在低于工作水平得到证明； ·需要进行一些发展,才能在工作基本水平完全交付	具有此评级的工作人员应表现出改进和实现成功绩效的潜力

续表

决定评级选择时需要考虑的因素		
绩效低于标准	·如果计划的结果没有交付,或交付结果质量低劣或不符合联合国核心价值观、行为标准、道德和其他规范、条例、规则和政策的方式,则绩效超过50%; ·大多数时候,工作质量是超过标准的,即使需要重新工作; ·工作需要主管提供大量支持和投入; ·一些核心能力的证明水平远远低于工作要求的水平,很少证明工作所需的适当技能或知识; ·需要发展才能在工作层面充分交付	主管必须包括绩效低于标准的具体示例
表彰特殊成就		
	如果工作人员在一年内有特别成就,主管将提名他/她作为有特别成就者,正式列入工作人员的业绩记录。关于其他奖励办法,见开发署的奖励和表彰方案(正在制订中)	

表 9-6　联合国开发计划署能力概况模板

量表			
内容	熟练程度 低于工作水平	熟练程度 达到工作水平	熟练程度 高于工作水平
领导			
创新			
沟通和关系管理			
人员管理			
交付			
技术能力的应用			

资料来源:联合国开发计划署官网:https://popp.undp.org/SitePages/POPPSubject.aspx? SBJID = 363&Menu = BusinessUnit&Beta = 0。内容有调整。

【讨论】

本案例中联合国开发计划署的年度绩效审查反映了国际组织绩效管理的哪些内容?

【思考题】

1. 国际组织绩效管理的含义?

2. 国际组织绩效管理的特点有哪些?

3. 国际组织人力资源绩效管理的流程?

4. 国际组织绩效审查主要分为几个部分?

5. 国际组织绩效评价由哪些部分组成?

第十章　国际组织薪酬管理

薪酬是国际组织对于国际公务员劳动的报酬,是对其工作成果的肯定。做好薪酬管理才能帮助国际组织吸引更多优秀的人才,保留核心骨干员工,最终实现组织总体战略。

那么,国际组织的薪酬主要由哪些部分构成呢? 是否足够吸引应聘者? 相比于一般企业具有怎样的特点? 如何进行薪酬管理? 本章将从国际组织薪酬管理概述、国际组织薪酬管理内容、津贴与补助、福利四个方面进行展开,介绍国际组织薪酬管理的情况。在国际组织薪酬管理过程中会涉及许多不一样的专业术语,见书末的附录3。

第一节　国际组织薪酬管理概述

一、薪酬的含义与构成

(一)薪酬的含义

薪酬也是劳动报酬,通常工资是针对蓝领职工,薪酬或薪资通常用于管理人员[1],本质上都是劳动的报酬。目前,不同学者对薪酬有不同的界定,被大多数学者所接受与认可的一种定义是,因雇用职员而产生的各种形式的报酬。[2]

(二)薪酬的构成

根据国际公务员制度委员会发布的 *United Nations Common System of*

---

[1]　刘昕编著:《薪酬管理》(第5版),中国人民大学出版社2017年版,第13页。

[2]　Gary Dessler, *Human Resource Management*, *15 Edition*, Pearson Publisher, 2013, p.387.

Salaries, Allowances and Benefits 所示,在国际组织中,国际公务员的薪酬主要由职位薪酬、津贴与补助、福利、可变薪酬四个部分组成。根据国际组织的有关资料显示,在国际组织中也涉及了绩效奖金、团队奖励、项目奖励等可变薪酬,不过所占比重较小,具体内容见表 10-1。本书将按照职位薪酬、津贴与补助、福利三个主要部分进行阐述。

表 10-1　国际组织薪酬构成

职位薪酬	由所任职位所决定的薪酬
津贴与补助	津贴:流动及艰苦条件计划有关津贴(艰苦条件津贴、非家庭工作地点津贴、流动奖励、搬迁相关津贴)、危险津贴等 补助:工作地点调整数、每日生活补助、抚养补助、子女教育补助、服务终了补助、安置补助金等
福利	社会保障、假期、特惠待遇(个人税、外交待遇、语言学习奖励等)
可变薪酬	绩效奖金、团队奖励、项目奖励

二、国际组织薪酬管理的含义

薪酬管理有狭义和广义之分。在广义上是指一个组织为了实现组织战略和经营目标,维护企业文化以及吸引、留住、激励和开发员工,制定组织的薪酬战略、薪酬政策和薪酬制度,并且实施各项薪酬管理任务的整个过程。而从狭义的角度来说,薪酬管理主要是组织针对员工提供的服务确定他们的薪酬体系、薪酬水平、薪酬结构、薪酬支付方式以及付诸实施的过程。[①]

国际组织薪酬管理指的是国际组织为了履行国际使命,吸引、留住、激励和开发国际公务员,根据职员提供的服务确定他们的薪酬体系、薪酬水平、薪酬构成以及付诸实施的过程。

三、国际组织薪酬管理的特点

(一)薪酬水平较高

目前国际公务员的薪酬水平和西方国家公务员平均水平相当,远高

---

① 刘昕编著:《薪酬管理》(第四版),中国人民大学出版社 2014 年版,第 22 页。

于发展中国家,对各国公民仍然具有较大的吸引力。

国际组织为确保能够吸引全球最高标准的人才,参照薪资最高国家公务员制度(目前是美国联邦制度)所适用的薪金确定的国际公务员薪酬水平。因此,总体上高于绝大多数发达国家和发展中国家相应级别公务员的水平。即便在专业及以上职类的最低级别人员的实际工资再加上各种福利补贴,生活也已相当于当地中产阶级的生活水平。

(二)福利待遇好,注重人文关怀

从各薪酬构成部分的比重来看,与一般企业相比,国际组织薪酬中补助的比重较高。以联合国为例,曾任联合国人事厅征聘司司长的翁盈盈女士在有关专访中介绍说[1],联合国职员的薪水(可理解为直接经济收入)和福利都不错,薪水是基本工资加上补助。另外,在国际公务员制度委员会发布的薪金补助小册子,*United Nations Common System of Salaries, Allowances and Benefits* 中,也将补助作为重要一部分进行讲述,可见补助在国际组织薪酬中占有重要的位置。

另一方面,国际组织还注重人文关怀,充分考虑职员各方面的情况。以世界卫生组织为例,已婚职员可得到抚养配偶和子女的补贴,所有职员的子女都可以获得生活补助和教育津贴。在读的未成年子女可以报销学杂费的75%。对于国际征聘的职员,在不带家属的工作地点工作,会有回籍假。

(三)以职位薪酬体系为主

国际组织的薪酬体系以职位薪酬体系为主。在国际组织中,有一套明确清晰的职位等级。在国际组织中,如果职位职级职等职档相同,则职位薪酬相同。国际公务员制度委员会根据每种职位应具备的专业知识、工作的难度、完成工作的独立性、所需的工作技巧以及对组织的重要性程度划分了职级与职等职档,公务员薪酬水平的高低主要受到所处的职位的影响。

---

① 刘历彬:《联合国人事征聘制度探秘:职员薪俸优厚但等级明显》,新华网,2005 年 9 月 22 日。

参考联合国 Career 网站数据,以专业及以上职类、外勤事务职类为例,年净薪金范围如表 10-2 所示。表 10-2 为 2020 年 1 月 1 日最新调整的专业及以上职类职员的薪金表。

表 10-2　专业及以上职类职员薪金表

金额(美元)	适用职员
37000—80000	适用于入门级专业人员(P1—P3 级)
67000—106000	适用于中级职业人士(P4—P5 级)
95000—123000	适用于高级专业人员(D1—D2 级)
31000—54000	适用于入门级外勤事务人员(FS1—FS3 级)
44000—68000	适用于中级外勤事务人员(FS4—FS5 级)
56000—90000	适用于高级外勤事务人员(FS6—FS7 级)

资料来源:联合国职业网站,见 https://careers.un.org/lbw/home.aspx? viewtype =SAL&lang=en-US。

(四)薪酬管理透明公开

相比于企业的薪酬管理,国际组织薪酬管理具有透明公开的特点。国际公务员每个职级职等对应薪金、职员享受的福利待遇以及具体的管理办法都会在官方网站上公布,例如,国际公务员制度委员会网站、联合国职业网站以及各专门机构的官网。

国际公务员的薪酬管理由国际公务员制度委员会进行薪酬管理办法的制订与修正,国际公务员制度委员会每年发布最新的年度报告,公布对国际公务员薪酬进行的审查和调整工作。

第二节　国际组织薪酬管理的内容

国际组织薪酬管理的内容包括薪酬构成和结构的设计、薪酬水平决策、薪酬体系的设计、薪酬调查的展开等多方面的内容,本节将重点讲述薪酬调查、薪酬水平、薪酬体系,薪酬构成将在下面章节中详细展开叙述。

一、薪酬调查

薪酬调查是用来收集薪酬数据的一种方法,通过薪酬调查可以获得某劳动力市场内其他公司支付给特定工作或某类工作的报酬数据。① 国际公务员制度委员会对所有工作地点进行的定期逐地调查,根据调查结果调整工作地点差价指数和最低工资标准。

国际公务员制度委员会得到一个专家附属机构,即工作地点差价调整问题咨询委员会(Advisory Committee on Post Adjustment Questions,简称ACPAQ)的协助,该委员会就工作地点差价调整数制度的方法提供技术咨询。工作地点差价调整数指数由每四年或五年进行一次定期逐地调查所确定,定期更新,以反映由于通货膨胀(当地消费者价格指数)和汇率波动(当地货币对美元的汇率)而发生的变化。

国际公务员制度委员会每年审查基薪/底薪表的数额,这是所有工作地点工作人员的最低工资。这些审查通常导致委员会增加基薪/底薪表,并将工作地点差价调整数的乘数点并入基薪/底薪表。这一程序确保及时更新联合国的最低薪金,以考虑到比较国际公务员制度薪金水平的变化。

二、薪酬水平

国际公务员的薪酬水平在全球范围具有竞争性。国际公务员制度委员会主要根据弗莱明原则、诺贝尔梅耶原则制定具有竞争力的薪酬水平。对于一般服务及相关类别的职员的薪酬水平,采取弗莱明原则,而外勤事务职员则采用诺贝尔梅耶原则。具体如表10-3所示。

表10-3　国际公务员薪酬制定的原则

职类	原则	薪级表(支付)
一般服务及相关类别人员	弗莱明原则:该原则规定,当地征聘工作人员的服务条件应反映当地类似工作最佳水平	按当地薪金支付的,当地薪金是根据薪金调查确定的,每个国家通常只有一个本地薪级表

---

① R.Wayne Mondy, *Human Resource Management*, *10th Edition*, Pearson Education, 2011, p.252.

续表

职类	原则	薪级表（支付）
外勤事务职类人员	根据以国际联盟一个委员会主席命名的诺贝尔梅耶原则决定的。这一原则规定，国际公务员制度应能够从其所有会员国征聘工作人员，包括薪金最高的国家	薪金结构类似于专业人员的薪金结构，并且适用于全球的单一薪级表
专业及以上职类人员		应用诺贝尔梅耶原则时，专业工作人员的薪金是参照薪酬最高的国家公务员制度（美国联邦公务员一般职系）确定的，委员会定期进行调研

（一）一般服务及相关类别职员薪酬水平

一般服务及相关类别职员的薪酬水平参照弗莱明原则制定。根据弗莱明原则，职员的薪酬应反映当地类似工作的最佳水平。因此，职员的薪酬是根据对当地薪金的调查确定的，这有助于确定最佳的现行条件。当地薪金调查是按照公务员制度委员会批准的综合方法进行的。在总部工作地点，公务员制度委员会负责进行工资调查，并建立薪级表，以供有关组织，主要是联合国和卫生组织作最后批准。在非总部工作地点，薪金调查是由联合国和联合国共同制度的某些机构进行的。

通常国际公务员薪酬又指工作国的薪级表，但当联合国在该国有多个办事处时，在同一国家可能有一个以上的薪级表，以该国货币表示，包含每个职级的薪酬、退休金、养老金等。

（二）外勤事务职员与专业及以上职员薪酬水平

国际公务员制度委员会制定的通用薪酬表适用于外勤事务职类人员。通过与美国联邦公务员制度中的类似工作进行比较，可以确定该类别中七个职级的薪金。与一般及其相关职员而言，有所不同的是外勤事务职员与专业及以上职员是国际征聘职员，享有一系列国际福利。具体可以参考联合国职业网站①或附录的薪金表。薪金表是联合国大会根据国际公务员制度委员会的建议设立，国际公务员制度委员会制定的共同

---

① 联合国职业网站，见 https://careers.un.org。

职务分类制度为这一薪级表提供了结构。

三、薪酬体系

国际组织中薪酬体系以职位薪酬体系为主,国际组织进行职位分析,得出了每一职级职等职档有对应的岗位工资,见表 10-4。

国际公务员薪金标准一般是:D 级高于 P 级,P 级高于 G 级。每类别内分若干个职等:G 类有 G1—G7 职等,P 类有 P1—P5 职等,D 类有 D1 和 D2 职等。一般来说,职等越高,工资越高。同级别内又分为若干职档:D1 级有 13 个职档,D2 级有 10 个职档,职档越高,工资越高。

另外,还有一类是不叙级,涉及少数高级官员,他们的工资数额不列入工资标准一览表。例如世界卫生组织中年薪最高的是总干事,其工资、招待费的具体数额在其就任时由世界卫生大会审议确定。其他不叙级的高级职员包括副总干事、助理总干事(执行主任)和地区主任,他们的薪金由卫生组织委员会审议调整。

(一)职位薪酬体系

表 10-4 为国际组织的职类分类。

表 10-4　国际组织的职类分类

职类[1]名称		内容	职级与职档[2]
专业及以上职类	司级人员 Director Categories 又称高级职类 Higher Categories	司级人员一般是国际组织各内设部门的负责人,分为 D1 和 D2 两个级别,大部分由国际组织行政首长任命产生,在形式上有的也参与竞聘	D:D1—D2 D1:特等干事 D2:主任 D1 有 13 个薪酬职档,D2 有 10 个薪酬职档,职档越高对应的岗位工资越高

---

① 职类:是工作的难易程度、责任轻重以及所需的资格条件相同或充分相似的职系的集合。如 D 级、P 级、G 级。

② 职级针对员工承担责任、知识经验和技能多寡等能力差异而进行的划分。例如 D 类高级官员有两个等级,特等干事(D1)和主任(D2)两个职级。

职类名称		内容	职级与职档
专业及以上职类	专业职类 Professional Categories 又称为业务人员	从事国际组织的各项业务工作,专业涉及面较宽。例如,世界卫生组织60%以上业务人员的专业背景是和医药卫生有关的医学、生物学,其他为信息、财务、人事、法律、外交、语文等各种专业。这类职员从最低的 P1 到最高的 P5 共有五个级别。P5 级人员享受外交待遇。个别国际组织,如世界卫生组织设有 P6,相当于 D1	P:P1—P5 P1 助理干事 P2 协理干事 P3 二等干事 P4 一等干事 P5 高等干事 P1—P5 每个职级都有 13 个薪酬职档,职档越高对应的岗位工资越高
	一般事务及相关职类 General Service and Related Categories (G , TC , S , PIA , LT)	一般事务及相关职类包括行政、文秘以及专门的技术岗位,如印刷、保安和建筑维修等。在所有八个工作网络中都有工作:管理和运营支持,经济和社会发展,政治、和平与安全,信息系统和通信技术,法律,公共信息和对外关系,会议管理,安全和安保	G:G1—G7 G1—G7 每个职级都有 13 个薪酬职档,职档越高对应的岗位工资越高
	本国专业干事 National Professional Officers(NPO)	NPOA—NPOE 本国专业干事分为 A、B、C、D、E 五个等级,不参与薪酬共同制度	
	外勤事务职类 Field Service (FS)	专业技能人才,并向联合国外地特派团提供行政、技术、后勤和其他支持服务	FS:FS1—FS7 FS1—FS7 每个职等对应 13 个薪酬职档,职档越高对应的岗位工资越高
	受任命的高级官员 Senior Appointments(SG, DSG, USG and ASG)	该类职务包括联合国秘书长(SG)、联合国常务副秘书长(DSG)、联合国副秘书长(USG)、联合国助理秘书长(ASG)等	不叙级岗

资料来源:根据秘书处每年发布的人力资源报告,基于宋允孚主编的《国际公务员素质建设与求职指南》以及相关文献进行整理。

(二)职位薪酬的变动依据

职位薪酬具有高刚性和高差异性,这一薪酬组成部分对于国际公务员来说是至关重要的。在国际组织职位薪酬体系下,主要是由职位、职级、职等决定的,除此之外,还有其余的变动因素,例如职位的变化、工作资历的变化等。

1. 职位变化

对 P1—P5 职等,在到达第七职档前每年进行职档调整,从新的薪金表第七职档到最高职档(第十三职档),每两年进行一次例常加薪。D1和 D2 职等每两年提升一次职档,并增加一些额外职档。

2. 工作资历

正常情况下,如果职员工作满 12 个月并且绩效考核合格,薪酬则随着工作资历的变化而变化。具体的每一职类随工作年限资历的薪酬变化如图 10-1 所示。级别根据岗位职责确定,但已婚职员薪酬高于单身职员。每个级别和上一个级别的薪酬数额有交叉,高年资(工作年限)下级官员的薪酬可以高于低年资(工作年限)上级官员。如图中 D1级最高第 9 阶比 D2 级第 2 阶高,P4 级最高第 15 阶的薪酬高于 P5 级的第 5 阶。

(单位:美元)

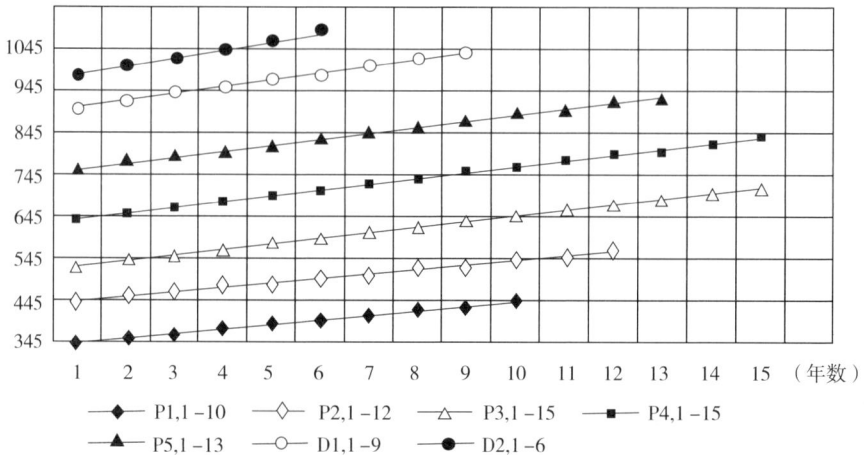

图 10-1　职等与薪酬变化

第三节　津贴与补助

根据 ICSC 发布的 *United Nations Common System of Salaries, Allowances and Benefits* 有关津贴补助的内容，归纳整理了相关较为重要的津贴与补助，如表 10-5 所示。

表 10-5　津贴与补助

津贴	流动性与艰苦条件计划有关津贴（艰苦条件津贴、非家庭所在工作地点津贴、流动奖励、搬迁相关津贴等）
	危险津贴
补助	工作地点差价调整数
	每日生活补助
	抚养补助
	子女教育补助
	服务终了补助金
	安置补助金
	加班费和夜班费
	租金补助和专项补助

一、津贴

国际公务员作为国际组织的一员，秉承国际使命，因此不可避免地需要职员向艰苦的工作地点流动，也可能面临危险。为更好地鼓励流动，设置了流动性与艰苦条件计划有关津贴（艰苦条件津贴、非家庭所在工作地点津贴、流动奖励、搬迁相关津贴等）、危险津贴，给予职员相应的补偿。

（一）流动性与艰苦条件计划有关津贴①

1. 流动性与艰苦条件计划概述

流动性与艰苦条件计划是为了鼓励地域流动，并弥补工作地点的困难而设立的。在这个计划中可能包括以下一项或多项津贴：

- 艰苦条件津贴
- 非家庭所在工作地点津贴，用于在不带家属工作地点服务
- 流动奖励
- 搬迁相关津贴

计划的实施具体取决于工作地点。国际组织的所有工作地点分为六类，H类和A类至E类。艰苦条件津贴不适用于H类与A类工作地点。

H类地点设在总部或联合国中没有发展/人道主义援助方案的其他类似指定地点，或设在欧洲联盟成员国。A类至E类工作地点按评估工作困难程度的比额表进行评分。生活条件从A类到E类，其中A类最好，E类最困难。分类是通过对总体生活质量的评估得出的。在确定困难程度时，要考虑当地的安全保障、卫生保健、住房、气候、隔离和水平设施/便利的生活情况。艰苦条件津贴是为B类、C类、D类和E类工作地点有工作任务的职员支付的，A类工作地点职员没有艰苦条件津贴。

工作地点的分类每三年按照按地理区域划分的周期审查一次。如果一个工作地点遇到困难或严重的安全情况或另一种紧急事件，可以对其进行更多的审查。年度审查由公务员制度委员会秘书处管理，并由公务员制度委员会审查外地工作地点生活和工作条件工作组进行。工作组由公务员制度委员会秘书处的代表、各组织和公认工作人员联合会的代表组成。审查通常在纽约举行。

2. 相关津贴

（1）艰苦条件津贴

表10-6详细介绍了艰苦条件津贴设立的目的与适用情况、金额。

---

① International Civil Service Commission, *A Guide to the Mobility and Hardship Scheme and Related Arrangements*, 2019.

表 10-6 艰苦条件津贴

目的	艰苦条件津贴的目的是为了补偿特遣部队在艰苦工作地点所经历的艰苦
适用对象	国际征聘工作人员第一次被派往一个 B 类、C 类、D 类或 E 类工作地点工作一年或一年以上的工作人员
不适用对象	在 H 类和 A 类工作地点服务的国际工作人员、外籍短期外派人员、领取每日生活津贴的国际工作人员、志愿者、特殊服务协议人员和当地征聘工作人员
金额	艰苦条件津贴金额自 2016 年 7 月 1 日起生效,根据地点的艰苦条件等级不同而有所不同,如下所示:

艰苦条件津贴(年度金额,以美元计)

工作地点艰苦类别	第一类 (P1—P3 职类)	第二类 (P4—P5 职类)	第三类 D1 及以上职类
H	—	—	—
A	—	—	—
B	5810	6970	8140
C	10470	12780	15110
D	13950	16280	18590
E	17440	20920	23250

（2）非家庭所在工作地点津贴（No Family Service Allowance,以下简称 NFSA）

公务员制度委员会主席与公务员制度委员会审查外地工作地点生活和工作条件工作组协商后,已授权指定一个工作地点为非家庭所在工作地点,这是给予非家庭所在工作地点津贴的一个关键条件。较为特殊的是联合国安全保障部,符合条件的受抚养人,如果在工作地点工作 6 个月及以上时间即可享受非家庭所在工作地点津贴。

表 10-7 详细介绍了非家庭所在工作地点津贴设立的目的、适用情况、金额。

表 10-7　非家庭所在工作地点津贴

目的	鼓励职员到非家庭所在地点工作,并认识到由于非自愿地与家人分离,包括额外的服务相关费用,职员在财务和心理上的热情有所增加。NFSA 是在艰苦条件津贴之外发放的
适用对象	指定的外地工作地点外勤工作一年或更长时间的国际征聘工作人员有资格领取非家庭所在工作地点津贴
不适用对象	不适用于公务员制度委员会未指定为非家庭所在工作地点的工作人员:短期外派工作人员、领取每日生活津贴的职员、当地征聘工作人员、联合国志愿人员、顾问、特别服务协定下的承包商和当地征聘工作人员
金额	自 2016 年 7 月 1 日起生效的 NFSA 金额视家庭状况而异: 有受抚养人(家属)的职员:19800 美元/年(1650 美元/月) 无受抚养人(家属)的职员:7500 美元/年(625 美元/月)

(3)流动奖励

表 10-8 详细介绍了流动奖励设立的目的与适用情况、金额。

表 10-8　流动奖励

目的	鼓励国际征聘工作人员根据组织需要调动到在外地的工作地点			
适用对象	被派往一个工作地点一年或更长时间的国际征聘工作人员,连续在国际组织服务五年,第二次被派往该工作地点(即第一次地域调动)后,可获得调动奖励。在同一工作地点连续工作五年后,停止给予奖励			
不适用对象	H 类工作地点的工作人员、短期外派人员、领取每日生活津贴的职员、联合国志愿人员、顾问、特别服务协定下的承包商和当地征聘的工作人员			
金额	调动奖励的金额因等级和任务的数量而异。调动奖励的金额在工作人员第 4 次调动时增加 25%,在第 7 次调动时增加 50%。该激励机制于 2016 年 7 月生效,并将在实施 5 年后对目标进行审查 **年度流动奖励(美元)** <table><tr><td>调整次序</td><td>增加额度</td><td>第一类(P1—P3)</td><td>第二类(P4—P5)</td><td>第三类(D1 及以上)</td></tr><tr><td>2—3 次</td><td>0</td><td>6500</td><td>8125</td><td>9750</td></tr><tr><td>4—6 次</td><td>25%</td><td>8125</td><td>10156</td><td>12188</td></tr><tr><td>7 次及以上</td><td>50%</td><td>9750</td><td>12188</td><td>14625</td></tr></table>			

（4）搬迁相关津贴

搬迁相关津贴如表10-9所示。

表 10-9　搬迁相关津贴

目的	补偿职员因工作地点遥远而产生的搬迁费用
适用对象	被派往工作地点一年或一年以上的国际征聘工作人员
不适用对象	短期外派人员、领取每日生活津贴的职员、联合国志愿人员、咨询人员、特别服务协定下的承包商和当地征聘工作人员（或类似合同安排下的工作人员）
内容	● 安置补助金 无论工作地点（即外地或总部）为何,调整后的安置费包括每日生活津贴和一次性总付津贴。一次性总付津贴相当于当地工作人员 30 天的每日生活津贴及每名随行家属 15 天的当地生活津贴 ● 搬迁装运 如有以下情况选项,则该组织要让工作人员完全搬离;否则,提供一种选择,让工作人员完全搬离,最多搬到规定的重量/体积,本组织将在其出示发票时予以偿还; ①一次性总付办法,按实际搬迁运费的 70% 确定; ②各组织根据过去运输费用的 70% 确定一次总款额,不超过 18000 美元。 为搬迁成批家庭用品与工作两年或两年以上的职员提供一个标准的 20 英尺集装箱,为单身职员与符合资格的家庭成员提供 40 英尺集装箱,但要求职员不管家庭用品的重量如何,只能选择最具成本效益的路线和运转方式

（二）危险津贴

危险津贴具体内容如表10-10所示。

表 10-10　危险津贴

目的	危险津贴是为需要在非常危险的环境中工作的国际和当地征聘工作人员设立的一项特殊津贴
适用对象	● 由于受雇于国际组织成为国际公务员,而被作为持久的、被直接攻击的对象,造成持续威胁; ● 部分国际公务员的工作地点处于战争或活跃的武装冲突区,易对其人身安全造成伤害; ● 世界卫生组织表示医务人员在应对突发公共卫生事件时可能面临巨大的生命威胁

续表

持续时间	通常可以连续三个月给予危险津贴。当认为危险情况减轻时,取消支付危险津贴的程序
金额	外派国际公务员的危险津贴为每月 1600 美元,当地征聘工作人员的危险津贴是一般事务人员当地年薪的 30%除以 12。另外危险津贴随着工作地点改变而变化

二、补助

(一)工作地点差价调整数

工作地点差价调整数是一项生活费调整,是对基本工资的有效补充,旨在维持所有工作地点的等值购买力。由于各工作地点的生活费用差别较大,每一工作地点的专业及以上职类工作人员的薪酬净额定在不同的水平,工作地点差价调整数可以补偿生活费用的这些差别,确保职员薪酬水平在所有工作地点具有相同的购买力。

工作地点差价调整数的计算办法复杂,既受物价消费指数的影响,同时还有美元对当地货币的汇率变化的影响。一般来说,在发达国家工作的工作地点差价调整数高于在发展中国家,这主要是物价消费指数的原因。21 世纪初,在美国纽约工作的国际公务员岗位调整占基本工资的 30%—40%,而在肯尼亚内罗毕则为 7%—8%。此外在同一城市工作,不同时期的岗位调整也不断变化。1994 年年初,日内瓦的岗位调整比率为 70%左右,后来降到 30%—40%。这样的办法,可以保证无论汇率和物价消费水平怎么变化,国际公务员的实际生活水平基本不受影响。

(二)每日生活补助

通常应按照国际公务员制度委员会定期制定的标准费率表,并按照本行政指示的规定,向应支付每日生活补助的工作人员支付这种补助。每日生活补助应包括联合国对公务旅行期间提供的膳食、住宿、酬金和其他此类服务付款的总缴款。

（三）抚养补助

抚养补助以受抚养配偶补助、单亲父母补助、子女补助或次级受抚养人补助的形式提供。受抚养配偶补助的支付比例为薪酬净额的6%，即基薪/底薪加上工作地点差价调整数，适用于配偶的年收入不超过既定限额的合格员工。

1. 受抚养配偶补助

受抚养配偶补助按薪酬净额的6%支付，适用于其配偶年收入未超过既定的限制。

2. 受抚养子女补助

子女必须在18岁以下，每名公认的受抚养子女领取受抚养子女补助。根据工作人员条例的规定，应支付这些《工作人员条例和细则》规定的受抚养子女的全额扶养补助，但工作人员或其配偶除外。如果提供这种政府补助金，根据本条规定应支付的受抚养子女补助或单亲补助金额应为政府补助金低于《工作人员条例和细则》规定的受抚养子女补助或单亲补助的大致数额。

3. 受抚养单亲父母补助

专业及以上职类和外勤事务职类中确认为单亲的工作人员应领取单亲补助，数额为基薪净额的6%加上工作地点差价调整数。第一个受抚养子女，符合条件的，领取单亲免税额的工作人员没有资格领取该子女的子女免税额。

次级受抚养人补助：次级受抚养人补助指的是符合现行办法的需抚养的父母、兄弟姐妹等。根据现有方法，修订后的次级受抚养人补助定为受抚养子女补助的35%，目前为固定金额1025美元。

工作人员应负责以书面形式通知秘书长关于抚养补助的申请，并能要求通过秘书长满意的书面证据支持这种申请。工作人员应负责向秘书长报告可能影响支付这项补助的受抚养人身份的任何变化。

（四）子女教育补助

联合国所有拥有定期或连续任用资格的国际公务员，且在其原在国之外的国家工作与服务，子女都有权利享有教育补助。如果满足以上所述条件的公务员,在其工作服务他国期间再次调回其原在国,他们的子女将获得满一个学年的教育补助。通常情况下,国际公务员子女年满 25 周岁之后将不再享受教育补助。如果其学业因为联合国效力、生病或其他理由中断一年以上,他们的教育补助权限将往后延相应的时间。如果国际公务员在任期间其子女上学未满一个学年,其获得的教育补助应该根据秘书长所定条例执行;如果国际公务员在任期间突然病故,其子女应继续获得满一个学年的教育补助。

(五)服务终了补助金

1. 资格

该补助金只支付给定期任用期满后离开本组织的工作人员。服务终了补助金支付给连续服务满五年或以上、因定期任用期满从本组织离职的工作人员,补助金根据该附件所载资格标准和工资级别一次性总付。

不向下列人员支付服务终了补助金:

- 选择在离职时立即领取退休福利的工作人员;
- 因服务不令人满意或因纪律原因离职的工作人员;
- 调往另一个适用 ICSC 薪酬制度的组织;
- 完成短期或长期借调任务后返回共同薪酬制度下的另一组织工作;
- 晋升或接受不同职类职位的工作人员。

2. 支付

符合条件的工作人员会依据在国际组织的服务年数领取相应的补助金。

当工作人员在享受联合国薪金和津贴共同制度中接受新的任用,或从联合国合办工作人员养恤基金领取退休福利时,应调整因从定期任用期间离职而支付的服务终了补助金数额,以便根据《联合国合办工作人员养恤基金条例》第 28 条,使补助金的完整月数或部分月数不超过失业或未领取退休福利的期间,并根据行政首长确定的条件予以追回。

(六)安置补助金

当一名工作人员因征聘或调动/重新分配而出差时,组织应向其支付定居补助金,前提是其出差期限至少为一年。补助金旨在支付在工作地点居住的额外费用以及因搬迁而产生的任何出发前费用。补助金包括每日生活津贴和一笔总付。补助金的每日生活津贴部分包括工作人员 30 天的每日生活津贴,以及组织向符合条件的家庭成员,支付一半前往工作地点的差旅费。一次性付款部分包括在派遣工作地点一个月的净报酬。

三、其他

(一)加班费和夜班费

专业人员不领取加班费。在一些组织中,被要求在正常工作时间之外从事大量或经常性工作的工作人员可能会得到偶尔的休假。在一些组织中,对经常在夜间工作的专业工作人员可能会批准夜班津贴。

(二)租金补助与专项补助

如果是新到达任职地,房租在总收入中占较高比重,可享受租金补助。专项补助是针对某些特殊工作时间或任务而发放的补助。例如,当到达或被新任命到一个地方时,将发给额外初任补助。

第四节 福 利①

国际组织的福利待遇优渥。以联合国为例,福利与服务待遇标准参照发达国家公务员福利标准,为职员提供社会保障系统、带薪假期、补助、便于开展工作的特惠待遇等。

一、社会保障系统

社会保障是一种公共福利措施,旨在保护个人及其家庭免除因失业、年老、疾病或死亡而在收入上所受的损失,并通过公益服务(如免费医疗)和家庭生活补助以提高其福利。世界上发达国家一般都有成熟的社

---

① 宋允孚编著:《国际公务员与国际组织任职》,中国人民大学出版社 2016 年版,第 26—29 页。

会保障措施,通常有三个相同的特征,一是由法律规定;二是由于年老、残疾、死亡、疾病、分娩、工伤或失业而收入损失时,对个人至少要偿付部分现金;三是福利或服务通过几个主要渠道提供,包括社会保险和社会补助。

国际组织的医疗、养老金等社会保险机制相当成熟健全。养老金和医疗保险费由职员所在组织承担 2/3,个人承担 1/3,每月自动从薪金中扣除。本书主要将从医疗保险和养老抚恤保险两个方面进行讲述。

(一)医疗保险

职工可以参加联合国发起的医疗保险系列计划的一种,每月保费由本人和国际组织共同承担。国际组织会确定保险公司,并选定很好的险种,几乎涵盖所有疾病。

以世界卫生组织为例,职工的健康保险包括口腔科治疗、洗牙、镶牙、植牙(每个年度的上限为 1500 美元,最多可累积使用两年),每年一次的配镜费用 250 美元(可累积使用两年)。就诊住院没有指定医院的限制,个人可自选私人医生或医院就诊,持有医生处方可到市面任何药房买药,诊疗费、住院费、医药费均先由个人支付,一年内凭单据报销 80%。大病住院的住院费有上限规定。如医药费超过月收入的 15%,可以申请所在组织提前预付,以后从工资中扣除。

职员退休时,参保时间超过 10 年的可继续参加,本人按养老金的一定比例每月缴纳保金。参保时间不满 10 年但愿意继续参加的,职员个人须一次性缴纳剩余年限的足额保金(即不只原个人所缴的 1/3,而且包括另外原国际组织承担的 2/3)。

国际组织还提供团体人寿或意外事故保险计划,但由于是自愿参加的,因此费用全部由工作人员承担。

(二)养老抚恤保险

《职员条例》第六章"社会保障"条文提到:"国际公务员职员可按照联合国职员共同养老基金条例规定参加该基金。"所谓联合国职员共同养老基金原本专门为联合国职员服务,后来由联合国大会决定接受联合国专门机构和其他国际组织参加,基金提供的补助有退休补助、提前退休补助、延迟退休补助、残疾补助、子女补助、遗孀补助、非直系亲属补助、回原籍安置费等。

国际组织的职员养老金由设在美国纽约的专门机构——联合国合办工作人员养恤金负责管理。如果职员有六个月或高于六个月的任期，中间没有中断，即成为联合国合办工作人员养恤基金参与者，这也意味着将每个月从薪水中强制扣费。基金目前的缴款率是应计养恤金薪酬的23.7%，2/3由组织支付，1/3由工作人员支付。该机构每年向每位职工提供一份养老保险对账单，注明参加时间、已缴金额、提前终止可支付金额、到达退休年龄可领取金额等。具体的金额可参考书末的附录4、附录5、附录6。

有关养恤金计划的完整说明，请参见联合国合办工作人员养恤基金（United Nations Joint Staff Pension Fund，简称 UNJSPF）规章制度和基金网站。① 该网站还提供联系信息、互动指南、收益估算器，与基金有关的特定主题的表格和小册子的访问。

二、假期

国际组织的职工假期包括年假、法定节假、特别假、回籍探亲假、病假、产假与陪产假、休息与休养旅行假等。

（一）年假

被任命为一年及以上职员每年有权享受年休假。每工作满一个月可以享受带薪假 2.5 天，最短可以以半天计算，在不影响工作的前提下，职员的年假可根据本人意愿安排在任何时间。为达到休息目的，还规定每年至少休 15 天，其余的 15 天可转至次年，但最多累计不得超过 60 天，如果累计天数高于 60 天则超出部分作废。退休时如攒满 60 天年假可发 60 天日薪作为补偿。

（二）法定节假与特别假

1. 法定节假

除星期六、星期日以外，每个工作地点一般有 10 天法定节日放假（圣

---

① UNJSPF 规章制度和基金网站：http://www.unjspf.org。

诞、元旦、复活节和所在国的节庆日等),各组织具体安排略有不同,所在国的节庆日根据当地条件和习俗而有所不同。

2. 特别假

可以给予全薪或部分薪金或无薪特别假期,例如深造、大病、为组织的利益进行研究等重要原因。特别假的时间由该组织的执行主管根据每个人的特点决定。

(三)回籍探亲假

每两年可回国探亲一次,时间计算在年假之内,目的是让职员回国重温祖国的文化,可以享受探亲假的是全球范围招聘的职员,不包括当地招聘人员。这个资格的获得取决于职员被分配的工作地点。

国际组织一般直接为职员支付探亲往返机票,中转的食宿也可以报销。为节约经费、简化手续,世界卫生组织等已改为包干制,按不打折的正常往返票款额的 75% 发给个人支配。职员的配偶及未成年子女享受同样待遇,子女在第三国就读可以到父母工作地或者随父母回国探亲,由职员自己选择。享受探亲假至少要满足以下条件:(1)工作满两年方可探亲一次;(2)探亲后至少继续回原国际组织工作 6 个月,也就是说探亲回单位后需要有足够长期的合同。

(四)病假

每人每年可休 7 天病假,一次最短半天,最长 3 天,3 天以上需要医生出具证明。每年病假累计天数不能超过 6 个月,4 年病假累计不得超过 9 个月。超过者工资按规定相应降低。

病假的具体实施根据职员受聘方式不同,也会有所不同。职员大致上有三类,第一类是不足 1 年的定期合同职员,第二类是 1 年以上 5 年以下的定期受聘职员,第三类是长期或称常规受聘的职员,包括 5 年以上的定期受聘或连续工作满 5 年的职员。第一类任职期间每月病假不得超过两个工作日。第二类、第三类则会根据工作时间相应地增加可请病假的天数。与此同时,病假也包括因公共卫生关系而不能上班的情况,例如职员住处附近发生疫情,因隔离而不能上班,在规定期限内国际职员工资和报酬不受影响。

（五）产假与陪产假

女职员分娩享受 16 周的产假，产假可以提前在产前开始。如果男职员配偶生孩子，男职员也有 4 周带薪陪产假。陪产假总共不应超过 4 周。对于在不带家属的工作地点任职的国际征聘工作人员，在秘书长认定的特殊情况下，陪产假最多可至 8 周。陪产假可以是在孩子出生后的一年中连续使用或分期使用。

在条件允许的情况下，可准予带薪特别假期以陪伴孩子。具体实施办法由组织的执行主管决定。

（六）休息和休养旅行假

休息和休养旅行假是让合格的工作人员定期离开他们所服务的困难或危险的环境而设立的。它使工作人员能够减轻压力，以便他们能够返回其正式工作地点时，继续有效地工作。

国际组织以最便宜和最直接的路线从正式工作地点到指定的休息和休养地点的标准支付旅费。休息和休养旅行因职员的工作地点的性质（危险、不带家属、艰苦地区等）不同，时常也会有所不同。具体的时间标准如表 10-11 所示。

表 10-11 休息和休养旅行假实施办法

时长	条件
6 周	如下的极端情况
	●非常危险的地点，工作人员因与联合国有联系而直接成为攻击目标或房舍成为攻击目标，对工作人员造成迫在眉睫的威胁
	●存在战争或积极武装冲突以及工作人员极易受到间接伤害的地点
8 周	所有非家庭所在/限制工作地点
	●所有由联合国安全和安保部公布的因安全问题而无法带领符合资格受抚养人的工作地点
	●公务员制度委员会主席指定的所有的非家庭所在工作地点
12 周	极端艰苦的工作地点
	●艰苦等级为 D 类或 E 类的非首都工作地点
	●E 类省会城市的例外情况

三、特惠待遇

(一)缴纳个人税

根据联合国及其专门机构与有关国家政府的约定,国际职员的所得税已由国际组织扣除,所以其收入不再向工作所在国的政府缴纳税款,银行存款生息如银行代缴税款可在规定期限之内申请退税。

(二)外交待遇

根据《联合国外交特权及豁免公约》①联合国各职员应予:

豁免其因公务之言论及行为而生之诉讼;

豁免联合国所予薪金及津贴之课税;

豁免国家公务服务的义务;

豁免其本人,连同其配偶及未成年子女适用移民法律及外侨登记;

该国政府所给外交官类似等级官员所享受的同样外汇便利;

其本人,连同其配偶及未成年子女以所予外交使节于国际危机时同样返国便利;

在日内瓦任职的高级职员(业务级别 P5 级以上官员)还享受外交待遇,如每三年可免税购买一辆汽车(可同时有两辆外交牌照的轿车)、免缴燃油税、单次购物超过一定金额(100 瑞士法郎)免缴增值税,当地政府颁发身份证标明享受外交待遇,凭证可自由进出机场候机厅,为国际公务员出差休假和迎送客人提供方便。此外,鉴于国际公务员执行公务的特殊身份,联合国还为联合国及其专门机构的国际公务员颁发特别护照,即联合国的通行证,持证人因公可在成员国享受各种必要的支持和便利。

(三)语言学习奖励

联合国鼓励工作人员学习和使用正式语言。在多个考试地点,每年两次面向全系统工作人员举办语言资格考试。业务及其以上职类人员、

---

① 《联合国外交特权及豁免公约》,见 https://www.un.org/zh/documents/ treaty/ files/ A－RES－22(Ⅰ).shtml。

受地域分配限制的职工,如能通过第二门正式语言(母语除外)的考试,每年可提前一个月获按级加薪。① 对一般人员,也发给语言津贴。国际公务员如任职于一般工作服务部门、安全部门或外勤事务部门,其语言水准如果无法达到联合国秘书处规定的两门或以上工作语言的熟练度,则可以申请语言补助。这些职类的工作人员如通过第三门正式语言的资格考试,则再发一份语言津贴。

【案例分析】

2016 年,国际公务员制度委员规定采用统一薪金表后,各类津贴前后发生了一些变化,下面两个案例是在统一薪金表的背景下,比较两位不同婚姻和受抚养人状态的联合国职员薪酬的不同。

E,D1,两个孩子:

我是 E。我在日内瓦担任 D1 主任,第 4 级。两个月前,我和丈夫还有两个儿子从曼谷搬到这里。这是我的第五次任务,在我 19 年的联合国工作期间,我曾在内罗毕、朱巴和纽约工作过。到目前为止,即使我的丈夫一直在联合国以外的地方工作,我的第一个儿子仍享受着抚养津贴。在新制度下,当我的丈夫能够在日内瓦工作时,我将不再享有配偶津贴。我咨询了人力资源,我得到保证,由于有过渡期津贴,这一变化不会立即影响我们。经过五年的过渡期后,我最终每月将减少约 1010 美元收入,即使我将为两个儿子领取子女津贴。然而,我最担心的是教育补助金的变化。我的孩子们正在上日内瓦国际学校(ISG),尽管新计划承担的费用较少,但学校收取的许多费用都与学费有关,这将继续得到保障。幸运的是,ISG 每名儿童收取的资本开发基金费用仍将由我的组织报销。

K,P3,E 类艰苦地区:

我是 K。我是政治事务官员 P3,第 6 级,在喀布尔工作。大约九年

---

① 宋允孚编著:《国际公务员与国际组织任职》,中国人民大学出版社 2016 年版,第 29 页。

前,我开始为联合国工作。住在喀布尔很艰难,这是一个 E 类工作站,但我很喜欢这份工作。我正在完成第三项任务,之前曾在纽约和贝尔格莱德工作过。在听说我的补偿方案变化后,我很担心。但是,我很高兴地发现,实际上我的工资、工作地点差价调整和其他实地津贴每月增加约 640 美元。增加的很大一部分将来自额外的 360 美元的艰苦条件津贴。艰苦条件津贴只有一种,将以较高的费率支付,目前仅适用于有家属的工作人员。在像喀布尔这样的工作地点,我们都遇到了同样的困难,特别是因为工作人员不允许带家人来这里。危险支付和休养旅行将保持不变,而家属回籍假旅行将改变。在新系统下,我的组织每两年提供一次回籍假旅行机会,而不是每年,但我可能会买一张回家的机票,利用上我的休息和休养假期回国。

资料来源:联合国职业网站:http://careers.un.org/lbw/Home.aspx。

【讨论】

1. 不同的婚姻状态享受的薪酬待遇有什么不同?
2. 对 K 来说,在新系统下,薪酬福利待遇发生了什么变化?

【思考题】

1. 国际组织的薪酬管理具有什么特点?
2. 国际组织的薪酬构成主要有哪几部分?
3. 国际公务员的基本薪酬的金额由什么决定?
4. 国际组织特有的津贴与补助有哪些?

第十一章　国际组织劳动关系管理

在国际组织中,劳动关系管理贯穿于人力资源管理的方方面面。构建和谐劳动关系是实现自我价值及组织目标的重要保证。国际组织是国际秩序的维护者、人类共同利益的代表者,承担着全球治理的重任,其职员人数众多,且来自全球不同国籍、不同肤色、不同地域,人员的复杂性、文化的多元性等更凸显劳动关系管理的重要性及艰巨性。劳动关系管理的目标就是通过规范组织与职员间的权利与义务,创建双方和谐的合作关系,增强组织凝聚力、向心力与战斗力。

本章将主要探讨国际组织的劳动合同管理、劳动争议及其处理机制和劳动保护方面的问题。

第一节　国际组织人力资源劳动关系管理概述

一、国际组织劳动关系管理的含义

劳动关系是指劳动者与用人单位在实现劳动过程中建立的社会经济关系,从广义上讲,即人们在社会过程中发生的一切关系,包括劳动力的使用关系、劳动管理关系和劳动服务关系等;从狭义上讲,现实经济生活中的劳动关系是指依照国家劳动法律法规规范的劳动法律关系,即双方当事人是被一定的劳动法律规范所规定和确认的,权利和义务是联系在一起的,并且其权利和义务的实现是由国家强制力来保障的。[①] 劳动关

---

① 辛士祥、葛书环主编:《人力资源管理》,航空工业出版社 2008 年版,第 202 页。

系管理则包括对组织内所有员工升迁、调任、降职、辞职、解雇、停职、退休等动向进行的所有人力资源管理行为。①

在国际组织中,劳动关系主体双方是国际组织与国际公务员,国际组织通过规范化、制度化的管理,使劳动关系双方的行为得到规范,权益得到保障,协调双方的关系,避免或解决劳动关系中的劳动争议,维护和谐稳定的劳动关系,为国际组织营造良好的工作氛围,促进国际组织的稳定发展。

二、国际组织劳动关系管理的特点

(一)注重职员的长期任用

长期任用,又称为连续任用或无期限任用,是国际组织定期合同的一种特殊形式。为了确保国际组织的长期业务需求持续得到满足,保障组织工作效率,国际组织倾向于任用与培养能够长期在国际组织工作的职员,并为连续任用资格制定标准:在国际组织中,凡是通过竞争性考试的专业及以上职类和外勤事务的工作人员或一般事务和其他当地征聘职类人员,在定期任用两年之后,都有获得长期任用的权利。② 以世界卫生组织为例,2015 年世界卫生组织共有 6237 人(81.72%)为长期任用职员,其中 2045 人(32.8%)属于专业及以上职类,949 人(15.2%)属于国家专业官员职类,3243 人(52%)属于一般事务职类。③ 至 2019 年,区域办事处和国家办事处持专业及以上职类长期任用合同的职员百分比不断增加,总部 50.2%(51.1%),区域办事处 32.1%(31.6%),国家办事处 17.7%(17.3%)。④

① R.Wayne Mondy, *Human Resource Management*, *10th Edition*, Pearson Education, 2011, p.384.
② 联合国大会:《2019—2021 年全球人力资源战略:建立一个更有效、透明和负责的联合国》,2018 年 9 月 12 日,见 https://undocs.org/zh/A/73/372。
③ 世界卫生组织:《人力资源:年度报告》,2016 年 4 月 29 日,见 https://apps.who.int/gb/ebwha/pdf_files/WHA69/A69_52-ch.pdf。
④ 世界卫生组织:《人力资源:最新情况》,2020 年 1 月 23 日,见 https://apps.who.int/gb/ebwha/pdf_files/EB146/B146_48Rev1-ch.pdf。

(二)国际组织工会只参与部分工作

在国际组织中工会的情况十分复杂,根据结社自由的原则,国际公务员可以组织和参加每个国际组织特有的员工协会,并在其中接受咨询、代理某些个人劳资纠纷,倡导就业政策。相对其他争议处理机制而言,国际组织工会力量相对有限,他们负责识别、检查和解决国际公务员一般的问题,如员工福利、工作生活条件及其他人力资源政策。而对雇佣等的经典谈判则不容工会参与。以联合国教育、科学及文化组织为例,工会责任之一是协助总干事维护组织内部的核心品质——最高标准的忠诚、政治和商业中立以及组织各级的专业化。与高级管理部门、司法系统合作,共同提升组织公信力①。

(三)强调职员劳动权益保护

职员健康和福祉是国际组织实现战略目标能力的基础,国际组织的工作环境意味着国际公务员需承受长期目睹人权侵犯、贫困、疾病、危机等带来的心理压力,还有因文化差异的复杂性带来的工作冲突,因此国际组织十分强调对他们的劳动权益保护,对他们的安全问题、心理健康及道德提供咨询与指导。以世界卫生组织为例,在应对刚果民主共和国埃博拉病毒疫情过程中,组织部署了总部和非洲区域职员健康和福祉事务工作人员,由他们负责就保护世界卫生组织工作场所、外地特派团队和设施的职业健康和安全事宜提供技术咨询、指导和培训。所提供的课程包括感染预防和控制、急救、外地环境安全保障办法(SSAFE)和团队部署前培训等。除此以外还开展了如提供持续的医疗、心理社会和心理支持;建立了一家疫苗接种诊所;评估了健康风险;并评估了当地卫生保健设施等活动。②

(四)强调职员价值观及禁止行为的管理

因职员政治身份的特殊性,其道德信誉直接影响国际组织在国际中

① 联合国教育、科学及文化组织:《总干事关于人力资源管理战略的报告》,2011年4月18日,见 https://unesdoc.unesco.org/ark:/48223/pf0000192101_chi? posInSet=1&queryId=fb496465-55a7-4d1a-b870-86667b68c90b。

② 世界卫生组织:《人力资源:最新情况》,2020年1月23日,见 https://apps.who.int/gb/ebwha/pdf_files/EB146/B146_48Rev1-ch.pdf。

的声誉与地位,因此,国际组织特别强调对职员核心价值观及道德禁止行为的管理。在劳动合同中,国际组织明确列举了如"禁止性剥削和性虐待"等 12 条禁止行为的具体事例,并推出相关的内联网网站及电子数据库,实时跟踪关于性剥削和性虐待等的投诉。

第二节　国际组织劳动关系管理的内容

根据国际公务员制度委员会(ICSC)发布的关于人力资源管理的文件,[1]国际组织劳动关系管理的内容主要有:劳动合同管理、劳动争议及其处理程序、劳动保护等促进和维护工作人员与管理层之间的和谐关系的活动。本节将围绕这些活动展开阐述。

一、劳动合同管理

劳动合同是劳动者与用人单位确立劳动关系、明确双方权利和义务的协议。在国际组织中,劳动合同发生在国际公务员入职之前,但因国际公务员岗位内容与形式的差异,国际公务员所签订的劳动合同有所不同,形式上可以分为短期合同、定期合同与长期合同。[2]

(一)劳动合同的类型

1. 短期合同

短期合同指为应付季节性或高峰期工作和具体短期需要,准予的为期一年以下的临时任用合同。在国际组织中,一部分实习生如果表现良好,且仍有项目需要他们继续跟进时,将有机会与国际组织签订短期合同。

2. 定期合同

定期合同是国际组织公务员合同签订的一般形式,凡应聘在既定期间工作的人员,包括各国政府或机构临时借调到联合国工作的人员,均可

---

① ICSC Human Resources Management Specialists, *Job Classification Manual*, pp.3-60.

② 联合国大会:《人力资源改革》,2004 年 9 月 9 日,见 https://documents-dds-ny.un. org/doc/UNDOC/GEN/N04/472/40/pdf/N0447240.pdf? OpenElement。

准予签订定期合同,每次任用期限为一年至五年,并在任用书上注明届满日期。定期任用可予延续,每次延续时间以五年为限。

3. 长期合同

长期合同属于对国际公务员的连续任用,是定期任用的一种特殊形式,适用于特殊人群,也属于无期限任用。在国际组织中,通过竞争性考试而被聘为专业职类的工作人员,在定期任用两年之后,将准予连续任用。

(二)劳动合同的内容

劳动合同的内容是指合同当事人双方就各自的权利和义务作出规定的条款。在国际组织中,劳动合同的主体是国际组织及其工作人员,与一般企业相似,国际组织在劳动合同中界定了国际公务员在资产使用、绩效表现、工作时间与法定节假日等方面的权利与义务。但不同点在于,国际组织强调对职员维护组织核心价值观、保持忠诚及禁止行为的管理[1],以下将根据这三点对国际公务员的权利与义务展开描述。

1. 国际组织的权利与义务

(1)尊重国际公务员的权利与义务

国际组织应确保《联合国宪章》和《工作人员条例和细则》以及大会有关决议和决定所规定的工作人员的权利与义务得到尊重。

(2)保护国际公务员劳动权益

国际组织有权指派工作人员到联合国的任何活动或办事处,但应考虑到各种情况,设法为他们作出一切必要的安全和保障安排。

(3)终止合同的权利

国际组织有权根据工作人员任用条件或由于工作人员违背《联合国宪章》等理由,终止对持有短期、定期或长期任用的工作人员的任用。

2. 国际公务员的权利与义务

(1)拥护核心价值观

《联合国宪章》规定,国际公务员行为的最高、最根本的标准是忠诚,

---

① 联合国大会:《〈工作人员条例和细则〉修正案》,2018 年 9 月 14 日,见 https://undocs.org/zh/A/73/378。

涵盖诚信、诚实、忠实等最基本的个人品质。① 国际组织核心价值观包括维护基本人权、人的尊严和价值以及男女平等的权利。在劳动合同中,国际组织强调职员应尊重所有文化,并在行为处事中保持正直、公正、公平、诚信与诚实。

(2)保持忠诚

国际公务员因其国际性特点,在接受国际组织任命时,始终以符合其国际公务员身份的方式行事,不得寻求或接受任何政府或本组织以外的任何其他来源的指示,不得将其职务或从其公务职务中获得的知识用于私人利益、财务或其他方面,或用于任何第三方,包括家人、朋友和他们所喜爱的人的私人利益。同时,国际组织要求职员在处理公务的所有事项时应保持最大限度的谨慎,不得将他们已知的任何信息来源告知任何政府,且这样的义务在职员离职退役后仍然有效。

(3)禁止行为

在国际组织中,为保护职员劳动利益,对职员的禁止行为作出严格规定。如禁止性剥削和性虐待,禁止任何形式的歧视或骚扰,包括性或性别骚扰,以及在工作场所或与工作有关的任何形式的虐待。

二、劳动争议及其处理程序

(一)劳动争议的概念与范围

劳动争议又称为劳动纠纷,是指用人单位和劳动者之间因劳动权利和劳动义务所发生的纠纷。

劳动争议的具体范围一般包括:因确认劳动关系发生的争议;因订立、履行、变更、解除和终止劳动合同发生的争议;因除名、辞退和辞职、离职发生的争议;因工作时间、休息休假、社会保险、福利、培训以及劳动保护发生的争议;法律、法规规定的其他劳动争议。

(二)国际组织劳动争议的处理机制

对于劳动争议的发生,国际组织设置两种处理机制,即国际组织的工

---

① 宋允孚主编:《国际公务员素质建设与求职指南》,浙江大学出版社 2019 年版,第 49 页。

会与联合国行政法庭,以下将主要对这两种机制的工作内容与范围展开介绍。

1. 国际组织的工会

国际组织中关于工会的情况十分复杂,总体而言国际组织的工会力量不强。职员可以加入每个国际组织特有的员工协会。如在联合国内,每个机构都有许多工作人员协会。员工协会的行为与传统的劳工组织类似,但有一些明显的例外。员工可以加入相应的员工协会,接受咨询、代理某些个人劳资纠纷,并倡导就业政策。但是,员工协会不得与该机构执行主任就工资、雇佣条款和条件进行经典谈判。构成所有联合国机构治理结构的会员国从未同意放弃其单方面决定工资、雇佣条款和条件的权利。

每个组织都提供多种渠道和资源来解决雇佣纠纷。这些资源一般由非正式渠道和正式渠道分配。非正式渠道包括:监察员、工作人员顾问、道德操守干事、医疗股、法律顾问、人力资源、工作人员协会等。正式渠道包括:由单独的管理单位进行行政审查,请求审查管理链内的决定,向监督、检查和审计部门提出正式投诉(调查不当行为指控)向国际司法法庭直接提出正式申诉。由于所有国际组织,包括国际金融机构和联合国机构,都享有特权和豁免,工作人员无法向任何国家或省级法院系统提出上诉。例如,对不利就业决定的上诉只能在联合国设立的专门司法系统内提起诉讼和解决。

2. 联合国行政法庭

当国际公务员与其组织发生争议时,一般将其诉讼带到国际组织内部的申诉机制并最终在组织建立的行政法庭审理。联合国的行政法庭主要由司法行政办公室、职工法律援助办公室、联合国争议法庭和联合国上诉法庭四个部门组成。其中,司法行政办公室与职工法律援助办公室是劳动争议处理的非正式渠道,联合国争议法庭和联合国上诉法庭属于正式渠道。

根据《工作人员条例和细则》规则 11.1—11.5,当国际公务员认为其雇佣合同或任用条件遭到违反时,可以尝试以非正式方式解决问题,即可以由监察员办公室参与协调,或通过法律援助办公室申请援助,以调解的方式解决;如若双方争议已通过调解达成的协议解决,联合国争议法庭不应受理有关申请。但当调解协议在最后执行期限仍未被执行,职员可在过后的 90 日内(如若未规定最后期限,则可在协议签订后第 30 日起算90 日内),直接向联合国争议法庭提出申请,要求强制执行通过调解达成的协议;在收到联合国争议法庭判决后 60 日内,任一当事方可对联合国争议法庭的判决提出上诉。但对于在该最后期限后收到的上诉,联合国上诉法庭将不予受理。①

以下将结合联合国行政法庭四个部门的工作内容,对其进行描述,见表 11-1。

表 11-1　联合国行政法庭的组成部门

系统	部门	工作内容
非正式内部司法系统	司法行政办公室	负责联合国内部司法系统的整体协调,通过网站与其他方式传播有关司法制度的信息,增强法学搜索引擎用户的在线搜索功能,完善电子档案的法院案件管理系统
	职工法律援助办公室	是国际组织中唯一为国际公务员提供法律咨询和代理服务的办事处
正式内部司法系统	联合国争议法庭	根据其规约和规则所定条件,对申请人声称其任用条件或雇佣合同包括一切相关条例和细则未获遵守而向法庭提出的申请进行审理和作出判决
	联合国上诉法庭	根据其规约和规则所定条件,对任一当事方就联合国争议法庭所作判决提出的上诉行使上诉管辖权②

三、劳动保护

国际组织因其特殊的工作环境,导致职员可能需承受长期目睹人权

① 联合国大会:《〈工作人员条例和细则〉修正案》,2018 年 9 月 14 日,见 https://undocs.org/zh/A/73/378。
② 刘丽娜、奥古斯丁·瑞尼斯:《国际公务员司法救济的欧盟新视角》,《求索》2011 年第11 期。

侵犯、贫困、疾病、危机等带来的心理压力,更加多样化的人力资源构成,还有因文化差异的复杂性带来的工作冲突,因此国际组织职员的安全与健康是人力资源管理中需要重视的问题。以下将对国际组织职员可能面临的安全与心理健康问题,及国际组织为维护职员利益而实施的举措展开描述。

(一)职员安全问题及对策

1. 防止职场性骚扰、性虐待及性剥削

国际组织对于性骚扰、性虐待及性剥削保持零容忍的态度,并为此作出许多努力。①

(1)联合国秘书处内部监督事务厅内设立了专门小组,增加了6个新的专职员额,负责所有性骚扰调查。同时加快并简化了接收、处理和解决性骚扰投诉的程序,目标是在3个月内完成这些程序。

(2)推出一个专门处理性骚扰问题的内联网网站,向工作人员提供有关举报机制和服务的信息。

(3)设立一条24小时求助热线,以便工作人员获取关于举报机制的信息和保密支助及医疗、安全和心理服务。

2. 避免就业歧视

就业歧视问题一直以来都是伴随着"就业"而存在的,且随着全球化的发展,形式也呈现出多样性的特点。传统的就业歧视包括宗教歧视、年龄歧视、残障人士歧视、性别歧视等。

国际组织将"尊重多样性"作为其核心价值观之一,要求国际公务员平等对待任何岗位、种族及性别的工作人员,做到一视同仁。在人员结构上,国际组织实行男女平等原则,促进实现男女职员(特别是高级官员)比例更加均衡,鼓励妇女应聘专业职位,在同等条件下适当考虑合格女性候选人。

3. 避免宗教冲突

虽然当今的国际大环境总体稳定,但仍存在着很多不确定因素。进

---

① 联合国大会:《2017—2018年期间人力资源管理改革概览》,2018年9月12日,见http://undocs.org/zh/A/73/372/Add.1。

入21世纪,宗教作为当今精神文明的一种重要意识形态,大多数区域冲突或多或少有宗教因素的存在。恐怖主义和宗教极端主义的抬头,使得国际法近些年的发展也拓展到了非传统安全领域。

国际组织中的职员来自世界各地,宗教信仰也存在差异,对此国际组织表示理解与尊重,给予国际公务员在不影响国际组织利益的前提下,维持其宗教信仰自由的权利。

(二)职员心理健康问题及对策

国际组织中的职员来自全球各地,海外职员面临的首要问题就是能否顺利适应当地环境、气候、文化等客观条件。由于个体生活环境、教育经历、个人素质和适应能力存在差异,难以避免有部分职员会出现不同程度的心理健康问题。例如,当职员被外派到非洲等环境较艰苦的地区,由于通信不畅、生活单调、远离祖国家庭亲人朋友,工作压力较大,往往容易造成职员精神压抑、心情低落,甚至产生焦虑或抑郁等心理障碍与心理疾病。以下将结合国际组织海外职员常见的心理问题,对国际组织采取的举措进行说明。

1. 文化不适应感

文化冲击一词是第二次世界大战后出现的,主要指人身处异国文化、社会氛围,在生理、心理上产生不习惯、不适应,以及由此带来的不安、焦虑、烦躁等情绪。对于国际公务员来说,文化冲击可以表现为莫名其妙的失落感。无论来自哪个国家、原来从政还是行医,不少人都或多或少有过失落感。这是因为国际组织的性质决定了国际公务员的国际身份,国际公务员不是国家的代表,也不再是原来的自己,失去了原有的身份、地位、名声、名誉,因此会感到失落。这时候就需要及时调整心态,正确看待得失,适应国际环境。[①]

2. 亲情缺失

国际组织工作范围涉及世界各地,很多职员需要从万里之外奔赴异

---

① 宋允孚:《做国际公务员:求职、任职、升职的经验分享》,中国人民大学出版社2011年版,第203—205页。

国工作。即便如今现代化通信工具为人们提供了便利条件,但对国际公务员而言,工作性质在一定程度上影响了自己与亲朋好友的联系,甚至有一部分国际职员的父母年事已高,当老人们需要子女在身边照料时,他们往往不能及时赶到,因此留下了亲情遗憾。①

对于海外职员来说,由于面对与他们以往截然不同的环境,组织中更需要注重职员的心理健康管理。按照心理健康的两个层次而言,首先,需要采取相应的心理干预措施与方法,确保职员在寻求心理帮助时能够得到及时的疏导。其次,通过职员定期的心理健康管理,帮助职员个人成长,促进职员人格发展,激发职员工作激情,提高工作效率。

(三)职员道德问题及对策

国际组织因其政治身份特殊性,道德信誉是其保存和投资的最大资产之一,维持诚实和正直的声誉对国际组织而言十分重要。因此,国际组织特别设立"道德操守办公室"解决国际组织职员道德问题,为职员提供一个安全、保密的环境,使职员可以随时就道德问题,如"我可以接受母国政府官员的礼物吗? 拒绝将是对我国的侮辱。""我怎么知道行为不端?"等进行咨询,职员也可以在需要时向道德操守办公室寻求帮助,以避免因举报不当行为受到报复。

1. 道德咨询与指导

道德操守办公室向所有职员提供保密的道德操守建议,无论他们身在何处。任何人都可以向道德操守办公室寻求帮助,以应对复杂的情况。通过这项服务,工作人员可以更好地描述他们的问题或疑虑,确定可能适用的规则和规定,检查他们的选择并了解后果。通过咨询过程,工作人员能够更好地作出符合联合国利益的道德决定。道德建议对寻求帮助的人是机密的。

道德操守办公室碰到的一些常见问题有:

---

① 宋允孚:《做国际公务员:求职、任职、升职的经验分享》,中国人民大学出版社 2011 年版,第 207—208 页。

- 我可以接受母国政府官员的礼物吗? 拒绝将是对我国的侮辱。

- 我已经接受了礼物。现在我该怎么做?

- 我可以在周末做兼职来赚些额外的收入吗?

- 我的配偶可以为联合国工作吗?

- 我如何参与自己国家的政治舞台?

- 我被要求担任我支持的一个非政府组织的董事会成员。这可以吗?

- 我怎么知道行为不端?

- 如果我挺身而出,我可能会失业。你怎么保护我?

2. 道德保护

道德操守办公室除了为职员提供道德咨询与指导外,还会为职员提供保护服务,如职员为组织利益举报他人错失行为后,为防止报复,职员可以向道德操守办公室申请预防性保护措施。总体而言,道德操守办公室向职员提供以下五项服务①:

- 机密道德建议;

- 道德意识和教育;

- 防止因举报不当行为受到报复;

- 财务披露程序;

- 促进整个联合国大家庭的连贯性和共同道德标准。

【案例分析】

J 与联合国近东救济工程处的劳动争议处理示例

J 自 2006 年 2 月 6 日进入联合国近东巴勒斯坦难民救济和工程处(以下简称"近东救济工程处")工作,担任区域贷款主管一职。2016 年 12 月 1 日,人力资源主任通知 J 他将于 2017 年 3 月 23 日年满 60 周岁退

---

① 世界旅游组织:《2019 年人力资源报告》,2019 年 10 月 1 日,见 https://webunwto.s3. eu-west-1.amazonaws.com/s3fs-public/2019-10/1_human_ressources_report.pdf。

休,提醒他注意退休福利、公积金福利等应享受的权利事宜。同时,人力资源主任告知 J,如果他满足相关的医疗条件要求并在最后两个业绩评价周期中获得完全令人满意的业绩评价,他将可以选择申请延长服务期限至正常退休年龄后。

2016 年 12 月 20 日,人力资源主任通知 J 他的职位有效期将延长至 2017 年 12 月 31 日。2016 年 12 月 26 日,J 提交了延长两年服务期限,即推迟两年退休的申请。但在 2017 年 1 月 31 日,人力资源主任通知 J 他的延长服务期限请求没有获得批准,他将于 2017 年 3 月 23 日即他 60 周岁时退休离职。近东救济工程处认为虽然 J 符合延长服务期限的条件,但根据《区域工作人员细则》109.2 的规定,并考虑到 J 的留任将阻碍组织继任计划的进展,所以未能批准他的申请。在 2017 年 7 月 24 日,J 向近东救济工程处争议法庭提出上诉申请。

近东救济工程处争议法庭(以下简称"争议法庭")受理了 J 的上诉申请,并最终作出了驳回申请的处理。争议法庭认为,有关的规则赋予工程处将职员服务期限延长到退休年龄后的权利,但没有赋予职员这种权利。争议法庭认为工程处在发现延长 J 服务期限至退休年龄后这一事宜不符合它的利益时,适当地行使了其自由裁量权。此外,争议法庭在工程处对 J 申请事宜的处理中,没有发现任何武断或偏见、程序不正当或法律错误的证据。

J 并不满意争议法庭的判决,并向联合国上诉法庭(以下简称"上诉法庭")提出了上诉。J 的部分主张如下:

(1)争议法庭的决定是不公平和残酷的,因为它没有考虑到法律或财政条例、社会关怀,并侵犯了 J 延长退休后两年服务期限的权利。人力资源主任曾通知他如果他满足所有的条件,他就有这样的权利,而且他确实满足了条件。

(2)应该撤销争议法庭这一有争议的决定,因为有争议的决定是滥用权力、歧视和双重标准的产物。近东救济工程处虽然声称他在退休后留任会妨碍继任计划,但仍将另外两名即将退休职员的服务期限延长。这一有争议的决定给 J 带来了伤害,也使他失去了成为一名经理的机会。

J请求上诉法庭撤销争议法庭的判决,纠正情况以保障其延长两年服务期限至正常退休年龄后的相关权利,并为他受到的伤害和因不可延期决定而错失晋升为分部经理的机会支付赔偿金。

近东救济工程处主任专员也对此作出了回复,请求上诉法庭全部驳回J目前的上诉,部分主张如下:

(1)J的上诉并未符合《上诉法庭规约》第2条所规定的情况。他提出上诉只是为了表示他不同意争议法庭判决的结果。他未能指出争议法庭判决中可以使上诉法庭干预的可纠正的错误。从法律上讲,该判决是没有错误的。

(2)J指控机构滥用权力和进行歧视,但却没有阐明《公民权利和政治权利国际盟约》第26条所规定的禁止理由,以证明存在歧视。J在他的上诉中提到的另外两名职员的服务期限可延长至退休后的事宜不是对他的歧视,因为两者的职位是不同的。

(3)没有理由考虑J关于道德损害和各种补偿性赔偿的请求,因为没有证据支持这些请求。

上诉法庭充分考虑了双方的主张,并作出了公正的考虑和判决。根据相关规定,上诉法庭认可了争议法庭在一审中关于近东救济工程处享有自由裁量权的认定,即在符合法律先决条件的情况下,近东救济工程处有权利决定是否将职员的服务期限延长到正式退休年龄之后。但是上诉法庭不认可拒绝将J的服务延长到退休年龄之后是近东救济工程处行使其自由裁量权的有效做法。将《区域工作人员细则》109.2的相关规定进行对比:"主任专员保留在特殊情况下拒绝职员在超过正式退休年龄后继续服务的请求的权力及当职员达到62周岁时,延长服务不得超过一年,并可由主任专员全权决定是否批准",上诉法庭认为只有在特殊情况下机构才有权拒绝职员在退休年龄后延长服务的要求。所以这和争议法庭认为的"当职员的退休年龄符合机构的利益时,机构可以例外地延长他们的服务"是不同的。但在本案中,近东救济工程处并没有确切和毫不含糊地具体说明J留任在何种程度上对其继任计划构成障碍,没有行使自由裁量权的适当动机。与此同时,上诉法庭没有能力审查是否存在特殊情况,使近东救济工程处有理由决定不批准 J 的请求。此外,在本案中,J 没有提出任何证据表明他由于有争议的行政决定而受到物质或精神上的伤害。因此,上诉法庭认可争议法庭不给予赔偿的判决。

最后基于相关事实,上诉法庭支持了 J 的部分上诉,决定撤销拒绝 J 在法定退休年龄之后继续服务的决定,主任专员可选择以 6 个月基薪净额支付赔偿金作为根据命令撤销有争议的行政决定或具体履约的替代办法。其他方面的上诉予以驳回。

资料来源:改写自 United Nations Appeals Tribunal,*Judgment No.2019-UNAT-927*,2019。

【讨论】

J 与联合国近东救济工程处的劳动争议焦点是什么？该争议是通过什么处理机制解决的?

【思考题】

1. 国际组织劳动关系管理的含义?
2. 国际组织劳动关系管理有哪些特点?
3. 国际组织劳动争议处理机制有哪些?
4. 联合国行政法庭的组成部分与区别是什么?

第十二章 中国国际组织人力
资源开发实践

　　本书在前面十一章从国际组织层面主要介绍了国际组织人力资源管理的概述、基本理论、胜任素质模型、组织设计与职位分析、人力资源规划、招聘、职业生涯管理、培训、绩效管理、薪酬管理、劳动关系管理十一个方面的内容,为读者提供了国际组织对国际公务员进行人力资源管理的框架图。但必须意识到的是,国际公务员的建设起点是各国国际组织人力资源的开发,只有当各国培养出优秀的国际公务员候选人时,国际组织才有可能打造出一支全球化、充满活力、适应力强、参与度高、实力硬的国际公务员队伍。

　　本章将以中国国际组织人力资源开发实践历程为探索起点,围绕中国国际组织人才培养和输送机制,从中国国际组织人力资源开发实践历程、开发现状分析、开发方向思考三个角度进行剖析,同时对其他会员国的国际组织人力资源开发举措和现状进行总结,意在为各国国际组织人力资源开发提供新思路,推进国际组织人才队伍建设。

第一节　中国国际组织人力资源开发实践历程

　　中国国际组织人力资源开发实践历程和中国与国际组织关系建设进程是紧密联系的。当中国与国际组织的关系僵化时,中国国际组织人力资源开发将受阻;当中国与国际组织的关系友好发展时,中国国际组织人力资源开发将获得助力。中国与国际组织的关系由于历史原因,经历了由"拒绝"到"参与",由"被动参与"到"主动建设"的复杂进程。中国国际组织人力资源开发实践也经历了从被动到发展再到建设的历程。新中国成立初期，西方国家对中国采取孤立政策，使得中国对以西方国家为主的国际组织抱有"拒绝"的态度，中国国际组织人力资源开发处于被动阶段。1971 年，中国重新恢复联合国的合法席位，为中国在国际组织舞台上的活跃打开了新局面，中国国际组织人力资源开发进入了发展阶段。20 世纪 90 年代以来，国际组织新的招聘方式使得中国公民有很多的机会进入国际组织。随着中国国际地位的提高，中国也更加重视国际公务员的培养和输送，中国国际组织人力资源开发实践有了新进展，进入了建设阶段。

一、被动阶段：1949—1970 年

（一）时代背景

1949—1970 年间，由于第二次世界大战的冲击，各国认识到了国际交流合作的重要性。国际组织如雨后春笋般涌现，数量不断增多，规模不断扩大，作用日益凸显，得到了飞速发展。

这一时期，中国结束了内战，中华人民共和国于 1949 年 10 月 1 日正式成立。新中国成立后，开始大力发展经济建设，积极倡导和平共处五项原则，开展外交活动，同苏联、印度等多个国家建立了外交关系。但这一阶段，西方国家对中国采取孤立政策。

（二）阶段特征

在这一阶段，由于中国已经加入了一些国际组织，所以国际组织中出现了中国人的身影。但是，由于国内外复杂的政治背景和战后有限的经济及教育水平，中国的国际组织人力资源开发尤显被动。在国际组织中任职的中国人总数较少，且多为国民党派遣人员或外籍华人。这一阶段，中国输送国际公务员的重要方式为政府举荐，但这部分高级职员主要还是国民党政府的代表。在 20 世纪 50 年代，中国在联合国秘书处最高职位一直由国民党所派的胡世泽担任。进入 20 世纪 60 年代，因中国代表权问题日渐突出，胡世泽虽然被调到次要职位，但依旧为助理秘书长级。[①] 此外，这一

---

① 李铁城主编：《联合国里的中国人 1945—2003》（上册），人民出版社 2004 年版，第 43 页。

阶段也有部分有志向的中国人通过招聘考试进入国际组织。当时,联合国招聘的中文口译笔译工作人员会从中国香港、中国澳门乃至新加坡等部分地区直接招聘。①

二、发展阶段:1971—1989 年

(一)时代背景

1971—1989 年间,国际组织的数量持续迅猛发展,各组织在全球层面、地区层面、专业层面都发挥着越来越重要的作用。这一时期,"国际公务员制度咨询委员会"更名为"国际公务员制度委员会"全面负责国际组织人力资源管理问题,这意味着国际组织建设的不断完善。

在 1971 年的联合国大会上,中国在绝大多数会员国的支持下恢复了在联合国的合法席位。1973 年 12 月,联合国大会和安理会也将中文列为工作语言之一。随着改革开放进程的全面铺开,中国对国际组织的政策发生了迅速的变化,再次迎来了参与国际组织的高潮。中国不仅进一步恢复了在一系列国际组织中的合法席位,也作为新成员加入了很多国际组织。例如,1979 年,中国重新恢复了在国际奥林匹克委员会的合法席位;1980 年,中国依次恢复了在国际货币基金组织及世界银行的合法席位;1984 年,中国加入了国际原子能机构。在此期间,中国参加了数量可观的国际组织活动,同国际组织的关系也由国际政治领域逐步拓展到经济、金融、贸易、裁军等领域,对国际组织的认知发生了巨大的改变。

(二)阶段特征

在这一阶段,虽然中国对基于西方文官制度建立的国际公务员制度仍需要一个适应的过程,但总体上看,中国的国际组织人力资源开发有了较大进步,逐渐掌握主动权,进入发展阶段。1971 年,在联合国的合法席位恢复时,虽然中国的代表权发生了变更,但是中国政府选择了保留原有的中国职员。1973 年,中文成为联合国的工作语言之一,也为中国输送

---

① 李铁城主编:《联合国里的中国人 1945—2003》(上册),人民出版社 2004 年版,第 39 页。

人才到国际组织增加了契机。由此联合国中文口译笔译工作人员就从 1971 年的 57 人增加到 1977 年的 97 人。① 总体上看,1971—1978 年间,中国逐渐派出优秀人才到国际组织,虽然规模小、人数少,但也吸收了一批海外青年。改革开放后,中国派出人员规模迅速壮大,由中国政府推荐至国际组织,实行借调制度,定期轮换。在这一阶段,中国国际组织人才培养也开始起步。1979 年,中国政府和联合国合作举办了"联合国译员训练班",集中培训中文的口译笔译人员。这个训练班一直维持到 1993 年,共培养口译笔译人员两百多人,其中大多数人都被联合国聘用。

三、建设阶段:20 世纪 90 年代以来

(一)时代背景

20 世纪 90 年代以来,伴随着全球化的日益凸显,国际组织的规模不断扩大,活动领域不断拓宽,开放程度不断加深,组织间的交往不断增多。全球性问题的日益增多,发展中国家的崛起,都表明国际格局与国际形势发生了新的变化。国际组织开始着手改革,推进战略性人力资源管理。

这一时期,中国积极参与国际组织"游戏规则"的制定,由"被动参与"向"主动建设"转化。中国与国际组织的关系进入到一个全新的发展阶段,开始深入参与当今世界上几乎所有重要的国际组织。例如,1991 年 11 月,中国加入亚太经合组织。2001 年,中国成功加入世界贸易组织,并发起成立了第一个以中国城市来命名的地区性国际组织——上海合作组织。进入 21 世纪以来,中国更加深刻地认识到中国命运和世界命运的紧密联系,在和国际组织的互动进程中展现了更积极的姿态和合作意愿。党的十六大报告中也明确提出:"要积极参与多边外交活动,充分发挥我国在联合国以及其他国际组织中的作用。"伴随着中国综合国力的增强和国际地位的提高,中国正积极推动全球治理体系的变革。2016 年,中国发起建立亚洲基础设施投资银行,进一步推进了国际组织建设。

---

① 李铁城主编:《联合国里的中国人 1945—2003》(上册),人民出版社 2004 年版,第 44 页。

截至 2017 年,中国已经参加了 100 多个政府间国际组织,签署了近 300 个国际条约。①

(二)阶段特征

在这一阶段,中国前所未有地靠近世界舞台中心,中国的国际组织人力资源开发也有了飞跃式进展,同各国进入建设阶段。这一阶段的进展主要体现在以下几个方面:一是进入国际组织的方式多样化。例如,1995 年,联合国开始在中国举办"国家竞争考试";2013 年,中国引进了"联合国青年专业人员考试"。这意味着中国人进入国际组织的方式也不再仅限于政府推荐,还有个人应聘、参加国家竞争考试和利用助理人员计划进入等方式。二是国际组织中的中国人不断增多、人员来源趋于多元化,包含政府职员、民间个人、海外留学人员等。如表 12-1 所示,这一时期在国际组织重要部门和关键岗位任职的中国籍国际组织职员也不断增多。三是国际组织人才培养不断推进。2014 年,习近平总书记就国际组织与全球治理人才培养工作作出重要指示,国际组织和全球治理人才培养上升为国家战略。教育部、卫生部、中科院等单位陆续开展了国际公务员的专门培训,中国联合国协会自 2011 年起每年举办国际公务员能力建设培训班。② 近几年来,高校也将国际组织人才培养作为重要使命,开拓了许多人才培养项目,培养能力不断加强。但与中国目前的国际地位相比,中国国际组织人力资源开发仍有不足,有待进一步推进。

表 12-1　国际组织中担任要职的部分中国代表

任命时间(年)	人员	职务
2007	陈冯富珍	世界卫生组织总干事
2007	沙祖康	联合国经济和社会事务副秘书长
2008	林毅夫	世界银行高级副行长兼首席经济学家

---

① 陈宝剑主编:《高校毕业生到国际组织实习任职入门》,北京大学出版社 2019 年版,第 12 页。

② 牛仲君:《国际公务员制度》,北京大学出版社 2015 年版,第 3 页。

续表

任命时间(年)	人员	职务
2011	朱民	国际货币基金组织副总裁
2013	郝平	联合国教科文组织大会主席
2013	易小准	世界贸易组织副总干事
2013	徐浩良	2013 年起担任联合国助理秘书长、联合国开发计划署助理署长兼亚太局局长;2019 年被任命为联合国助理秘书长兼联合国开发计划署政策与方案支助局局长
2014	赵厚麟	国际电信联盟秘书长
2015	柳芳	国际民用航空组织秘书长
2016	任明辉	世界卫生组织助理总干事
2016	杨少林	世界银行首任常务副行长兼首席行政官

资料来源:根据百度百科中的个人相关资料整理。

第二节　中国国际组织人力资源开发现状分析

中国在国际组织人力资源开发的历史进程中经历了复杂而曲折的过程,现已步入建设阶段,本节将从开发成就和开发缺陷两个层面分析当前中国国际组织人力资源开发的现状。

一、中国国际组织人力资源开发成就

随着中国国际地位的提升和对国际组织人力资源开发的逐步重视,近年来国际组织中出现了越来越多中国人的身影,这主要得益于在制度建设的逐步完善和人才培养力度的逐步加强。

(一)制度建设从无到有

国际组织人力资源的开发实践离不开制度建设的支持和方向指导。为此,中国也在不断加强其制度建设,制定了一系列关于国际组织人才培养和输送的方针政策(见表12-2)。

表 12-2　中国政府关于国际组织人力资源开发的部分方针政策

时间（年）	颁发部门	文件	内容
2010	中共中央、国务院	《国家中长期人才发展规划纲要（2010—2020 年）》	积极支持和推荐优秀人才到国际组织任职
2013	教育部办公厅	《教育部人才工作协调小组 2013 年工作要点》	积极培养和推荐教育系统优秀人才到相关国际组织任职工作
2016	中共中央办公厅、国务院办公厅	《关于做好新时期教育对外开放工作的若干意见》	加快培养拔尖创新人才、非通用语种人才、国际组织人才、国别和区域研究人才、来华杰出人才等五类人才；通过提升发展中国家在全球教育治理中的发言权和代表性，选拔推荐优秀人才到国际组织任职
2016	中国科协、民政部	《关于加强国际科技组织人才培养与推送工作的意见》	扩大国际科技组织任职人员数量和提升国际科技组织任职层次
2017	教育部	《关于促进普通高校毕业生到国际组织实习工作的重要通知》	各地各高校要切实增强紧迫感和责任感，抢抓机遇，采取有效措施，把通过教学培养推送高校学生到国际组织实习任职工作提高到一个新水平；各地各高校要加强政策支持，加强指导服务，加强人才培养，加强组织管理
2018	教育部、财政部、国家发展改革委	《关于高等学校加快"双一流"建设的指导意见》	加大高校优秀毕业生到国际组织实习任职的支持力度，积极推荐高校优秀人才在国际组织……任职兼职；加强……国际组织等相关急需学科专业人才的培养

资料来源：根据各部门官网资料整理。

　　在制定相关方针政策后，教育部、人社部、国家留学基金委等单位也积极采取了匹配措施以推进制度的落实。一是搭建国际组织人才信息平台，提供国际组织背景介绍、招聘动态、考试信息、经验分享等重要内容，为有意向到国际组织实习任职的人员提供信息服务。例如，教育部的"高校毕业生到国际组织实习任职信息服务平台"[①]、人社部的"国际组织人才信息服务平台"[②]、国家留学基金委的"国际组织人才培养项目专栏"[③]。二是

[①]　高校毕业生到国际组织实习任职信息服务平台官网：https://gj.ncss.org.cn/index.html。
[②]　国际组织人才信息服务官网：http://www.mohrss.gov.cn/SYrlzyhshbzb/rdzt/gjzzrcfw/。
[③]　国际组织人才培养项目专栏网址链接：https://www.csc.edu.cn/chuguo/s/1497。

积极推进国际组织实习项目,其中中国国家留学基金委扮演了重要角色。国家留学基金委与联合国教科文组织全国委员会合作推出选拔优秀青年赴联合国教科文组织实习的项目,为有志向加入联合国教科文组织的人提供了良好的渠道和机会。此外,国家留学基金委在 2017 年 8 月下发了《国家留学基金资助全国普通高校学生到国际组织实习选派管理办法(试行)》,为赴国际组织实习的学生提供为期 3—12 个月的资助,资助范围涵盖往返国际旅费、资助期限内的奖学金和艰苦地区补贴等。这一资助举措,使得到国际组织实习机会的人员覆盖面不断扩大,到国际组织实习的人数不断增加。

制度建设的完善意味着国际组织人才培养和输送上升为国家战略层面,促进了相关政府部门、高校、社会各界的资源和信息流通,大大推动了中国国际组织人力资源开发实践的进程。

(二)重视人才培养

中国国际组织人力资源开发的重要一环是国际组织人才培养。在制度建设逐步完善和相关政府部门予以支持的背景下,高校在国际组织人才培养中承担了"主体责任"。当前中国高校国际组织人才培养主要有三个方面的成就:学科建设不断完善、国际组织人才培养项目不断增多、培养资源整合能力不断提升。

1. 学科建设不断完善

学科建设是高校开展国际组织人才培养工作的基础。伴随着中国全球治理参与的不断深入,中国教育的学科体系也在不断发展。1955 年,中国成立外交学院,以培养一流的外交外事人才。而后,中国高校陆续开设了国际关系或国际政治等相关专业。2017 年,北京外国语大学成立全国高校中第一家国际组织学院,意味着中国国际组织人才培养进程迈出了重要一步。2018 年起,中国高校开始增设国际组织与全球治理专业,以培养具有全球视野、理论扎实、业务精通、外语娴熟的高素质全球治理与国际组织人才。外交学院、北京外国语大学、广东外语外贸大学及西安外国语大学已成功增设相关学科。

2. 国际组织人才培养项目不断增多

为有针对性地培养国际组织人才,中国高校依托自身的学科优势开设了许多国际组织人才培养项目,大致可以分为授予学位培养项目和非授予学位培养项目(见表12-3)。项目最初主要以培养国际组织人才中的翻译人才为主,主修通识课程、第一外语和第二外语课程。具体项目如:北京外国语大学在1979年成立的"联合国译员训练班"和在2011年创办的"探索国际组织需要的复合型人才培养模式"项目、上海外国语大学创建的"国际公务员实验班"等。当前各高校主要向培养"外语+专业"人才的目标推进项目建设,结合国际关系、经济、法律等优势学科以培养复合型人才。例如,2013年对外经贸大学推出的"国际组织人才基地实验班",课程设置有效融合了国际经济、国际贸易与国际法的相关课程,并加大了法语语言能力培训力度;2017年广东外语外贸大学组建"国际治理创新研究院",选拔了拥有不同专业背景的学生,主要采用校内学习1年、海外学习1年、国际组织实习半年的国际组织人才培养模式;2019年广东外语外贸大学依托翻译、会计学和国际经济与贸易三个优势学科组建了本硕联合培养的"国际组织创新班"。

表12-3　中国部分高校国际组织人才培养项目情况

项目分类	培养机构	项目名称	启动时间(年)
授予学位项目	北京外国语大学	联合国译员训练班	1979(持续到1993年)
	上海外国语大学	国际公务员实验班	2007
	北京外国语大学	"探索国际组织需要的复合型人才"培养模式项目	2011
	对外经贸大学	国际组织人才基地实验班	2013
	四川外国语大学	国际组织人才教改实验班	2014
	海南大学	国际组织人才培养基地班	2015
	上海财经大学	国际组织人才培养基地班	2016
	北京外国语大学	国际组织学院	2017
	广东外语外贸大学	国际治理创新研究院	2017
		国际组织创新班	2019

续表

项目分类	培养机构	项目名称	启动时间(年)
非授予学位项目	浙江大学	国际组织精英人才培养计划	2015
	中国人民大学	国际组织人才新星计划	2017
	清华大学	国际组织人才训练营	2017
	北京大学	国际组织人才培养暑期项目	2018
	南京大学	国际组织人才暑期训练营	2018
	西北工业大学	国际组织人才训练营	2019

资料来源:根据各高校官网资料整理。

3. 培养资源整合能力不断提升

中国高校的国际组织人才培养越发注重培养资源的整合,注重"强强联合"。一是加强了与国外高校的合作,输送学生至国外留学,采取联合培养模式。例如,上海财经大学国际组织人才培养项目与美国北卡罗莱纳大学夏洛特分校、新加坡管理大学、英国伦敦玛丽女王大学、美国乔治·华盛顿大学和福特汉姆大学开展合作。二是加强了与国际组织平台的合作,输送学生至国际组织实习,增强学生的国际组织实践经验。例如,北京大学已经与联合国教科文组织、联合国儿童基金会、联合国妇女署、海牙国际法庭、国际电信联盟等机构签署合作协议,建立了实习生推荐机制,并与联合国教科文组织签署培训生合作协议。三是加强了同国际组织职员的联系,邀请在职或已卸职的国际公务员到校为学生授课、开讲座,提升师资力量。例如,中国人民大学邀请联合国粮食及农业组织原副总干事何昌垂到校开讲座;清华大学邀请国际电信联盟秘书长赵厚麟与清华实习生座谈;武汉大学、北京外国语大学等邀请世界卫生组织前高级官员、卫生部外事司原司长宋允孚到校作报告。

总体来看,中国高校依托自身的办学优势,整合各方资源,在国际组织人才培养实践中进行了各项有益的探索,形成了一种"外语高校领头,其他高校并进"的形势。此外,也有高校开始加强国际组织人才培养的基础研究,如上海财经大学与上海国际问题研究院共同发起设立了"上海国际组织与全球治理研究院",这将为国际组织人才培养提供科学指导。

二、中国国际组织人力资源开发缺陷

根据人力资本理论,人力资源应被划分为量和质两个方面。从这两个方面看,当前中国国际组织人力资源开发在数量和质量上都呈现不足。

(一)人力资源开发数量不足

在国际组织人力资源开发数量上,中国总体呈现不足。以联合国秘书处年度报告为例,截至2018年12月31日,联合国秘书处中国籍总任职人数为546人,占比1.46%,但是中国的会费占比为7.921%。而刚果(金)的任职人数为2258人,占比6.02%,其会费占比仅为0.008%。如表12-4和表12-5所示。联合国秘书处在基本情况报告(截至2018年12月)中将会员国在联合国的任职情况分为四类:无人任职、任职人数不足、在幅度内、任职人数偏高。如果经过既定甄选程序,会员国国民无一人任职于受地域分配限制的员额,则为"无人任职";就任此类职位的国民人数低于适当幅度的下限,则为"任职人数不足";就任此类职位的国民人数在适当幅度的上下限或上下限之间,则为"在幅度内";就任此类职位的国民人数高于适当幅度的上限,则为"任职人数偏高"。中国则属于"任职人数不足"的国家。在2019—2021年间,中国的会费应摊比例将由7.921%提升至12.005%,这意味着中国的国际组织人力资源开发数量缺口将更大。

表12-4　截至2018年12月31日联合国秘书处部分国家职员分布情况

国籍	总任职人数 (人)	占职员总人数 百分比(%)	应摊会费 百分比(%)
美国	2531	6.75	22.000
刚果(金)	2258	6.02	0.008
苏丹	2116	5.64	0.010
肯尼亚	1692	4.51	0.018
法国	1476	3.94	4.859

续表

国籍	总任职人数（人）	占职员总人数百分比（%）	应摊会费百分比（%）
南苏丹	1357	3.62	0.003
黎巴嫩	1164	3.10	0.046
阿富汗	974	2.60	0.006
英国	839	2.24	4.460
马里	814	2.17	0.003
埃塞俄比亚	801	2.14	0.010
意大利	796	2.12	3.748
菲律宾	678	1.81	0.165
乌干达	675	1.80	0.009
加拿大	653	1.74	2.921
中非	622	1.66	0.001
西班牙	575	1.53	2.443
印度	571	1.52	0.737
伊拉克	558	1.49	0.129
德国	555	1.48	6.389
俄罗斯	555	1.48	3.088
中国	546	1.46	7.921
泰国	409	1.09	0.291
瑞士	357	0.95	1.140
巴基斯坦	295	0.79	0.093
埃及	286	0.76	0.152
荷兰	269	0.72	1.482
日本	265	0.71	9.680
澳大利亚	259	0.69	2.337
巴西	193	0.51	3.823
韩国	142	0.38	2.039
瑞典	141	0.38	0.956
马来西亚	48	0.13	0.322
新加坡	36	0.10	0.447

资料来源:联合国大会:《秘书处的组成:工作人员情况统计》,2019 年 4 月 22 日,见 https://undocs.org/zh/A/74/82。

表 12-5　截至 2018 年 12 月 31 日联合国秘书处适当幅度制度下的
会员国任职情况（总数：193 个会员国）

无人任职（21 个会员国）		
阿富汗（2017 年 12 月：不足）	老挝	圣卢西亚
安道尔	列支敦士登	圣文森特和格林纳丁斯
安哥拉	马绍尔群岛	圣多美和普林西比
伯利兹（2017 年 12 月：不足）	摩纳哥	东帝汶
赤道几内亚	瑙鲁	图瓦卢
基里巴斯	帕劳	阿联酋
科威特	卡塔尔	瓦努阿图（2017 年 12 月：不足）
任职人数不足（40 个会员国）		
安提瓜和巴布达	格林纳达	巴布亚新几内亚
巴林	几内亚比绍	韩国
白俄罗斯	印度尼西亚	俄罗斯
巴西	伊朗	沙特阿拉伯
文莱	伊拉克（2017 年 12 月：幅度内）	所罗门群岛
佛得角	日本	南苏丹
柬埔寨（2017 年 12 月：无人）	莱索托	苏里南
中非	利比里亚	叙利亚
中国	利比亚	泰国
科摩罗	卢森堡	土库曼斯坦
塞浦路斯	密克罗尼西亚联邦	美国
朝鲜	莫桑比克	委内瑞拉
多米尼克	挪威	—
加蓬	阿曼	—
在幅度内（105 个会员国）		
阿尔巴尼亚	加纳	巴拿马
阿尔及利亚	希腊	巴拉圭
阿根廷（2017 年 12 月：偏高）	危地马拉	秘鲁

续表

亚美尼亚	几内亚	波兰
澳大利亚	圭亚那	摩尔多瓦
阿塞拜疆	海地	罗马尼亚
巴哈马	洪都拉斯	卢旺达
孟加拉国	匈牙利	圣基茨和尼维斯
巴巴多斯	冰岛	萨摩亚(2017年12月:不足)
贝宁	印度	圣马力诺
不丹	以色列	塞内加尔
玻利维亚	牙买加	塞尔维亚
波斯尼亚和黑塞哥维那	哈萨克斯坦	塞舌尔(2017年12月:不足)
博茨瓦纳	吉尔吉斯斯坦	塞拉利昂
布基纳法索	拉脱维亚	新加坡
布隆迪	立陶宛	斯洛伐克
乍得	马达加斯加	斯洛文尼亚
哥伦比亚	马来西亚	索马里
刚果(布)	马尔代夫	南非
哥斯达黎加	马里	斯里兰卡
科特迪瓦	马耳他	苏丹
克罗地亚	毛里塔尼亚	瑞典
古巴	毛里求斯	瑞士
捷克	蒙古国	塔吉克斯坦
刚果(金)	黑山	北马其顿
丹麦(2017年12月:偏高)	摩洛哥	多哥
吉布提	缅甸	汤加
多米尼加	纳米比亚	突尼斯
萨尔瓦多	尼泊尔	土耳其
厄立特里亚	荷兰(2017年12月:偏高)	乌克兰
爱沙尼亚	新西兰	坦桑尼亚
斯威士兰	尼加拉瓜	乌兹别克斯坦
斐济	尼日尔	越南(2017年12月:不足)
冈比亚	尼日利亚	也门

续表

格鲁吉亚	巴基斯坦	赞比亚
任职人数偏高(27 个会员国)		
奥地利	芬兰	墨西哥
比利时	法国	菲律宾
保加利亚	德国(2017 年 12 月:幅度内)	葡萄牙
喀麦隆	爱尔兰	西班牙
加拿大	意大利	特立尼达和多巴哥
智利	约旦	乌干达
厄瓜多尔(2017 年 12 月:幅度内)	肯尼亚	英国
埃及	黎巴嫩	乌拉圭
埃塞俄比亚	马拉维(2017 年 12 月:幅度内)	津巴布韦

注:如果截至 2017 年 12 月 31 日会员国的任职情况与 2018 年 12 月 31 日的情况不同,则在括号中注明截至 2017 年 12 月 31 日会员国的任职情况(无人=无人任职,不足=任职人数不足,幅度内=在幅度内,偏高=任职人数偏高)。

资料来源:联合国大会:《秘书处的组成:工作人员情况统计》,2019 年 4 月 22 日,见 https://undocs.org/zh/A/74/82。

(二)人力资源开发质量不高

在国际组织人力资源开发质量上,中国总体呈现质量不高,其主要表现为高级别职员数量不足。以联合国秘书处为例(见表 12-6)。其基本情况报告(截至 2018 年 12 月 31 日)指出美国、英国、德国、中国、法国等国的高级别职员较多。但当和应缴会费比例对比时,可发现美国、日本、中国、巴西在开发质量上还有很大的发展空间。截至 2018 年 12 月 31 日,中国在联合国秘书处的高级别国际公务员分布情况为副秘书长 1 人,D2 级 5 人,D1 级 7 人,共 13 人,占比 3.63%。在国际组织人力资源开发质量上,做得最好的是印度。印度的 2018 年应缴会费比例为 0.737%,但是其高级别职员的比例达到了 3.35%。此外,加纳、爱尔兰、英国、肯尼亚等国国际组织人力资源开发质量也较好。

表 12-6 截至 2018 年 12 月 31 日联合国秘书处有地域地位的高级别职员分布情况

（单位：人）

国籍	副秘书长	助理秘书长	D2 级	D1 级	共计	占比（%）
美国	1	4	10	27	42	11.73
英国	2	2	8	9	21	5.87
德国	—	1	3	12	16	4.47
中国	1	—	5	7	13	3.63
法国	—	—	5	8	13	3.63
意大利	—	—	3	10	13	3.63
加拿大	—	—	6	6	12	3.35
印度	1	1	—	10	12	3.35
澳大利亚	1	2	2	6	11	3.07
日本	1	—	2	7	10	2.79
荷兰	—	—	2	7	9	2.51
俄罗斯	2	1	2	4	9	2.51
爱尔兰	—	1	2	4	7	1.96
比利时	—	1	3	2	6	1.68
加纳	1	—	3	2	6	1.68
西班牙	—	—	1	5	6	1.68
巴西	1	—	—	4	5	1.40
埃及	—	—	—	5	5	1.40
肯尼亚	1	1	—	3	5	1.40
阿根廷	1	1	—	2	4	1.12
智利	1	1	—	2	4	1.12
牙买加	—	—	3	1	4	1.12
巴基斯坦	—	—	2	2	4	1.12
葡萄牙	1	1	—	2	4	1.12
南非	—	—	3	1	4	1.12
特立尼达和多巴哥	—	1	—	3	4	1.12
乌拉圭	—	1	1	2	4	1.12
斐济	—	—	—	3	3	0.84
约旦	—	—	—	3	3	0.84
墨西哥	1	—	—	2	3	0.84

国籍	副秘书长	助理秘书长	D2级	D1级	共计	占比（%）
新西兰	1	—	—	2	3	0.84
尼日利亚	1	—	—	2	3	0.84
菲律宾	1	—	—	2	3	0.84
圣基茨和尼维斯	—	—	—	3	3	0.84
新加坡	—	—	2	1	3	0.84
斯洛伐克	1	1	—	1	3	0.84
乌克兰	—	—	1	2	3	0.84
不丹	—	—	—	2	2	0.56
喀麦隆	1	—	—	1	2	0.56
克罗地亚	—	—	—	2	2	0.56
捷克	—	—	—	2	2	0.56
丹麦	1	—	1	—	2	0.56
芬兰	—	—	1	1	2	0.56
希腊	—	—	—	2	2	0.56
几内亚比绍	—	—	—	2	2	0.56
圭亚那	1	—	—	1	2	0.56
匈牙利	—	—	1	1	2	0.56
纳米比亚	1	—	—	1	2	0.56
挪威	—	—	1	1	2	0.56
苏丹	—	—	1	1	2	0.56
乌干达	—	—	—	2	2	0.56
亚美尼亚	—	1	—	—	1	0.28
奥地利	—	—	—	1	1	0.28
巴林	—	—	1	—	1	0.28
孟加拉国	—	—	—	1	1	0.28
白俄罗斯	—	—	—	1	1	0.28
贝宁	—	—	—	1	1	0.28
保加利亚	—	—	—	1	1	0.28
布隆迪	—	—	1	—	1	0.28
哥伦比亚	—	1	—	—	1	0.28
古巴	—	—	1	—	1	0.28

续表

国籍	副秘书长	助理秘书长	D2 级	D1 级	共计	占比（%）
吉布提	—	—	—	1	1	0.28
多米尼加	—	—	—	1	1	0.28
厄瓜多尔	—	—	—	1	1	0.28
萨尔瓦多	—	—	—	1	1	0.28
埃塞俄比亚	—	1	—	—	1	0.28
格鲁吉亚	—	—	—	1	1	0.28
危地马拉	—	—	—	1	1	0.28
几内亚	—	1	—	—	1	0.28
海地	—	—	—	1	1	0.28
印度尼西亚	1	—	—	—	1	0.28
伊朗	—	—	1	—	1	0.28
以色列	—	—	1	—	1	0.28
黎巴嫩	—	—	—	1	1	0.28
利比里亚	—	—	—	1	1	0.28
马来西亚	1	—	—	—	1	0.28
毛里塔尼亚	—	—	—	1	1	0.28
毛里求斯	1	—	—	—	1	0.28
蒙古国	—	—	—	1	1	0.28
莫桑比克	—	—	—	1	1	0.28
巴拿马	—	—	1	—	1	0.28
巴布亚新几内亚	—	—	—	1	1	0.28
韩国	—	—	1	—	1	0.28
罗马尼亚	—	—	—	1	1	0.28
萨摩亚	—	—	—	1	1	0.28
塞尔维亚	—	—	—	1	1	0.28
南苏丹	—	—	—	1	1	0.28
斯里兰卡	—	—	1	—	1	0.28
苏里南	—	—	1	—	1	0.28
瑞典	—	—	—	1	1	0.28
泰国	—	—	1	—	1	0.28
汤加	1	—	—	—	1	0.28

续表

国籍	副秘书长	助理秘书长	D2 级	D1 级	共计	占比（%）
突尼斯	—	—	—	1	1	0.28
土耳其	—	—	1	—	1	0.28
坦桑尼亚	—	—	1	—	1	0.28
委内瑞拉	—	—	1	—	1	0.28
赞比亚	—	—	—	1	1	0.28
津巴布韦	—	—	—	1	1	0.28
共计	28	24	87	219	358	100

注：未在表格内注明的会员国截至 2018 年 12 月 31 日，按国籍和职等分列的有地域地位的高级别工作人员数量为零。

资料来源：联合国大会：《秘书处的组成：工作人员情况统计》，2019 年 4 月 22 日，见 https://undocs.org/zh/A/74/82。

由此可见，中国在人力资源开发数量和质量上仍存在不足，要继续加强国际组织人力资源开发力度，不断提升培养水平，以提升国际话语权。

第三节　中国国际组织人力资源开发思考

一、国际组织人力资源开发国际经验

从国际比较视角来看，美国、英国、瑞士、日本等发达国家的国际组织人力资源开发工作起步早，积累了丰富的经验。俄罗斯、印度、巴西等新兴国家也在不断提升其国际组织人力资源开发的能力。本节将从各国的具体开发实践上总结国际组织人力资源开发的国际经验。

（一）美国：课程合理，理论实践结合

在国际组织中，来自美国的国际组织职员数量多，职位也较高。以世界银行为例，世界银行历任行长均来自美国，且均毕业于美国最顶尖的研究型大学。[1] 美国是全世界最早设立公共政策（MPP）及公共管理

---

① 张汉、赵寰宇：《中国大学如何培养全球治理人才？——美国研究型大学的经验及其启示》，《经济社会体制比较》2019 年第 1 期。

（MPM）专业的国家之一。美国很多高校都开设了国际关系相关专业，并设立了专门的研究与教学机构，为国际组织输送了不少人才。哈佛大学肯尼迪政治学院 2017 年共有 538 名毕业生，有近 2/3 的毕业生在政府或非政府组织就业，乔治·华盛顿大学每年有超过一半的毕业生进入国际组织工作，其他如耶鲁大学、普林斯顿大学以及哥伦比亚大学国际关系相关专业的毕业生进入国际组织工作的比例也较高。[①] 总体来看，美国国际组织人力资源开发成果较为显著，高校培养国际组织人才的方法比较成熟。

1. 注重培养学生的领导力

国际组织的能力框架要求职员应该具备领导能力。美国许多高校将领导力培养纳入到教学体系中，如哈佛大学肯尼迪政府学院开设了系列领导力培养的课程。领导力是一种实质的影响力，必然伴随着影响周围的特质，如个人智慧、主导支配能力、说话的语音语调等。这些特质可能是与生俱来的，但也可以通过后天的培养形成。因此，美国高校综合运用各种教学方法培养学生的领导力。如哈佛大学肯尼迪政府学院采取的特质教学法、情境教学法、基于社会交往的交互法。

2. 课程设置围绕"国际组织"特征和动向

美国大学的国际关系专业课程设置框架契合国际组织的关注方向，紧密围绕全球性的热点和议题，学生可以根据自身兴趣和发展方向进行选择。例如，乔治·华盛顿大学的硕士课程结合横向区域研究与纵向专题研究。学生将选择亚洲、拉美等某一个区域作为研究重点领域，并选择一个全球性议题进行深入挖掘。这种实用性高的培养方式使学生在国际组织对口岗位的应聘中更具有明显优势。

3. 理论与实践相结合

美国高校重视学生问题解决能力的培养，在理论培养的同时通过多种形式培养学生的实践能力。美国许多高校在国际关系专业课程中设置了实践课程和学分，并采用了工作坊、研究课题、实地考察及短期研修等

---

① 李楠、张蔼容：《国际治理人才培养的域外经验和中国策略》，《开放经济研究》（年刊）2019 年。

丰富的培养形式。同时,高校会积极与国际组织、研究智库、政府机构及跨国企业开展合作,为学生提供尽可能多的实习机会。在全球有较大影响力的学生实践活动"模拟联合国"也起源于美国。系列实践活动帮助美国学生更好地了解国际组织的发展和运作。

4. 教学团队知行合一

美国许多高校国际关系学和公共管理学的授课教师来源丰富,包括国际组织的任职人员、外交人员、行业翘楚及项目专家等。他们不仅有渊博的学识,而且有在国际组织、政府及研究机构等领域工作和实践的丰富经验,掌握着世界发展的第一手信息。他们能为学生带来先进和专业的教学,还能为学生提供国际组织职业选择的咨询和支持。这些教师榜样不凡的人生履历、深厚的知识素养和实践精神指引学生不断前行。

(二)瑞士:政府大力支持,地缘优势强大

20 世纪以来,瑞士与国际组织已经构建了良好的关系。日内瓦享有"世界国际组织第一都"的声誉。国际组织中也出现了越来越多瑞士公民的身影。2017 年,瑞士需向联合国缴纳 1.14% 会费,则可推算出瑞士在联合国任 P2 级以上职务的人员理想幅度为 25—34 人,但其实际任职人数为 36 人,属于代表人数超出正常比例的欧洲国家。[①] 目前,瑞士已经从政府层面到民间层面搭建国际组织人才输送机制,并建立多种渠道支持本国国民到国际组织就业。

1. 政府部门大力支持

瑞士政府的外交政策一直致力于为瑞士公民进入国际组织工作提供最大支持,促进瑞士公民在国际组织决策机构拥有尽可能多的人数,推动瑞士公民在国际组织中占据尽可能高的职位。针对基层职位,瑞士政府积极采取与国际组织建立长期合作关系、设立专项资助等针对性举措,具体如设立联合国志愿者实习项目、建立专项财政资助,以帮助大学毕业生到国际组织实习。针对专业职位,外交部积极获取和发布国际组织职位

---

① 郦莉:《国际组织人才培养的国际经验及中国的培养机制》,《比较教育研究》2018 年第 4 期。

发布的第一手信息，并由政府资助瑞士初级专业官员的实习，以帮助国民及时寻得国际组织职业发展机会。针对高层职位，瑞士联邦外交部会通过有明确指向性的活动帮助瑞士候选人在国际组织机构中赢得选举，获得政治职位，从而在国际组织的最高管理机构占据一席之位。

2. 积极吸引国际组织落户

瑞士为吸引国际组织落户已经付出了长久的历史努力。通过充分发挥驻地比较优势，目前已有众多国际组织落户瑞士。日内瓦更是成为"世界国际组织第一都"。瑞士联邦政府为帮助国民顺利进入国际组织任职，同许多国际组织签订了合作协议。根据协议，瑞士在建筑、税收、住房及医疗等方面为国际组织提供优惠措施，而国际组织为瑞士公民提供工作岗位，这帮助瑞士公民获得了更多直接或间接就业的机会。国际组织的落户也增加了瑞士举办国际组织会议和国际培训的机会，提高了瑞士的知名度和教育水平。

3. 民间机构合力推进

瑞士政府重视调动民间资源，授权民间的就业服务机构提供国际组织就业指导服务。为全面提供国际组织就业支持，瑞士政府同民间机构"信息中心"（Cinfo）建立了合作关系，在民间层面建立了专业服务平台。这种专业、具体的民间指导服务包括国际组织求职指南、信息传递、经验分享、简历及面试指导等内容。民间机构也通过系列活动为有国际组织就业意向的申请者提供了联系国际组织职员的机会。

（三）**日本：专门机构协调，重视教育融合和资助**

自第二次世界大战结束以来，日本十分重视其在国际组织中的影响力，不断探索国际组织人力资源开发路径，为国际组织输送了大量优秀人才。仅日本的"JPO派遣计划"自实施以来已向各类国际机构派遣日本年轻人约1400多人。[①] 日本国民活跃在联合国、联合国开发计划署、联合国难民署、国际劳工组织、国际原子能机构、经济合作与发展组织等国

---

① 唐永亮：《向国际机构输送人才——日本在国际机构扩大影响力的各种举措》，《世界知识》2014年第13期。

际组织,并有不少人身居要职,如曾任国际原子能机构总干事的天野之弥和曾任联合国难民事务高级专员的绪方贞子。这些成效主要得益于日本对国际组织人力资源开发的重视和经验积累。

1. 设立专门的协调机构

日本政府专门设立了外务省国际机构人事中心,以更好地制定和实施国际组织人力资源开发计划。同时,日本政府在驻联合国代表处、驻日内瓦代表处及驻维也纳代表处分别设立了该中心的支部,以推进各区域的国际组织人才计划。外务省为想进入国际组织的日本人提供各种信息和支持,并积极牵头实施了各项国际组织人才输送计划。自1974年起,日本外务省实施"初级专业人员派遣计划"(简称"JPO派遣计划"),每年面向国内35岁以下的年轻人发起招募,层层选拔出具有特定专业背景的优秀人才,并向合作关系较好的国际机构进行举荐。自2007年起,日本外务省与联合国志愿者组织联手实施维和人才培养计划,按"国内研修+海外实务研修"的培养路径,培养了大批国际组织需要的维和人才。

2. 融合高等教育改革,重视资金援助

自20世纪70年代起,日本开始注重培养"能够在世界生存的日本国民",是较早推行高等教育国际化的国家之一。近年来,日本将国际组织人才培养和高等教育改革有效融合起来,将国际组织人才培养的长远目标和争办世界一流大学的教育目标统一起来,采取了一系列举措。日本制定的"国际化基地建设(G30)项目""博士课程教育引导计划""超级国际化大学计划""推动经济发展国际型人才支援计划"等项目都在不同程度上助力了国际组织人才培养。为充分调动不同高校的重点资源,日本设定多样化援助模式,针对不同层次和类型的高校实行分类援助,且投入的资金数额巨大。资金的大力援助和有重点的投放,提高了资金的有效利用率,为高校加速推进国际组织人才培养提供了重要保障。

(四)印度:高等教育国际化,语言优势突出

近年来,印度人才在国际组织中获得重用的趋势愈加明显。如1990年钦马亚·拉贾尼纳特·加雷汗担任联合国经济与社会理事会会长,2012年苏马·查克拉巴蒂担任欧洲复兴开发银行行长。截至2018年,联合国系统中的印度籍职员为 2373 人,占比约为 2.165%,而中国籍职员只有 1235 人,占比约为 1.127%。由此可见,印度的国际组织人力资源开发实践取得了成效。

1. 高等教育国际化

高等教育国际化对国际组织人才的培养具有重要意义。自很早以前起,印度就十分重视国际化高等教育,这得益于英国殖民政府在加尔各答、孟买和马德拉斯三个城市创建大学的举措为印度高等教育发展奠定的基础。印度在独立后进一步将高等教育发展提升到了战略性地位。积极同其他国家开展的交流合作和系列青年工程的实施为印度青年登上世界舞台提供了帮助。印度政府还建立起了一套完整的法律体系,为高等教育国际化的发展提供了良好的环境保障。如 1945 年成立印度大学拨款委员会专门为公立大学和学院提供资金,实施双边交流项目,促进了国际学生的自由流动。[①]　总体来看,印度形成了国际化的教育氛围。印度家庭也将国际化作为教育初衷,倾向于将孩子送至国际学校学习并出国深造,期盼孩子在国际舞台有所作为。这种国际化人才培养氛围使印度人更能在国际组织中崭露头角。

2. 英语教育优势突出

语言能力是国际公务员的基本能力要求,也是进入国际组织的一个先决条件。联合国虽有英语、法语、俄语、汉语、阿拉伯语和西班牙语六种工作语言,但英语和法语的使用更加频繁。英语是目前世界上使用范围最广的语言,也是大多数国际组织的官方语言。英国的殖民统治为印度留下了英语教育的传统。英语也成为印度的官方语言。印度高校大部分使用英语作为教学用语,教材多元新颖,重视语言应用能力的培养。因此大部分印度人拥有很强的英语水平,这使得印度人更容易融入国际社会。英语教育优势为印度人才进入国际组织提供了更多的机会。

---

① 李楠、张蔼容:《国际治理人才培养的域外经验和中国策略》,《开放经济研究》(年刊)2019 年。

二、中国国际组织人力资源开发的未来挑战

与西方国家相比,中国的国际组织人才培养起步较晚。中国在国际组织人力资源开发面临着激烈的国际竞争。本节将介绍中国国际组织人力资源开发面临的系列挑战。

(一)缺乏国际组织人才培养的长期战略规划和协调机构

当前,中国发展迅速,成为世界第二大经济体,但国际组织人才输送并未达到理想的水平。为弥补国际组织人才输送缺口,中国近年来颁布了几个重要的政策性文件以推进国际组织人力资源开发。《国家中长期人才发展规划纲要(2010—2020年)》《关于做好新时期教育对外开放工作的若干意见》《关于促进普通高校毕业生到国际组织实习工作的通知》等文件倡导和鼓励公民积极加入到国际组织中,为有意愿的中国公民前往国际组织实习和任职提供了政策支持。但该战略规划指导仍有不足,缺乏国际组织人才培养和选送的长远规划和分步规划,缺乏具体的培养机制、保障制度、培养路径的系统设计。

国际组织人才输送是一项重大战略性工程,需要有专门的协调机构去推进。德国、日本等国都成立了专门的协调机构,为国际组织人才培养提供信息、咨询、中介等服务和支持。而中国目前主要由人社部、国家留学基金委、各高校等数个部门多头推进国际组织人才培养和输送,各个单位间联系少,单兵作战,并未形成统一的合作机制,缺乏专业性强的人才培养输送协调机构,难以产生协作效应,不利于国际对外形象和国际组织相关战略的整体推进。

(二)国际组织人才培养理论基础薄弱

国际组织人才培养机制的科学建立需要良好的培养理论基础。但目前中国学者对国际组织及国际公务员培养的相关研究数量较少,主要集中于国际组织人才需求、国际关系或外语类学科人才培养等角度,尚未涵盖国家顶层设计、跨学科培养体系建设等维度。此外,中国也缺少成熟的国际组织及其人才培养专门研究机构和经验丰富的研究人员,研究力量分散,高水平研究成果少,尚未形成扎实的理论研究体系。

当前中国虽已加强国际组织人才的培养,但培养方式较单一,主要以高校培养为主。高校培养的大规模展开主要集中在近五年,办学经验总体不足,对于国际组织的用人机制和国际公务员成长规律的认识不够深入和全面。中国东方式的思维模式和国际组织以西方式为主的思维模式存在差异,中国的教育体制和西方的教育体制也不同。这种差异性也在一定程度上阻碍了中国对国际组织的深入认识和研究。

(三)学科设置和师资建设滞后

国际组织的胜任素质模型对国际公务员的核心价值观、核心能力和领导能力提出了具体要求,但中国现行的学科分类标准尚未能满足国际组织对复合型人才的需求。中国高校国际组织人才培养往往依托于某个院系,比如国际关系学院、外语学院,存在着部门切割、学科切割的问题,跨学科、跨院系、跨高校培养能力整体较弱,难以完全实现国际性复合型人才的培养目标。当前中国高校国际组织人才培养主要为大方向培养,培养方向不够细化,与国际组织的用人需求、运作规则和发展方向的联系紧密度不高。

此外,与美国、英国等发达国家相比,中国国际组织人才培养专业师资匮乏。高校中承担国际组织人才培养重任的教师往往缺少与国际组织相关的培养培训,缺少国际组织工作经验,难以为学生提供专业科学的指导。

(四)学生缺乏实践能力和主动意识

国际组织人才不仅需要扎实的专业素养,也需要丰富的国际视野和综合实践能力。当前,国内也在不断加强实践平台建设。教育部自2014年起向联合国机构派遣实习生。国家留学基金委加强学生赴国际组织实习的资助力度和范围。各大高校通过联合培养的形式,和国际组织及国际企业签订联合培养或实习协议。但不少项目依旧是依靠国家留学基金委的力量,实习渠道总体较少,保障制度尚未健全。对比美国、德国等国,中国国际组织人才培养实践平台的建设总体不足。一是数量有限,辐射范围较小,难以大规模推进国际组织人才培养;二是参与者较少,缺少其他专项、基金会或社会力量的支持。

此外,与西方教育方式相比,中国的基础教育甚至高等教育主要以课堂教学为主。学生往往被动完成学习任务,缺乏学习的主动性和积极性,实践创新能力较弱。同时,社会中并未形成到国际组织就业的意识氛围,个体缺乏与加入国际组织相关的职业规划意识。只有当学生积极主动参与到国际组织人力资源开发实践时,才能使国际组织人才培养落到实处。

三、中国国际组织人力资源开发方向建议

国际组织人力资源开发是中国提升国际影响力、发挥中国作用的关键一步,需要树立"全国一盘棋"的思想,需要有目的、有计划、有重点地从多层次和多渠道开展工作。总体来看,中国国际组织人力资源开发需要做好三个方面的结合:一是点和面的结合,要把握好在国际组织重要机构、关键部门、决策职位的人才开发,同时要做好基层人才培养、储备和输送;二是近和远的结合,要做好短期内的推荐和选派工作,同时要建立国际组织人才培养输送的长效机制,多渠道多举措建设低中高的人才梯队,以适应当前和长远的需要;三是官和民的结合,由政府部门统筹协调,同时积极调动高校、民间等各方力量,取长补短,互相支持。

(一)做好顶层设计,打造国际组织人才培养前沿领军队伍

1. 建立健全国际组织人才培养中长期规划

国际组织人才培养和输送是一项系统工程,需要全面加强国家顶层设计,做好中长期规划,注重全过程统筹,制订阶段性发展战略计划,不能一蹴而就。这也是一项基础工程,必须整合各方资源,形成政府部门、高校、社会团体、科研机构、公民各级齐心协力、通力合作的良好机制,增加跨部门的横向联系,推动社会各界和高校各级力量的广泛参与。做好中长期规划,需要先理清国内国际组织人才培养和输送的历史发展进程、现状、机遇和挑战,加强与国际组织的对接和沟通,充分了解国际组织的用人需求,对国际组织人才培养的近中长期发展目标、工作方针、基本原则、主要任务措施、体制机制、经费投入、师资队伍建设、组织协调、绩效评价等问题作出明确的、系统的规定和安排,提高国际组织人才培养和输送的质量和效率。

2. 建立健全国际组织人才培养保障机制

国际组织人力资源开发需要建立健全的、自上而下的保障机制,实行分类分级的资助和奖励,才能保障人才培养和输送的数量和质量。一是提供全方位的政策保障,为赴国际组织实习任职的学生提供学籍学分、弹性学制、户籍派遣、经费支持等方面的政策保障,为学生减少后顾之忧。同时为政府部门、高校、企事业单位、研究机构等单位的派出人员提供派出期间单位编制、工作调整、业绩考核等内容,以及归国后的经历认可、薪资福利等问题的相关政策保障。二是建立资金资助体系,为各培养单位加大国际组织人才培养力度提供资金资助,为学生前往国际组织实习、开展国际组织研究提供资金支持。三是建立人才激励机制,依据贡献价值对进入国际组织工作的优秀职员提供分级的奖励,对退休的国际公务员提供归国后的福利,以此激励广大人才积极到国际组织任职,消除其在国际组织就业的顾虑。

3. 建立专门协调机构

国际组织人才培养和输送是一项庞大的工程,需要国家、社会、学校和家庭的通力合作,需要着力于人才培养和输送的各个环节,需要有统一的规划和指导,这就意味着必须要建立专门的协调机构,避免各部门各行其是,乱了章法,效率低下。中国应借鉴日本、德国等国的培养经验,尽快建立国际组织人才办公室,统筹人才培养和输送的各项事宜,协调和统领各部门和各高校的工作。此外,国际组织人才办公室应对国际组织人才培养和输送实行全过程的管理,定期对具体工作、实施计划、目标完成情况进行跟踪和评估,找出不足,总结经验,以不断完善人才培养和输送机制。

4. 建立专门研究智库

2013 年 4 月,习近平总书记首次提出建设"中国特色新型智库"的目标,将智库发展视为国家软实力的重要组成部分,并提升到国家战略的高度。国际组织人力资源开发实践,需要对国际组织进行全面的探索,对国际组织人才培养输送的一般规律和特殊规律进行深入研究。中国高校内科研人才众多,校内外资源丰富,且有许多国际教育组织已经落户在高校内部。如联合国教科文组织国际工程教育中心秘书处设在清华大学;联合国教科文组织高等教育创新中心秘书处设在南方科技大学。中国国际组织研究智库和国际组织人才培养与选送研究新型智库的建设应充分利用高校的先天优势,以高校资源为基点,创新科研体制机制。智库的建设将成为突破口,为国际组织人才培养输送提供科学、全面的指导。

(二)创新人才培养模式,建立人才培养体系

1. 创新国际组织人才培养模式

习近平总书记提出参与全球治理需要一大批熟悉党和国家方针政策、了解中国国情、具有全球视野、熟练运用外语、通晓国际规则、精通国际谈判的专业人才。中国国际组织人力资源开发既要结合中国特色,也要紧密围绕国际组织的用人需求,不断创新国际组织的人才培养模式。一是中国国际组织人才培养既要从历史规律出发,把握世界发展新趋势,也要站在构建人类命运共同体的高度,结合中国"一带一路"倡议,培养具有中国情怀的人才。二是根据国际组织的使命和用人特点对培养模式进行调整,将国际组织胜任力纳入到普通学生的教育培养体系中,培养具有全球视野的人才。三是围绕复合型人才培养,整合校内资源,打破培养学科壁垒,优化学科设置。加快外语学科和非外语学科交叉融合的人才培养模式,开辟新的学科领域。国际组织人才培养的知识构成,既包括语言学、政治学、经济学、管理学等一级学科,也包括翻译学、国际关系、国际贸易、国际金融、国际法、行政管理等二级学科,又要有国际组织、国际公务员的业务知识,还要了解跨文化交流、外交谈判和礼宾礼仪。[1] 构建"专业素养+外语素养+国际组织素养"的培养模式,培养既具有较强的专业知识能力和外语能力,又具有国际组织素养的复合型人才势在必行。[2] 在"一带一路"的时代背景下,中国也应将非通用语种人才培养和国际组织人才培养结合,进一步提升学生的综合技能。四是打破院校壁垒,建立广泛的校外合作机制,完善校际课程共享

① 郦莉:《国际组织人才培养的国际经验及中国的培养机制》,《比较教育研究》2018年第4期。

② 刘宝存、肖军:《"一带一路"倡议下我国国际组织人才培养的实践探索与改革路径》,《高校教育管理》2018年第5期。

机制和学分互认机制,形成各高校间优势互补、资源共享的良好格局。同时要注重提升与世界知名大学的交流与合作,进一步深化联合培养机制,以提高学生的语言能力和国际视野。五是扩大课程辐射范围,对全体学生开设"国际组织研究""国际组织人力资源管理"等通选课程或辅修课程,增强学生对国际组织和国际组织用人机制的了解。六是拓宽视野,扩大人才培养范围,吸纳其他国家的人才,尤其是"一带一路"沿线国家的一流生源,开展留学生国际组织人才培养试点项目。这批中国教育背景下的留学生登上国际舞台也将有利于中华文化的输出,有利于增强中国在国际社会的影响力。

2. 加强师资队伍建设力度

当前各大高校缺少具有国际组织经验的教师,应加强国际组织人才师资队伍建设力度,坚持"本地培养+外部引进"相结合的策略。一是挑选具有综合素养的教师,尤其是具有国际关系专业知识、多语种能力的教师,开展定期培训,提供赴国外高校和国际组织学习的平台,如前往输送国际组织人才数量多、质量高的培养高校进行交流学习、到国际组织进行参观体验学习,建设一支高素质的国际组织人才培养师资队伍。二是建立激励机制,对培养出国际公务员的优秀教师进行奖励,激发教师的工作积极性。三是建立国际组织职员关系库,尤其是校友关系库。积极聘请国际组织在职人员或退休人员到高校任职或兼职,担任高校国际组织人才培养顾问。同时,积极邀请国际组织职员到校为师生做培训、开讲座,以弥补当前国际组织人才师资队伍的缺口。

3. 提升学生实践能力

实践出真知,提升中国学生的实践能力势在必行。一是要调整重教学轻实践的教学模式,将实践能力划为人才培养的重要标准,开设更多实践类的课程和活动项目。充分利用学生第二课堂,如模拟联合国、外交谈判等活动,培养国际组织人才需要的实践能力。二是积极搭建国内、国际多渠道实习平台,如与国际组织及其办事处、政府部门、涉外单位、研究机构签订合作协议,重点推进和潜在用人国际组织的沟通和衔接工作,有重点地选择国际组织中的合适部门建立长期对口联系,全面打通学生实习渠道,为学生就业做好铺垫。三是充分利用大型国际会议或论坛,建立志愿者输送机制,通过志愿活动为学生提供进一步了解国际社会发展动态的机会,在志愿工作中提升学生的实践能力。

【案例分析】

北京外国语大学国际组织学院成立

2017年4月9日上午,北京外国语大学国际组织学院举行成立仪式。中共中央组织部人才工作局局长孙某、教育部高教司司长张某、北京外国语大学校党委书记韩某及校长彭某共同为学院揭牌。

伴随着中国从大国向强国迈进的脚步,如何积极参与国际竞争与合作、面对新的世界格局,如何掌握更多的话语权,如何让中国引领世界已逐渐成为新的时代需求。而培养和储备一大批国际组织急需,掌握并擅长运用国际规则,具有多语种语言技能、突出的跨文化沟通能力、跨学科知识的未来新生代高端外语人才,既是外语类院校人才培养新的使命,也是外语类院校主动服务国家社会经济发展的责任所在。

北京外国语大学始终在思考,如何在全球化语境中积极利用国际教育资源,参与国际组织人才的培养,探索并形成一个具有中国外语类院校特色的国际组织人才培养模式。而国际组织学院的成立正是基于北外承担国家教育体制改革试点项目"探索国际组织需要的复合型人才培养模式"的实践,是北外深化研究生培养机制改革,建设"双一流"的积极探索,也是北外在国家积极培养、推送国际组织人才背景下,主动服务国家全球战略的重大举措。

丰富的多语种学科集群,多个教育部区域与国别研究机构,多年的国际组织人才培养实践,丰富的外交官校友资源,这些都为北外培养和输送国际组织人才提供了得天独厚的优势。北京外国语大学新成立的国际组织学院是集人才培养、智库研究、人才推送为一体的教学研究型平台。

国际组织学院将立足于三大定位:

第一,国际组织学科建设和国际组织人才培养的基地。国际组织学院将创新人才培养模式,培育交叉学科专业,联合北外学院及相关院系,开展学科建设、实施本硕博贯通式培养,培养兼具国际视野与中国情怀、通晓国际规则,精通两种以上联合国工作语言,具有出色专业能力和跨文化沟通能力的高端复合型、复语型国际组织人才。

第二,国际组织研究的基地。国际组织学院将整合校内的相关院系、区域研究基地、多语种学科集群优势,打造中国国际组织研究的智库,创立《国际组织研究》学术期刊,开展国际组织相关研究,为中国参与国际组织和国际事务提供智力支持。

第三,国际组织人才培训、输送的基地。同国家相关部委、国际组织、国内外高校、涉外部门、区域与国别研究机构、行业企业进行联合,面向国际组织和机构的海内外实习和就业导向,为学生提供到国际组织及相关机构实习和就业的机会。

国际组织学院拥有三大特色:

第一,建立全程导师组机制。全程三导师指导机制(为每名学生安排三个导师:语言文化导师、专业导师、实践导师)。逐步建立外语类与非外语类一流师资相结合、校内外一流专业教师与国际组织中从事实务工作的专家师资相结合、中国教师与国外学者相结合的国际化导师队伍。

第二,新型课程体系和培养方式。搭建跨院系、跨学科、国际化课程平台,使学生掌握丰富的国际法、国际政治与国际关系、国际经济与金融、国际新闻传播等专业知识及专业技能。实施单独招生、弹性学制、定制培养、中外双学位、赴国际组织实习就业等多种机制。

第三,全新的管理及运作机制。学院设立顾问委员会、发展理事会、学术委员会,由政界、学术界、企业界和国际组织等知名人士担任委员或者理事,共同参与学院管理。学院由教育部、外交部、中联部与北京外国语大学共同建设,联合国内外一流高校和研究机构,共同培养国际组织人才。学院建立与欧盟、联合国教科文组织、联合国总部等国际组织的实质合作关系。

"青青子衿,悠悠我心",北京外国语大学国际组织学院将立足中国,面向世界,服务于国家全球战略,为国家培养具有"中国情怀、世界眼光、青年责任、人类福祉"的全球领袖人才!

资料来源:北京外国语大学新闻网:《北京外国语大学国际组织学院成立》,2017 年 4 月 9 日, https://news.bfsu.edu.cn/archives/260895,2020 年 4 月 3 日。

【讨论】

案例中北京外国语大学国际组织学院建设定位和特色对中国高校参与国际组织人力资源开发进程有什么启示?

【思考题】

1. 中国国际组织人力资源开发实践历程是怎样的?
2. 中国国际组织人力资源开发实践的现状是怎样的?
3. 各国国际组织人力资源开发实践有什么成功经验?
4. 中国国际组织人力资源开发实践面临着怎样的挑战?
5. 中国国际组织人力资源开发实践未来可以往什么方向发展?

附　　录

附录1　主要的国际组织成立时间表

一、萌芽时期	
时间(年)	主要组织
1815	莱茵河航运中央委员会
1863	伤病救护国际委员会(红十字委员会前身)
1865	国际电报联盟(国际电信联盟前身)
1874	邮政总联盟(万国邮政联盟前身)
1875	国际法定度量衡组织
1889	各国议会联盟
1890	美洲共和国国际联盟(美洲国家组织前身)
1894	国际奥林匹克委员会
1906	国际电工委员会
1920	国际联盟
1924	世界动物卫生组织
1930	国际清算银行
二、快速发展时期	
时间(年)	主要组织
1945	联合国、国际货币基金组织、世界银行、阿拉伯国家联盟、国际航空运输协会
1946	比荷卢经济联盟、国际法院
1947	自由进步党国际、南太平洋委员会、国际标准化组织
1949	北大西洋公约组织、欧洲委员会、巴统
1956	国际刑事警察组织、国际原子能机构

1959	美洲开发银行
1960	欧洲自由贸易联盟、石油输出国组织
1961	经济合作与发展组织、大赦国际、世界自然基金会
1963	非洲联盟
1964	非洲开发银行、77 国集团
1965	拉丁美洲议会
1966	亚洲开发银行
1967	东南亚国家联盟（东盟）
1968	阿拉伯石油输出国组织
1970	法语国家组织
1971	伊斯兰会议组织、桑戈委员会
1972	24 国集团
1973	加勒比共同体和共同市场
1974	国际能源机构、阿拉伯议会联盟
1975	西非国家经济共同体、拉美经济体系、核供应国集团、欧洲安全与合作组织、世界旅游组织
1976	大湖国家经济共同体
1979	亚太电信组织
1981	拉丁美洲一体化协会、海湾阿拉伯国家合作委员会
1983	中部非洲国家经济共同体
1985	南亚区域合作联盟
1986	8 国集团
1989	15 国集团、亚太经济合作组织、反洗钱金融行动特别工作组、阿拉伯马格里布联盟
1990	南方中心
1991	欧洲复兴开发银行、南方共同市场、独立国家联合体、中美洲一体化体系
1992	大湄公河次区域经济合作、南部非洲发展共同体、各国议会联盟
1993	欧洲联盟、亚太议会论坛、国际认可论坛
1994	东部和南部非洲共同市场、西非经济货币联盟、加勒比国家联盟、国际海底管理局、国际海洋法法庭
1995	世界贸易组织、环印度洋地区合作联盟
1996	穆斯林发展中八国集团、葡语国家共同体
三、战略发展时期	
时间（年）	**主要组织**
1997	禁止化学武器组织、国际竹藤组织

1998	欧洲中央银行
1999	亚洲议会和平协会、20 国集团、黑海经合组织
2000	非加太地区国家与欧共体及其成员国伙伴关系协定
2001	上海合作组织、博鳌亚洲论坛、非洲发展新伙伴计划
2002	国际刑事法院
2004	中国—阿拉伯国家合作论坛、南美洲国家联盟、南美国家共同体（2007 年改名为南美国家联盟）
2006	国际生态安全合作组织、古阿姆民主与发展组织
2007	南方银行
2009	中国—东盟中心
2014	金砖国家新开发银行
2015	亚洲基础设施投资银行

资料来源：结合各国际组织官网与百度百科进行整理。

附录2　联合国系统简介

　　联合国系统是由不同组织构成的大家庭，也被称为"联合国大家庭"，其中包括联合国自身、联合国各方案和基金、专门机构以及其他相关组织。联合国各方案和基金是联合国大会的附属机构，接受联合国秘书长的领导，通过自愿捐助而非分摊会费获得资金。与联合国各基金和方案不同，联合国专门机构和有关组织不受联合国秘书长的管辖，是法律上独立的国际组织，有自己的规则、成员、机构和财务资源。专门机构根据《联合国宪章》第57 条和第63 条与联合国经济及社会理事会订立并经大会核准的协定加入联合国系统，成为与联合国共事的自治组织，并通过自愿捐助和分摊会费获得资金。专门机构有的是联合国设立的，有的创立时间比联合国还早，如国际劳工组织和万国邮政联盟。相关组织通过关系协定或其他安排成为联合国系统的一部分。联合国系统的所有成员齐心协力，共同应对文化、经济、科学和社会等所有领域的问题。以下就联合国系统中的重要成员进行简单介绍。

一、联合国

联合国是一个国际性组织,于 1945 年成立,现有会员国 193 个。联合国的宗旨和工作以《联合国宪章》中规定的机构目标和原则为出发点。

由于《联合国宪章》赋予的权利及其独特的国际性质,联合国可就人类在 21 世纪面临的一系列问题采取行动,具体涉及和平与安全、气候变化、可持续发展、人权、裁军、恐怖主义、人道主义和卫生突发事件、性别平等、施政及粮食生产等。此外,联合国通过大会、安全理事会、经济及社会理事会和其他机构和委员会,为会员国提供一个论坛来表达观点,并通过促成会员国间对话,主持协商,成为政府间达成协议、携手解决问题的有效机制。

联合国有六个主要机关,其中大会、安全理事会、经济及社会理事会、托管理事会和秘书处五个机关设在纽约联合国总部,第六个主要机关是国际法院,设在荷兰海牙。

二、联合国各方案和基金

◆联合国开发计划署

联合国开发计划署(简称"开发署")是联合国从事发展的全球网络,关注民主治理、减少贫穷、危机预防与恢复、环境与能源以及艾滋病病毒/艾滋病的挑战。开发署还协调国家和国际努力实现减少贫穷的千年发展目标。

◆联合国环境规划署

联合国环境规划署(简称"环境署")成立于 1972 年,是联合国系统内负责环境事务的权威机构。环境署激发、提倡、教育和促进全球环境资源的合理利用,并推动全球环境的可持续发展。

◆联合国人口基金

联合国人口基金(简称"人口基金")作为联合国引领机构,致力于在这个世界实现每一次怀孕都合乎意愿,每一次分娩都安全无恙,每一个青年的潜能都充分实现。

◆联合国人类住区规划署

联合国人类住区规划署(简称"人居署")致力于促进社会和环境方面可持续性人居发展,以达到所有人都有合适居所的目标。

◆联合国儿童基金会

联合国儿童基金会(简称"儿基会")在 190 多个国家和地区开展工作,以拯救儿童的生命,捍卫他们的权利,帮助他们实现自己的潜能。

◆世界粮食计划署

世界粮食计划署(简称"粮食署")每年会向约 80 个国家的 8000 万人口提供援助,是处于全球抗击饥饿最前线、致力于抗击饥饿、提供紧急粮食援助并与各种社区展开合作共同改善营养状况与增强恢复力的人道主义组织。

三、其他实体

◆国际贸易中心

国际贸易中心(简称"国贸中心")成立于 1964 年,是世界贸易组织和联合国的联合机构,是唯一致力于支持中小企业(Small and Medium-sized Enterprise,简称 SME)国际化的发展机构。使命是促进包容性和可持续性的经济发展,并为实现联合国全球可持续发展目标作出贡献。

◆联合国贸易和发展会议

联合国贸易和发展会议(简称"贸发会议")是联合国处理有关发展问题——特别是作为发展主要推动力的国际贸易问题的常设机构。

◆联合国难民事务高级专员公署

联合国难民事务高级专员公署(简称"难民署")致力于保护全球难民并帮助他们重返家园或被重新安置。

◆联合国项目事务署

联合国项目事务署(简称"项目署")是联合国的项目业务部门,它支持世界各地合作伙伴的建设和平、人道主义和发展项目的成功实施。

◆联合国近东巴勒斯坦难民救济和工程处

联合国近东巴勒斯坦难民救济和工程处(简称"近东救济工程处")

已在社会福利和人类发展方面服务了几代巴勒斯坦难民。其服务范围涉及教育、医疗保健、救济、社会服务、基础设施和难民营地改善、小额信贷和包括武装冲突期间的紧急援助。

◆联合国促进性别平等和增强妇女权能署

联合国促进性别平等和增强妇女权能署(简称"妇女署")整合和依托联合国系统内四个原先完全不相干的部门的工作,重点关注两性平等和妇女赋权。

四、专门机构

◆联合国粮食及农业组织

联合国粮食及农业组织(简称"粮农组织")领导国际社会为战胜饥饿而努力。它既是发展中国家和发达国家谈判协定的论坛,也为援助发展提供技术知识与信息。

◆国际民用航空组织

国际民用航空组织(简称"民航组织")设立空中导航、空难调查以及航空过境程序的国际准则。

◆国际农业发展基金

国际农业发展基金(简称"农发基金")自 1977 年成立以来,专注农村减贫工作。农发基金与发展中国家的农村贫困人口合作以消除贫困、饥饿和营养不良,提高他们的生产力和收入,并提升他们的生活质量。

◆国际劳工组织

国际劳工组织(简称"劳工组织")通过制订有关结社自由、集体谈判、废除强迫劳动以及机会与待遇平等的国际标准以增进国际劳工权利。

◆国际货币基金组织

国际货币基金组织(简称"基金组织")通过为各国提供临时财政援助帮助其缓解国际收支困难,以及给予技术援助来促进经济增长和创造就业。

◆国际海事组织

国际海事组织(简称"海事组织")建立了一个详尽的航运法规框架,处理安全和环境议题、法律事项、技术合作、海事安全和船运效率。

◆国际电信联盟

国际电信联盟(简称"国际电联")是联合国系统中负责信息和通信技术的专门机构。国际电联致力于连通世界各国人民——无论他们身处何方,处境如何。国际电联通过自身工作,保护并支持每个人的基本通信权利。

◆联合国教育、科学及文化组织

联合国教育、科学及文化组织(简称"教科文组织")致力于推动各国在教育、科学和文化领域开展国际合作,以此共筑和平。联合国大会于2015年通过了《2030年可持续发展议程》,教科文组织开展的各项目将助力实现该议程中的可持续发展目标。

◆联合国工业发展组织

联合国工业发展组织(简称"工发组织")是联合国的专门机构,通过促进工业发展来实现减贫、包容性全球化和环境可持续性。

◆世界旅游组织

世界旅游组织(简称"世旅组织")是联合国负责促进负责任的、可持续的和人人可享受的旅游业的机构。

◆万国邮政联盟

万国邮政联盟(简称"万国邮联")是邮政行业参与方之间合作的主要论坛,有助于确保建立一个最新产品与服务的真正全球网络。

◆世界卫生组织

世界卫生组织(简称"世卫组织")的目标是为世界各地的人们创造一个更美好、更健康的未来。世卫组织致力于努力防治疾病,包括流感和艾滋病病毒等传染病以及癌症和心脏病等非传染性疾病;帮助母亲和儿童生存、发展,使他们能期待一个健康的老年;确保人们呼吸安全的空气,食用安全的食物,饮用安全的水,并确保他们使用安全的药物和疫苗。

◆世界知识产权组织

世界知识产权组织(简称"知识产权组织")是关于知识产权服务、政策、合作与信息的全球论坛。其使命是领导发展兼顾各方利益的有效国际知识产权制度,让创新和创造惠及每个人。

◆世界气象组织

世界气象组织(简称"气象组织")促进气象数据和信息的全球自由交换,进一步提高其在包括航空、航运、安保及农业等一系列事务中的运用。

◆世界银行集团

世界银行集团关注减轻贫困和提高全球生活水平,为发展中国家提供低息贷款、无息信贷和赠款,用于教育、卫生、基础设施、通信和其他方面。世界银行集团由以下五个机构组成:

● 国际复兴开发银行(International Bank Reconstruction and Development,简称IBRD)

● 国际投资争端解决中心(International Center for Settlement of Investment Disputes,简称ICSID)

● 国际开发协会(International Development Association,简称IDA)

● 国际金融公司(International Finance Corporation,简称IFC)

● 多边投资保证机构(Multilateral Investment Guarantee Agency,简称MIGA)

五、相关组织

◆全面禁止核试验条约组织筹备委员会

全面禁止核试验条约组织筹备委员会(简称"禁核试组织筹委会")职责是为《全面禁止核试验条约》生效做好各项准备工作。《全面禁止核试验条约》禁止任何人在任何地方进行核爆炸:无论是在地球表面、大气层还是水下及地下。

◆国际原子能机构

国际原子能机构(简称"原子能机构")是促进核领域科学技术合作的世界主要政府间论坛。它致力于核科学技术的安全、可靠及和平利用,为国际和平与安全及联合国"可持续发展目标"作贡献。

◆国际刑事法院

国际刑事法院(简称"国际刑院")的管辖权是《罗马规约》赋予的,

其主要功能是对犯有种族灭绝罪、危害人类罪、战争罪、侵略罪的个人进行起诉和审判。国际刑院旨在补充而不是取代国家犯罪体系；它仅在国家不愿意或不能真正做到这一点时起诉案件。

◆国际移民组织

国际移民组织（简称"移民组织"）是移徙领域的主要政府间组织，与政府、政府间和非政府伙伴密切合作。移民组织努力确保有秩序和人道地管理移民，促进移民问题的国际合作，协助寻求解决移民问题的实际办法，向有需要的移民提供人道主义援助，包括难民和国内流离失所者。

◆国际海底管理局

国际海底管理局（简称"海管局"）的主要职能是规范深海底采矿，并特别强调确保海洋环境不受采矿活动（包括勘探）过程中可能产生的有害影响。

◆国际海洋法法庭

国际海洋法法庭（简称"海洋法法庭"）是根据《联合国海洋法公约》设立的独立司法机关，旨在裁判因解释或实施《联合国海洋法公约》所引起的争端。法庭管辖权包括根据《联合国海洋法公约》及其执行协定提交法庭的所有争端，以及在赋予法庭管辖权的任何其他协定中已具体规定的所有事项。《联合国海洋法公约》缔约国都可参加法庭，在某些情况下，除缔约国之外的实体（例如国际组织及自然人或法人）也可参加。

◆禁止化学武器组织

禁止化学武器组织（简称"禁化武组织"）是根据1997年4月29日生效的《关于禁止发展、生产、储存和使用化学武器及销毁此种武器的公约》，于1997年5月23日成立。《关于禁止发展、生产、储存和使用化学武器及销毁此种武器的公约》的宗旨和目标是全面禁止和彻底销毁所有化学武器，并为此规定了严格的核查机制；促进化工领域的国际交流与合作。禁止化学武器组织是监督《关于禁止发展、生产、储存和使用化学武器及销毁此种武器的公约》实施的机构，以确保《关于禁止发展、生产、储存和使用化学武器及销毁此种武器的公约》的各项条款得到有效执行，并为缔约国提供进行协商与合作的论坛。

◆世界贸易组织

世界贸易组织(简称"世贸组织")是处理国家间贸易规则的唯一全球性国际组织。它的核心是由世界上大多数贸易国谈判和签署并在其议会中批准的 WTO 协定。目标是帮助商品和服务的生产商、出口商和进口商开展业务。

资料来源:①根据各国际组织官网、联合国系统行政首长协调理事会官网、人社部国际组织人才信息
　　　　　网国际组织专栏、中华人民共和国常驻国际海底管理局代表处官网、中华人民共和国外
　　　　　交部官网等权威网站资料整理;
　　　　②联合国全球传播部:《联合国概况》(第 42 版),2017 年,第 30—31 页;
　　　　③联合国全球传播部:《联合国系统》,2019 年,见 https://www.un.org/zh/aboutun/
　　　　　structure/pdf/chart_2019_8_7.pdf;
　　　　④联合国大会:《追究联合国官员和特派专家的刑事责任秘书长的报告》,2018 年 7 月 12
　　　　　日,见 https://undocs.org/zh/A/73/155。

附录3　国际组织薪酬管理的专业术语

基薪/底薪表	对专业及以上职类工作人员普遍适用的薪级表,与工作地点差价调整数制度结合使用。此表所列数额是世界各地工作人员领取的最低净额
参照制度	专业及以上职类工作人员的薪金和其他服务条件是依据诺贝尔梅耶原则,参照薪资最高国家公务员制度所适用的薪金和服务条件确定的。联合国自成立以来一直采用美国联邦公务员制度作为参照制度。另见"薪资最高国家公务员制度"和"诺贝尔梅耶原则"
并入工作地点差价调整数	专业及以上职类工作人员的基薪/底薪表定期做调整,以反映参照制度薪级表薪额的增加。上调办法是将工作地点差价调整数中的一个设定数额纳入或"并入"基薪/底薪表薪额。如果并入基薪/底薪表的数额为工作地点差价调整数的5%,则所有工作地点的差价调整数乘数点降低5%,从而大体确保工作人员的薪资不增/不减。这种称为"不增/不减"的实施办法使工作人员的实得工资不变,也不给各组织增加薪金费用
生活费差数	在计算薪酬净额差幅时,将纽约联合国专业及以上职类职员的薪酬与哥伦比亚特区华盛顿参照制度对应职等职员的薪酬进行比较。在比较时,纽约和华盛顿两地生活费差数被算进参照制度人员的薪金,以确定其在纽约的"实值"。在比较上述两类工作人员所适用的应计养恤金薪酬数额时,也计入了纽约和华盛顿两地的生活费差数
总薪级表	参照国(美国)公务员制度采用的一个分 15 个职等的薪级表,适用于多数雇员

薪资最高国家公务员制度	根据诺贝尔梅耶原则,联合国专业及以上职类工作人员的薪金是参照薪资最高国家公务员制度所适用的薪金确定的。薪资最高的国家目前是美国。另见"参照制度"和"诺贝尔梅耶原则"
薪酬净额	基薪/底薪加上工作地点差价调整数
薪酬净额差幅	委员会定期比较纽约联合国 P1 至 D2 职等工作人员薪酬净额与哥伦比亚特区华盛顿美国联邦公务员制度对等职位雇员的薪酬净额。两种公务员制度的薪酬按纽约与哥伦比亚特区华盛顿生活费差数进行调整后得出的平均百分比差异就是薪酬净额差幅
不带家属工作地点	联合国安全和安保部决定出于安全和安保原因所有合格受抚养人不能在那里停留 6 个月或更长时间的工作地点
应计养恤金薪酬	用来计算工作人员和有关组织向联合国合办工作人员养恤基金(养恤基金)缴款的数额。应计养恤金薪酬数额也用于确定工作人员退休时的养恤金福利
地点间比较调查	作为确定工作地点差价调整数指数的一部分进行的调查。调查将某一地点特定日期的生活费用同基线城市纽约的生活费用进行比较
工作地点差价调整数指数	以某一特定日期纽约生活费用作为标准,衡量在某一地点任职的专业及以上职类国际工作人员的生活费用
离职偿金	工作人员在离职时可收到以下一种或多种偿金:累积年假、离职回国补助金和终止任用偿金。工作人员遗属可领取死亡抚恤金
单身薪金	为没有一级受抚养人工作人员确定的薪金净额
工作人员薪金税	联合国所有职类工作人员的薪金均列有毛额和净额,两者之间的差额就是工作人员薪金税。工作人员薪金税是联合国内部的一种"征税"形式,类似于大多数国家实行的薪金税
减税	在抚养津贴方面,若干国家税制给予负责向受抚养人(配偶、子女、父母等)提供经济资助的纳税人的税款抵减额或减免额
共同制度	国际组织工资、津贴及其他服务条件共同制度的简称。实行共同制度,目的是防止联合国及其专门机构工作人员待遇上出现重大差别,避免各机构在录用方面恶性竞争,推动各机构人员的交流。国际公务员制度委员会对薪酬系统进行全面管理,薪金、津贴和福利由联合国、其附属基金和计划署,以及大多数专门机构和相关机构所采用,适用于 800 多个工作服务地点,10 万多名工作人员。参与薪酬共同制度的组织机构有 23 个,除国际货币基金、世界银行等金融机构以外的主要联合国系统的国际组织均参加。共同制度的组织在每个工作地点采用相同的薪级表和服务条件,从而提高效率,使工作人员更容易流动

续表

衡平征税基金	这是联合国机构设置的一种基金,用于偿还某些工作人员因联合国收入而缴纳的国家税

附录4　实施统一薪金表后的拟议
应计养恤金薪酬表

(单位:美元)

职等 \ 职档	一	二	三	四	五	六	七	八	九	十	十一	十二	十三
副秘书长	319865	—	—	—	—	—	—	—	—	—	—	—	—
助理秘书长	295646	—	—	—	—	—	—	—	—	—	—	—	—
D2	226417	231676	236943	242208	247468	252732	257995	263258	268520	273781	—	—	—
D1	201410	205868	210577	214896	219215	223524	227842	232374	237003	241629	246248	250418	254870
P5	175226	178897	182568	186245	189915	193588	197258	200934	204605	208278	211951	215632	219569
P4	143031	146571	150103	153637	157180	160711	164248	167788	171321	174854	178387	181935	185465
P3	117554	120559	123558	126554	129559	132557	135557	138562	141702	144985	148264	151543	154825
P2	91077	93761	96441	99131	101810	104495	107179	109862	112545	115226	117913	120597	123276
P1	69933	72211	74489	76766	79044	81322	83600	85878	88156	90434	92711	94989	97267

附录5　应计养恤金薪酬和薪酬保护点

专业及以上职类工作人员的建议应计养恤金薪酬

(单位:美元)

职等 \ 职档	一	二	三	四	五	六	七	八	九	十	十一	十二	十三
副秘书长	318725	—	—	—	—	—	—	—	—	—	—	—	—

职等＼职档	一	二	三	四	五	六	七	八	九	十	十一	十二	十三
助理秘书长	295906	—	—	—	—	—	—	—	—	—	—	—	—
D2	242139	247198	252257	257320	262386	267447	272506	277567	282628	287686	—	—	—
D1	217729	222175	226622	231070	235503	239951	244396	248834	253284	257724	262167	266608	271053
P5	188905	192685	196470	200245	204030	207805	211592	215369	219149	222929	226711	230487	234271
P4	155742	159340	162937	166535	170132	173738	177391	181040	184686	188332	191987	195626	199276
P3	127566	130834	134165	137492	140823	144152	147480	150816	154142	157471	160807	164133	167467
P2	98970	101868	104764	107660	110560	113460	116361	119252	122153	125049	127945	130878	133853
P1	76537	78902	81264	83629	85990	88432	90891	93351	95810	98270	100729	103185	105646

附录6　外勤事务职类工作人员的薪金表

显示应用工作人员薪金税后的年度薪金总额和净额，自 2018 年 1 月 1 日起生效

（单位：美元）

职等＼职档		一	二	三	四	五	六	七	八	九	十	十一	十二	十三
FS7	总额	88707	90863	93017	95161	97312	99462	101754	104084	106423	108757	111093	113431	115770
	净值	70917	72556	74193	75822	77457	79091	80728	82359	83996	85630	87265	88902	90539
FS6	总额	73713	75688	77671	79645	81620	83596	85576	87562	89534	91512	93492	95468	97443
	净值	59522	61023	62530	64030	65531	67033	68538	70047	71546	73049	74554	76056	77557
FS5	总额	63338	65022	66711	68395	70086	71774	73463	75149	76841	78528	80214	81904	83587
	净值	51637	52917	54200	55480	56765	58048	59332	60613	61899	63181	64463	65747	67026
FS4	总额	55451	56859	58259	59657	61059	62458	63857	65262	66661	68063	69464	70820	72266
	净值	45643	46713	47777	48839	49905	50968	52031	53099	54162	55228	56293	57323	58422
FS3	总额	48684	49781	50947	52137	53326	54522	55711	56903	58097	59280	60472	61666	62861
	净值	40408	41318	42220	43124	44028	44937	45840	46746	47654	48553	49459	50366	51274
FS2	总额	43254	44218	45184	46146	47111	48072	48995	50001	51055	52107	53158	54207	55257
	净值	35901	36701	37503	38301	39102	39900	40666	41501	42302	43101	43900	44697	45495

续表

职等\职档		一	二	三	四	五	六	七	八	九	十	十一	十二	十三
FS1	总额	38506	39354	40199	41046	41892	42745	43592	44435	45284	46130	46976	47820	48666
	净值	31960	32664	33365	34068	34770	35478	36181	36881	37586	38288	38990	39691	40393

附录7　对外勤事务职类工作人员采取保护措施

其薪金高于基薪/底薪表上的最高薪金，自 2018 年 1 月 1 日起生效，
显示应用工作人员薪金税后的年薪总额和净额等值

（单位：美元）

职等		薪酬保护点1	薪酬保护点2
FS4	总额	73666	75064
	净值	59486	60549
FS3	总额	64050	65239
	净值	52178	53082

附录8　事务职类工作人员的应计养恤金薪酬，

自 2017 年 2 月 1 日起生效

（单位：美元）

职等\职档	一	二	三	四	五	六	七	八	九	十	十一	十二	十三
FS7	144773	148576	152381	156178	159982	163567	167594	171393	175197	178999	182803	186610	190410
FS6	120434	123629	126831	130019	133216	136414	139603	142834	146320	149815	153311	156798	159665
FS5	103676	106396	109125	111852	114581	117303	120033	122757	125488	128214	130941	133664	136392
FS4	90942	93208	95469	97732	99993	102257	104519	106786	109045	111309	113572	115759	118096
FS3	79808	81737	83662	85587	87505	89434	91361	93280	95208	97121	99048	100973	102904
FS2	70313	71930	73636	75333	77033	78731	80357	82130	83830	85535	87232	88931	90609
FS1	62587	63967	65345	66717	68092	69476	70855	72316	73811	75300	76573	77975	79378

参 考 文 献

[1]陈宝剑主编:《高校毕业生到国际组织实习任职入门》,北京大学出版社2019年版。

[2]陈国海、马海刚编著:《人力资源管理学》,清华大学出版社2016年版。

[3]陈国海编著:《员工培训与开发》,清华大学出版社2012年版。

[4]陈鲁直:《联合国秘书处里的中国人》,《世界知识》2001年第7期。

[5]陈鲁直:《联合国职员的待遇》,《世界知识》2001年第23期。

[6]陈鲁直:《联合国职员的社会保障》,《世界知识》2002年第3期。

[7]陈远敦、陈全明主编:《人力资源开发与管理》,中国统计出版社1995年版。

[8]陈永忠、陈婷玮、戴雅萍:《浅议人力资源管理中的工作分析和设计》,《经济研究导刊》2012年第29期。

[9]戴军:《环境规制、绿色技术进步与人力资本》,浙江工商大学博士学位论文,2020年。

[10]董克用主编:《人力资源管理概论》(第三版),中国人民大学出版社2011年版。

[11]董克用主编:《人力资源管理概论》(第四版),中国人民大学出版社2015年版。

[12]冯建华:《国际公务员:求职者心目中的"金饭碗"》,《国际人才交流》2005年第1期。

[13]郭惠容:《激励理论综述》,《企业经济》2001年第6期。

[14]郭婧:《英国高校国际组织人才培养与输送研究》,《比较教育研究》2019年第2期。

[15]国际劳工组织:《局长人力资源管理领域改革行动计划所产生的提议》,2014年1月28日,见https://www.ilo.org/gb/GBSessions/previous-sessions/GB320/pfa/WCMS_236084/lang--en/index.htm。

[16]国际民用航空组织:《人力资源管理报告》,2019年7月4日,见https://www.icao.int/Meetings/a40/Documents/WP/wp_029_zh.pdf。

［17］联合国大会:《联合国系统各组织的继任规划》,2016 年 9 月 28 日,见 https://documents-dds-ny.un.org/doc/UNDOC/GEN/N16/300/90/pdf/N1630090.pdf? OpenElement。

［18］郝丹丹、闫温乐:《美国高校国际组织专业人才培养体系研究——以约翰·霍普金斯大学国际发展专业为例》,《世界教育信息》2019 年第 15 期。

［19］贺勤龙:《人力资源管理研究》,北京理工大学硕士学位论文,2001 年。

［20］江涛:《舒尔茨人力资本理论的核心思想及其启示》,《扬州大学学报(人文社会科学版)》2008 年第 6 期。

［21］金鹏:《浅议国际公务员制度与国家公务员制度》,《法学评论》1988 年第 3 期。

［22］［德］马克思:《资本论》第 1 卷,人民出版社 2004 年版。

［23］阚阅:《全球治理视域下我国的国际组织人才发展战略》,《比较教育研究》2016 年第 12 期。

［24］郦莉:《国际组织人才培养的国际经验及中国的培养机制》,《比较教育研究》2018 年第 4 期。

［25］李静:《论国际公务员制度的沿革与发展》,北京语言大学硕士学位论文,2009 年。

［26］李楠、张蔼容:《国际治理人才培养的域外经验和中国策略》,《开放经济研究》(年刊)2019 年。

［27］李书文:《浅析几种常用的工作分析方法》,《晋东南师范专科学校学报》2003 年第 6 期。

［28］李铁城主编:《联合国里的中国人 1945—2003》(上、下册),人民出版社 2004 年版。

［29］李新建等编著:《企业薪酬管理概论》,中国人民大学出版社 2006 年版。

［30］联合国大会:《联合国外交特权及豁免公约》,1946 年 2 月 13 日,见 https://www.un.org/zh/documents/treaty/files/A-RES-22(I).shtml。

［31］联合国:《工作人员条例和细则修正案》,2018 年 9 月 14 日,见 https://undocs.org/zh/A/73/378。

［32］联合国大会:《2017—2018 年期间人力资源管理改革概览》,2018 年 9 月 12 日,见 https://undocs.org/A/73/372/Add.1。

［33］联合国大会:《2019—2021 年全球人力资源战略:建立一个更有效、透明和负责的联合国》,2018 年 9 月 12 日,见 https://undocs.org/zh/A/73/372。

［34］联合国大会:《建设一支全球化、有活力和适应性强的员工队伍》,2013 年 9 月 3 日,见 https://undocs.org/A/68/358。

［35］联合国大会:《联合国南苏丹特派团 2011 年 7 月 1 日至 2012 年 6 月 30 日

期间预算》,2011 年 10 月 28 日,见 https://undocs.org/A/66/532。

[36]联合国大会:《联合国维持和平行动经费筹措概览:2014 年 7 月 1 日至 2015 年 6 月 30 日期间的预算执行情况和 2016 年 7 月 1 日至 2017 年 6 月 30 日期间的预算》,2016 年 2 月 23 日,见 https://undocs.org/A/70/749。

[37]联合国大会:《秘书处的组成:工作人员情况统计》,2019 年 4 月 22 日,见 https://undocs.org/zh/A/74/82。

[38]联合国大会:《人力资源管理改革概览:建设一支全球化、充满活力、适应力强、参与度高的联合国员工队伍》,2016 年 8 月 23 日,见 https://undocs.org/A/71/323。

[39]联合国大会:《人力资源管理改革概览:建设一支全球化、有活力和适应性强的联合国员工队伍》,2014 年 8 月 15 日,见 https://undocs.org/A/69/190。

[40]联合国大会:《人力资源改革》,2004 年 9 月 9 日,见 https://documents-dds-ny.un.org/doc/UNDOC/GEN/N04/472/40/pdf/N0447240.pdf? OpenElement。

[41]联合国大会:《人力资源管理改革》,2008 年 8 月 14 日,见 https://undocs.org/zh/A/63/282。

[42]联合国大会:《维持和平行动支助账户 2011 年 7 月 1 日至 2012 年 6 月 30 日预算》,2011 年 2 月 28 日,见 https://undocs.org/A/65/761。

[43]联合国妇女署:《区域架构:所涉行政、预算和财务问题和实施计划》,《副秘书长/执行主任的报告》,2012 年 9 月 18 日,见 https://undocs.org/pdf? symbol=zh/UNW/2012/10。

[44]联合国教育、科学及文化组织:《总干事关于 2017—2022 年人力资源管理战略的报告》,2017 年 9 月 1 日,见 https://unesdoc.unesco.org/ark:/48223/pf0000259005? posInSet=3&queryId=8f740cd8-8202-4421-b201-68dd70cc3651。

[45]联合国教育、科学及文化组织:《总干事关于人力资源管理战略的报告》,2011 年 4 月 18 日,见 https://unesdoc.unesco.org/ark:/48223/pf0000192101_chi? posInSet=1&queryId=fb496465-55a7-4d1a-b870-86667b68c90b。

[46]联合国开发计划署官网:https://popp.undp.org/SitePages/POPPSubject.aspx? SBJID=363&Menu=BusinessUnit&Beta=0。

[47]联合国粮食及农业组织:《人力资源管理报告》,2019 年 3 月 22 日,见 http://www.fao.org/3/my901zh/my901zh.pdf。

[48]联合国粮食及农业组织官网:http://www.fao.org/employment/what-we-offer/career-development/zh/。

[49]联合国人力资源门户网站:https://hr.un.org/。

[50]联合检查署:《联合国系统各组织的人员招聘:对照基准的比较分析框架综述》,2012 年,见 https://www.unjiu.org/sites/www.unjiu.org/files/jiu_document_files/

products/zh-hans/reports-notes/JIU%20Products/JIU_REP_2012_4_Chinese.pdf。

[51]联合国职业网站:https://careers.un.org/。

[52]梁西:《现代国际组织》,武汉大学出版社 1984 年版。

[53]梁邺:《企业组织结构设计与战略调整的关系》,《企业研究》2015 年第 6 期。

[54]刘宝存、肖军:《"一带一路"倡议下我国国际组织人才培养的实践探索与改革路径》,《高校教育管理》2018 年第 5 期。

[55]刘金章、孙可娜主编:《现代人力资源管理》(第三版),高等教育出版社 2011 年版。

[56]刘历彬:《核心解读:联合国人事征聘制度探秘——专访了联合国人事厅征聘司司长翁盈盈女士》,《参考消息特刊》2005 年 9 月 22 日。

[57]刘历彬:《联合国高层为何难觅中国面孔》,《党政论坛》2006 年第 3 期。

[58]刘砺利、于珈:《国际热核聚变能组织的人力资源管理探析及启示》,《全球科技经济瞭望》2015 年第 7 期。

[59]刘丽娜、奥古斯丁·瑞尼斯:《国际公务员司法救济的欧盟新视角》,《求索》2011 年第 11 期。

[60]刘明鑫、刘崇林主编:《人力资源规划》(第 2 版),电子工业出版社 2010 年版。

[61]刘小丽、闫温乐:《印度高等教育培养国际化人才》,《上海教育》2017 年第 20 期。

[62]刘昕:《薪酬管理》(第 5 版),中国人民大学出版社 2017 年版。

[63]罗弦:《联合国系统中的中国人才:现实挑战与路径建设》,《世界教育信息》2018 年第 16 期。

[64]马呈元主编:《国际法》(第三版),中国人民大学出版社 2012 年版。

[65]马吟秋、马璨婧:《转型期中国高校国际型人才培养模式探索——基于日本的启示》,《江苏高教》2017 年第 8 期。

[66]牛仲君:《国际公务员制度》,北京大学出版社 2015 年版。

[67]联合国大会:《流动一秘书长的报告》,2018 年 9 月 10 日,见 https://undocs.org/zh/A/73/372/Add.2。

[68][美]加里·德斯勒:《人力资源管理》(第 14 版),刘昕译,中国人民大学出版社 2017 年版。

[69][美]马斯洛:《马斯洛人本哲学》,成明编译,九州出版社 2003 年版。

[70][美]劳埃德·拜厄斯、[美]莱斯利·鲁:《人力资源管理》(第 6 版),李业昆等译,华夏出版社 2002 年版。

[71][美]R.韦恩·蒙迪等:《人力资源管理》(第六版),葛新权等译,经济科学出版社 1998 年版。

［72］［美］韦恩·蒙迪:《人力资源管理》(第 10 版),谢晓非等译,人民邮电出版社 2011 年版。

［73］［美］约翰·M.伊万切维奇、［美］罗伯特·科诺帕斯克:《人力资源管理》(原书第 12 版),赵曙明、程德俊译,机械工业出版社 2016 年版。

［74］彭剑锋主编:《人力资源管理概论》,复旦大学出版社 2005 年版。

［75］［美］彼得·德鲁克:《人与绩效:德鲁克管理精华》,闾佳译,机械工业出版社 2015 年版。

［76］［美］彼得·圣吉:《第五项修炼——学习型组织的艺术与实践》,张成林译,中信出版社 2018 年版。

［77］朴光海:《韩国培养和输送国际组织人才的策略及启示》,《对外传播》2019 年第 3 期。

［78］世界旅游组织:《2019 年人力资源报告》,2019 年 10 月 1 日,见 https://webunwto.s3.eu－west－1.amazonaws.com/s3fs－public/2019－10/1_human_ressources_report.pdf。

［79］世界卫生组织:《人力资源:年度报告》,2019 年 5 月 10 日,见 https://apps.who.int/iris/bitstream/handle/10665/328840/A72_43-ch.pdf? sequence＝1&isAllowed＝y。

［80］世界卫生组织:《人力资源:最新情况》,2020 年 1 月 23 日,见 https://apps.who.int/gb/ebwha/pdf_files/EB146/B146_48Rev1-ch.pdf。

［81］世界卫生组织:《人力资源:年度报告》,2016 年 4 月 29 日,见 https://apps.who.int/gb/ebwha/pdf_files/WHA69/A69_52-ch.pdf。

［82］世界知识产权组织:《第七十四届会议(第 48 次例会)人力资源年度报告》,2017 年 8 月 17 日,见 https://www.wipo.int/edocs/mdocs/govbody/zh/wo_cc_74/wo_cc_74_2.pdf。

［83］宋睿:《新中国成立以来中国与国际组织关系的演变》,《郑州航空工业管理学院学报(社会科学版)》2013 年第 1 期。

［84］宋允孚编著:《国际公务员与国际组织任职》,中国人民大学出版社 2016 年版。

［85］宋允孚主编:《国际公务员素质建设与求职指南》,浙江大学出版社 2019 年版。

［86］宋允孚:《做国际公务员:求职、任职、升职的经验分享》,中国人民大学出版社 2011 年版。

［87］宋源编著:《人力资源管理》,上海社会科学院出版社 2017 年版。

［88］孙丽丹:《人力资源工作分析内容与组织实施》,《农家参谋》2019 年第 12 期。

［89］唐永亮:《向国际机构输送人才——日本在国际机构扩大影响力的各种举

措》，《世界知识》2014 年第 13 期。

　　[90]滕珺、曲梅：《国际公务员聘用标准及其对我国国际公务员培养的启示》，《比较教育研究》2012 年第 9 期。

　　[91]滕珺：《国际组织人才十大核心素养》，《中国教育报》2015 年 1 月 29 日。

　　[92]滕珺、曲梅、朱晓玲、张婷婷：《国际组织需要什么样的人？——联合国专门机构专业人才聘用标准研究》，《比较教育研究》2014 年第 10 期。

　　[93]滕珺、曲梅：《联合国未来胜任力模型分析及其启示》，《中国教育学刊》2013 年第 3 期。

　　[94]王曦：《印度语言教育及启示》，《齐齐哈尔医学院学报》2008 年第 23 期。

　　[95]王燕子、肖菲：《培训评估模型发展纵览与演变研究》，《职教论坛》2013 年第 15 期。

　　[96]吴自选：《翻译教育的历史经验与当代诠释——以"北京外国语学院联合国译员训练班"为例》，《上海翻译》2017 年第 5 期。

　　[97][美]西奥多·W.舒尔茨：《人力投资——人口质量经济学》，贾湛、施炜等译，华夏出版社 1990 年版。

　　[98]陆红军主编：《人力资源发展跨文化学通论》，百家出版社 1991 年版。

　　[99]《现代国外经济学论文选》第八辑，商务印书馆 1984 年版。

　　[100]夏敬源、聂闯：《联合国粮农机构人力资源管理体制及增加中国任职人员工作的建议》，《世界农业》2014 年第 11 期。

　　[101]萧鸣政主编：《人力资源管理》，中央广播电视大学出版社 2001 年版。

　　[102]辛士祥、葛书环主编：《人力资源管理》，航空工业出版社 2008 年版。

　　[103]徐梦杰、张民选：《美国大学国际组织高层次人才培养研究——以哈佛大学肯尼迪政府学院为例》，《比较教育研究》2018 年第 5 期。

　　[104]徐震、喻志刚：《论联合国绩效预算模式及其对绩效审计的启示》，《审计与理财》2009 年第 12 期。

　　[105][英]亚当·斯密：《国富论》，郭大力、王亚南译，商务印书馆 1979 年版。

　　[106]闫温乐、张民选：《美国高校国际组织人才培养经验及启示——以美国 10 所大学国际关系专业硕士课程为例》，《比较教育研究》2016 年第 10 期。

　　[107]闫温乐、张民选：《向国际组织输送人才：来自瑞士的经验与启示》，《比较教育研究》2015 年第 8 期。

　　[108]杨广、尹继武：《国际组织概念分析》，《国际论坛》2003 年第 3 期。

　　[109][英]马歇尔：《经济学原理》（上卷），朱志泰译，商务印书馆 1965 年版。

　　[110]于长英、徐玉梅：《基于柯氏模型的高校教师教学效果评估机制探索》，《山东高等教育》2015 年第 11 期。

　　[111]詹晓宁、欧阳永福：《联合国人事征聘及升迁制度评析》，《行政管理改革》

2017 年第 7 期。

[112]张海滨、刘莲莲:《服务国家战略,积极推进中国国际组织人才培养——2019 年北京大学国际组织人才培养论坛综述》,《国际政治研究》2019 年第 6 期。

[113]张汉、赵寰宇:《中国大学如何培养全球治理人才?——美国研究型大学的经验及其启示》,《经济社会体制比较》2019 年第 1 期。

[114]张丽华:《国际组织的历史演进》,《东北师大学报》2003 年第 5 期。

[115]张佩云主编:《人力资源管理》,清华大学出版社 2004 年版。

[116]张维君、王君主编:《人员招聘与配置》(第 2 版),电子工业出版社 2010 年版。

[117]张瑜:《企业人力资本转化策略分析——以神华国神集团职位说明书为例》,《新西部》2017 年第 25 期。

[118]赵珊、尹训红:《企业培训效果评估理论模型的研究综述》,《东方企业文化》2013 年第 15 期。

[119]赵劲松:《联合国与国际公务员法律制度的发展》,《外交评论(外交学院学报)》2006 年第 4 期。

[120]赵源:《国际公务员胜任素质研究——以联合国业务人员和司级人员为例》,《中国行政管理》2018 年第 2 期。

[121]赵源:《国际公务员应具备哪些素质》,《人民论坛》2018 年第 32 期。

[122]《国际组织》编写组编:《国际组织》,高等教育出版社 2017 年版。

[123] General Assembly of the United Nations, *Human Resources Management Reform*: *Report of the Secretary-General*, August 1, 2000.

[124] General Assembly of the United Nations, *Renewing the United Nations*, *A Programme for Reform*: *Report of the Secretary-General*, 1997.

[125] Gary Dessler, *Human Resource Management*, *15 Edition*, Pearson Education, 2013.

[126] Human Resources Management Reform, *Report of the Secretary-General*, 1998.

[127] Human Resources Management Reform, *Report of the Secretary-General*, 2000.

[128] ICSC, *ICSC Human resources management specialists*, Job Classification Manual.

[129] International Civil Service Commission, *A Guide to the Mobility and Hardship Scheme and Related Arrangements*, 2019.

[130] International Civil Service Commission, *United Nations Common System of Salaries*, *Allowances and Benefits*, 2019.

[131] Peter F. Drucker, *The Practice of Management*, Harper & Brothers, 1954.

[132] Raymond A., John R., Barry Gerhart, et al., *Human Resource Management*: *Gaining a Competitive Advantage*, *9 Edition*, McGraw-Hill Education Publisher, 2015.

[133] R. Wayne Mondy, *Human Resource Management*, *10th Edition*, Pearson

Education, 2011.

　　[134] UNDPA, *Human Resources in UNDPA People-Centred Strategy*, 2008-2011.

　　[135] UNESCO, *Launches New Competency Framework*, 2019.

　　[136] UNFPA, *Human Resources in UNDPA People-centred Strategy*, 2008-2011.

　　[137] UNFPA, *Career Guide for UNFPA Staff Members*, 2015.

　　[138] United Nations, *Competencies for the Future*, 2012.

　　[139] United Nations Performance Management, *Giving and Receiving Feedback Guide*, 2011.

　　[140] United Nations Performance Management, *Mid-point Review Guide*, 2013.

　　[141] United Nations Performance Management, *Inspira 9. 2 Performance User Guide*, 2019.

　　[142] Union of International Associations, *Yearbook of International Organizations*, *30th edition*, 1993-1994.

　　[143] WHO, *Geographical Mobility Policy*, 2016.

策划编辑:郑海燕

责任编辑:孟　雪

封面设计:胡欣欣

责任校对:吴容华

图书在版编目(CIP)数据

国际组织人力资源管理概论/李楠 主编. —北京:人民出版社,2020.12

ISBN 978－7－01－022509－8

Ⅰ.①国…　Ⅱ.①李…　Ⅲ.①国际组织-人力资源管理-概论　Ⅳ.①F241

中国版本图书馆 CIP 数据核字(2020)第 186538 号

国际组织人力资源管理概论

GUOJI ZUZHI RENLI ZIYUAN GUANLI GAILUN

李 楠 主编

人民出版社 出版发行

(100706　北京市东城区隆福寺街 99 号)

中煤(北京)印务有限公司印刷　新华书店经销

2020 年 12 月第 1 版　2020 年 12 月北京第 1 次印刷

开本:710 毫米×1000 毫米 1/16　印张:16.75

字数:241 千字

ISBN 978－7－01－022509－8　定价:72.00 元

邮购地址 100706　北京市东城区隆福寺街 99 号

人民东方图书销售中心　电话 (010)65250042　65289539